메이커 매뉴얼

지은이 안드레아 마이에타

안드레아 마이에타Andrea Maietta는 애자일 기법의 열렬한 지지자로서, 고객이 원하는 바를 이해하도록 도움을 주고, 고객에게 가치를 줄 수 있는 적합한 솔루션을 제공하는 일을 하고 있다. 소프트웨어 엔지니어이자 메이커이고, 지칠 줄 모르는 독자이자 한 가정의 남편이자 아빠이며, 럭비 협회의 영원한 팬이다. 지식을 공유하는 것을 좋아해서 콘퍼런스에서 발표를 하거나 교육과 커뮤니케이션과 조직 활동에 참여하고 있다.

지은이 파올로 알리베르티

파올로 알리베르티Paolo Aliverti는 십대 시절부터 전자기기와 마이크로컴퓨터에 관심을 갖기 시작했다. 그는 프랑켄슈타인 게러지의 창립 멤버로서 디자인과 연구 활동뿐만 아니라 애자일 비즈니스, 마케팅 등과 같은 다양한 활동을 하고 있다. 전자기기와 3D 프린팅에 대한 워크샵을 개최하고, 다양한 콘퍼런스와 행사에 참여하면서, 무언가를 수리하거나 다시 만드는 활동이 어렵지 않다는 것을 굉장히 쉽게 설명하고 있다. 잠깐이라도 여유가 생기면 목숨을 걸고 산을 오른다.

메이커 매뉴얼 : 메이커가 되고 싶은 이들을 위한 입문 가이드

초판발행 2016년 07월 01일

지은이 안드레아 마이에타, 파올로 알리베르티 / **옮긴이** 남기혁 / **감수** 함진호 / **펴낸이** 김태헌
펴낸곳 한빛미디어(주) / **주소** 서울시 마포구 양화로 7길 83 한빛미디어(주) IT출판부
전화 02-325-5544 / **팩스** 02-336-7124
등록 1999년 6월 24일 제10-1779호 / **ISBN** 978-89-6848-288-5

총괄 전태호 / **책임편집** 송성근 / **기획·편집** 홍혜은
디자인 강은영 / **조판** 이은미
영업 김형진, 김진불, 조유미 / **마케팅** 박상용, 송경석, 변지영 / **제작** 박성우, 김정우

이 책에 대한 의견이나 오탈자 및 잘못된 내용에 대한 수정 정보는 한빛미디어(주)의 홈페이지나 아래 이메일로
알려주십시오. 잘못된 책은 구입하신 서점에서 교환해 드립니다. 책값은 뒤표지에 표시되어 있습니다.
한빛미디어 홈페이지 www.hanbit.co.kr / 이메일 ask@hanbit.co.kr

지금 하지 않으면 할 수 없는 일이 있습니다.
책으로 펴내고 싶은 아이디어나 원고를 메일(writer@hanbit.co.kr)로 보내주세요.
한빛미디어(주)는 여러분의 소중한 경험과 지식을 기다리고 있습니다.

메이커 매뉴얼

메이커가 되고 싶은 이들을 위한 입문 가이드

안드레아 마이에타, 파올로 알리베르티 지음
남기혁 옮김 함진호 감수

A PRACTICAL
GUIDE TO THE
NEW INDUSTRIAL
REVOLUTION

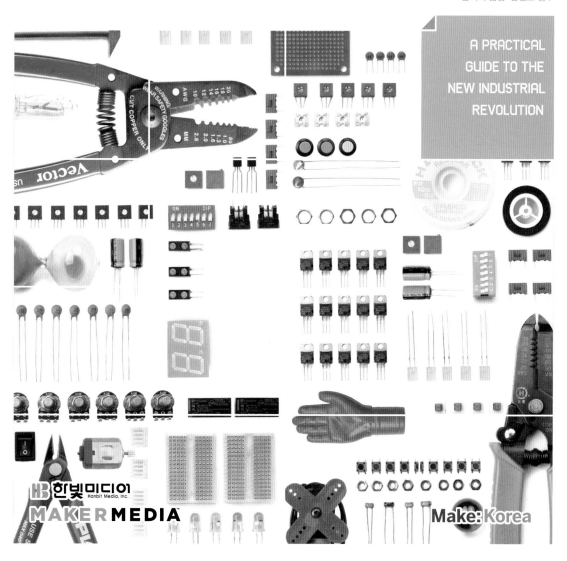

한빛미디어
Hanbit Media, Inc.
MAKER MEDIA
Make: Korea

감수자의 말

이 책을 처음 접한 것은 작년 10월 뉴욕에서 개최된 메이커 콘퍼런스 MakerCon에서였다. 이 책의 내용을 훑어보면서 가장 먼저 들었던 생각은 메이커들이 체계적인 활동을 하는 데 꼭 필요한 책이라는 것이었다. 그래서, 출장에서 돌아와 남기혁 씨를 만나, 이 책을 번역해 보면 어떻겠냐고 의견을 개진하니 이미 이 책을 번역하고 있다는 것이 아닌가?

내가 메이커 운동Maker Movement에 관심을 갖게 된 계기는 창조경제 덕분이었다. 창조경제의 실현 방안에 대하여 줄곧 생각해왔던 나는, 창조경제야말로 멈춰 선 우리 경제를 다시금 돌릴 수 있는 전략이며, 메이커 운동이 이를 위한 수단이 될 것이라는 생각을 하게 되었다.

이미 많은 사람들이 오래 전부터 창의적인 사고가 매우 중요하다고 강조해왔고 또 현재까지도 강조하고 있지만, 사실 창의적인 사고만으로는 아무것도 이루어지지 않는다. 창의적인 사고에 메이크make라는 행위가 더해졌을 때 일어나는 변화, 그것이 바로 창조이다. 과거 산업경제에서는 무엇을 생산하기 위해서는 많은 자금과 시간을 필요로 했지만, 이제는 달라졌다. 아두이노, 3D 프린팅, 오픈소스 소프트웨어, 크라우드 펀딩 등을 활용하면 과거보다 훨씬 쉽게 누구나 창업을 할 수 있다. 사람들은 이를 과거의 벤처 창업과 대비하여 린 스타트업lean startup이라고 부르고 있다.

이 책은 단지 의미있는 무언가를 만드는 데서 그치지 않고, 이를 상품화하여 이익을 얻고자 하는 메이커들에게는 매우 중요한 책이다.

이 책의 특징은 메이커가 활동하고 있는 다양한 분야를 다루고 있다는 점이다. 각 장에서 소개하고 있는 주제를 골라 상세한 내용을 덧붙여 별도의 책으로 출판하는 것도 의미가 있겠지만, 이 책이 갖는 효용성은 그런 것이 아니다. 이 책의 의의는 메이커 활동에 필요한 전 분야를 항공사진처럼 한눈에 보여주는 데 있다. 그런 의미에서 이 책은, 메이커로서의 전체적인 여정을 보여 주는 훌륭한 지침서가 될 것으로 확신한다.

나는 메이커가 되고자 하는 사람들에게 이 책에서 다루고 있는 모든 내용을 어설프게나마 따라하며 빠르게 체험해 볼 것을 권고한다.

각 장의 내용을 차근차근 완전히 마스터하는 것도 좋은 방법이지만, 원하는 기술을 사용해 자유롭게 만들어보는 것도 좋다. 만들고자 하는 것을 머릿속에 설계해 본 다음 아두이노의 기능을 간단히 사용하여 구현해 보고, 조금 투박하더라도 3D 모델링 및 3D 프린팅 작업을 통해 외형을 완성해 볼 것을 권한다. 그렇게 한 번, 두 번 해봄으로써 전체적인 과정을 이해할 수 있게 되면, 새로운 것을 시도하는 것에 대한 두려움도 없어지게 될 것이다.

얼마 전 이세돌 9단과 알파고의 대결이 있었다. 많은 사람들이 이세돌 9단이 승리할 것을 기대하고 응원하였지만, 알파고의 승리로 마무리되었다. 사람들은 이러한 컴퓨터와 인간의 대결을 통해 인공지능의 가공할 만한 위력을 실감하게 되었으며, 로봇 기술과 인공지능이 결합되고 나면 대부분의 일자리가 위협받게 될 것임을 깨닫게 되었다.

사람들이 학교에서 공부를 하는 이유는 지식을 머릿속에 집어넣었다가 적절한 상황에서 사용하기 위함이지만, 이 일은 사람보다는 인공지능이 훨씬 잘할 수 있는 일이다. 텔레마케터, 중개인, 변호사, 의사, 약사, 회계사, 교수 등의 직업도 인공지능에게 위협을 받고 있는 상황에서 인간이 더 잘할 수 있는 영역은 무엇일까?

모든 사람은 이미 오래 전부터 메이커였다. 산업혁명 이전에는 필요한 것을 직접 만들어 사용했으며 만든 것을 서로 교환함으로써 서로의 필요를 채울 수 있었다. 그러나 기계의 발달로 인해 정교한 것을 값싸게 대량으로 생산할 수 있게 됨에 따라 우리는 스스로 만드는 행위를 그 일을 전문적으로 하는 사람에게 위임하였다.

사실 만드는 행위는 그 자체로 창조적인 놀이이다. 우리는 어떤 일에 몰입할 때 시간이 어떻게 지나가는지도 모를 행복감을 느끼게 된다. 그러나 우리는 기계의 대량생산 능력에 만드는 즐거움을 빼앗기고 부분적인 작업에만 관여함으로써 기계의 부속품 같은 역할을 담당해 왔다. 이제는 우리가 스스로 무엇인가를 만들어 봄으로써 그간 기계에게 빼앗겼던 즐거움을 회복할 때가 아닌가 생각한다.

우리나라는 대학입시 위주의 교육으로부터 벗어나 학생들의 타고난 소질과 끼를 살리는 교육을 실현하겠다는 약속으로 자유학기제를 시작하였으며, 그간의 부분적인 시행을 거쳐 2016년은 모든 중학교에서 이를 전면적으로 실시하는 원년이 되었다. 메이커 교육이야말로 자유학기제와 가장 잘 어울리는 분야이고, 학생들의 앞날에 꼭 필요한 교육이기 때문에, 한국전자통신연구원과 ICT DIY 포럼에서는 대전시 교육청, 세종시 교육청과 함께 스크래치 SW, 앱 인벤터, 아두이노, 3D 모델링/프린팅, 디자인 씽킹, 기업가 정신 등 다양한 메이커 분야의 교육을 준비하고 있으며, 시범학교 교육에서의 높은 만족도에 따라 2학기에는 이를 크게 확대해 나갈 계획이다. 부디 이 책이 학생들이 행복한 학교생활을 하는 데에도 조금이나마 도움이 될 수 있기를 바란다.

2016년 6월 함진호

감수자 **함진호** jhhahm@etri.re.kr

한양대학교 전자공학과에서 학사, 전자통신공학과에서 석사와 박사학위를 받았다. 1984년에 한국전자통신연구원(당시 한국전기통신연구소)에 입소하여 비디오텍스단말기를 개발했고, 하이퍼미디어문서처리서비스, IPv6 대용량라우터, 차세대인터넷 아키텍처, 미래인터넷 구조에 대해 연구했다. 인터넷미래기술연구부장, 표준연구센터장, 전략기획본부장을 역임했고, 박근혜 정부 초기에는 청와대비서실 선임행정관(정보방송통신비서관실)으로 근무한 바 있다. 현재는 한국전자통신연구원 책임연구원으로서 창조경제 실현을 위한 메이커 문화의 확산, 자유학기제를 통한 메이커 교육의 실현, 정보통신기술을 기반으로 한 교육 환경의 혁신 및 새로운 교육 방식의 도입에 관심을 갖고 활동 중이다.

옮긴이의 말

항상 첫발을 내딛는 것이 어렵습니다.

어떤 분야든 분야마다 여러 배경 지식이 필요하고, 다양한 기술과 도구를 익혀야 하며, 현재 동향도 어느 정도 파악해둬야만 그 분야가 대략 어떤 것인지 머릿속에 어렴풋이 그려집니다.

최근 몇 년 사이에 아두이노, 라즈베리 파이 보드와 같은 개발 도구를 이용하는 메이커 열풍이 불기 시작했습니다. 그러나 정작 메이커 활동의 본질과 철학을 이해한 상태로, 처음부터 끝까지 무언가를 제작하고 완성하는 모든 과정을 직접 겪어보기란 IT 업계에 일하고 있는 역자의 입장에서도 만만치 않았습니다.

최근에는 프로그래밍 교육 분야도 주목을 받기 시작하면서 메이커에 관심을 가진 이들의 범위가 엔지니어에서 초중고 학생까지 더욱 넓어졌습니다.

이로 인해 제 주변에는 아두이노나 라즈베리 파이로 뭔가 만들어 보고 싶은데 어떻게 시작하면 좋은지, 어떤 것을 알아야 하는지를 물어오는 이들이 많아졌습니다. 그러나, 그들의 질문에 한마디로 대답하기는 난감한 일이었습니다.

이러한 답답함이 머릿속 한 구석을 차지하던 중 우연히 출판사로부터 이 책을 소개받았고, 내심 반가웠습니다. 그동안 한 가지 주제에 대해 깊이 다루는 책은 많았지만, 관련 하드웨어와 소프트웨어 제작 방법뿐만 아니라, 메이커의 배경부터 아이디어 발상 기법, 프로젝트 관리 방법과 관련 도구 사용법 등과 같은 다양한 주제를 한 곳에 엮어둔 자료는 흔치 않았기 때문입니다.

숙련된 메이커가 아닌 이상 누구나 자신이 잘 아는 분야가 있는 반면, 처음 접하는 기술도 있습니다. 프로그래밍에는 익숙하지만, 회로를 직접 다루거나 3D 프린터, 밀링 머신 등은 다뤄본 적이 없는 이들도 있습니다.

반대로 하드웨어는 잘 알지만 소프트웨어는 생소한 이들도 있고, 또 어떤 이들은 세부적인 기술은 모두 알지만 정작 메이커 활동의 본질과 배경에 대해서는 잘 모르기도 합니다. 한 분야의 전문가로서는 지향할 바가 아니지만, 최소한 메이커의 관점에서는 이 책의 구성처럼 다양한 주제를 '넓고 얕게' 파악하는 것이 굉장히 중요합니다.

구성도 좋고 독자층도 넓은 만큼, 분량이 많지 않음에도 불구하고 번역의 부담이 상당히 컸습니다. 단순히 일로서 이 책을 대하기보다는, 역자 본인도 내용을 즐길 수 있었기 때문에 힘든 과정을 무난히 헤쳐 나갈 수 있었습니다. 여기에 어설픈 문장을 환골탈태시켜 준 한빛미디어의 홍혜은 편집자님의 교정과, 평소 메이커 교육과 관련 연구 프로젝트 활동에 적극적이신 ETRI 함진호 박사님의 감수 덕분에 번역의 완성도를 더욱 높일 수 있었습니다.

한국어 저자가 쓴 책처럼 술술 읽히도록 번역하는 것을 추구하지만, 번역 경험이 늘어날수록 부족한 점이 더 많이 눈에 띄는 것 같습니다. 역자의 역량과 시간이라는 제약을 극복하는 건 한평생 노력해야 하는 숙제라는 변명과 함께, 미처 걸러내지 못한 부족한 점에 대해 이 자리를 빌어 양해를 구합니다.

2016년 6월 남기혁

옮긴이 **남기혁** kihyuk.nam@gmail.com

고려대 컴퓨터학과에서 학부와 석사를 마친 후, 한국전자통신연구원에서 근무하다가, 현재는 (주)프리스티에서 SDN 및 IoT 관련 기술 개발 업무를 담당하고 있다. 『Make: 센서』(한빛미디어, 2015)를 번역하였으며, 그 외에도 『코코아 터치 프로그래밍』(에이콘, 2010), 『자바 7의 새로운 기능』(에이콘, 2014), 『오픈스택 네트워킹: 뉴트론』(에이콘, 2015) 등의 도서를 다수 번역했다.

일종의 혁명이 일어나고 있다. 제품을 제조하는 활동은 색상 정도만 선택할 수 있는 형태의 제품만 생산하는 대기업에서, 자신이 원하는 형태로 마음껏 만들어낼 수 있는 개인 중심으로 넘어가고 있다.

아두이노나 3D 프린터와 같은 도구를 비롯하여 강력하고 다재다능하고 사용하기도 쉬운 도구가 등장함에 따라, 누구나 새로운 제품을 만들거나 커스터마이즈하고, 수리하고, 개선할 수 있게 됐다. 도구와 기술은 변하지만 창작하는 과정에 대한 열정은 변하지 않는다.

설계와 제조에 관련된 직업을 가진 이들만 메이커^{maker}가 될 수 있는 것이 아니다. 자신의 열정을 개인적인 만족이나 경제적인 보상으로 이끌어내는 이라면 누구나 메이커가 될 수 있다. 처음에는 개인적인 문제를 해결하기 위해 뛰어들었다가, 어느 순간 다른 사람도 비슷한 문제를 겪고 있다는 것을 깨달을지도 모른다. 그렇다면 이러한 개인 발명가의 열정을 스타트업으로 구체화하여 안정적인 사업으로 발전시키려면 가뜩이나 경제 여건이 어려운 이 시기에 어떻게 해야 할까? 최근에는 제조와 판매 방식에도 큰 변화가 일어나고 있다. 예전 방식은 더 이상 효과를 발휘하지 않는다. 이러한 변화에 대응하지 못하는 이들은 시간이 갈수록 힘든 상황에 처하게 될 것이다.

새로 등장하는 창업가들은 완전히 다른 방식으로 접근하고 있다. 산업계에서 등장한 과학적인 테크닉을 기반으로 소프트웨어 분야뿐만 아니라 비즈니스 시스템에까지 영향을 미치고 있다. 1990년대 오픈소스 운동이 소프트웨어 분야에 큰 영향을 미쳤던 것처럼, 지금은 오픈 하드웨어와 오픈 디자인에 대한 바람이 제조업에 영향을 미치고 있다. 최근 등장하는 스타트업들은 소프트웨어뿐만 아니라 하드웨어에 대해서도 오픈소스로 개발하고 있으며, 창업한 회사의 철학도 오픈(개방)을 지향하고 있다.

이러한 협업 방식은 궁극적으로 이득을 가져온다. 아이디어를 나누고 많은 곳에 퍼트릴수록 커뮤니티에 속한 사람과 회사도 더 많은 이득을 얻게 된다. 누구나 프로젝트와 제품에 기여할 수 있을 뿐만 아니라, 자신만의 버전을 새로 만들 수 있고 프로젝트와 아이디어와 테크닉을 나눔으로써 무엇이든 만들어낼 수 있다. 이와 같은 공유 모델을 처음 시작한 것은 소프트웨어 분야였다. 전 세계에 퍼져있는 개발자들이 협력과 공유 정신을 추구하면 결국 모든 이들에게도 혜택이 돌아간다.

메이커가 되려면 배워야 할 것들이 많다. 이들 중 상당수는 지금은 거의 잊혀져 가는 할아버지, 할머니 세대부터 전해오는 기술들이다. 메이커는 일종의 현대판 레오나르도 다빈치와 같다. 기술적으로도 능숙해야 할 뿐만 아니라 엄청나게 다양한 종류의 스킬과 지식을 접목해야 한다.

이 책은 메이커가 되고자 하는 이들이 반드시 알아야 할 내용을 정리한 것이다. 진정한 결실을 맺기 위한 여정의 출발점인 셈이다.

이 책은 프랑켄슈타인 게러지Frankenstein Garage 팹랩에서 메이커를 대상으로 수년간 개최한 워크샵 및 강좌를 통해 쌓은 경험을 토대로 쓰여졌다. 복잡한 개념을 최대한 간결하고 직관적인 방식으로 설명했다. 메이커의 길에 이제 막 들어선 탓에, 아직 혼자서 작업하기에는 어려움을 겪는 초보자의 입장에 놓인 독자들이 궁금해할 만한 내용을 담았다. 딱딱하지 않게 부드럽게 풀어 설명하였기 때문에 어려운 개념도 좀 더 쉽게 이해할 수 있으며, 독자들이 상상하던 무언가를 직접 제작하는 데 필요한 여러 가지 도구와 스킬을 갖출 수 있도록 이끌어 준다.

이 책은 총 4부로 구성되어 있다.

- 1부에서는 메이커 운동의 기원과 메이커 운동이 경제 시스템에 미치는 영향에 대해 살펴본다.
- 2부에서는 아이디어를 도출해서 이를 완벽하게 만들고 좀 더 적합한 환경에서 발전시킬 수 있는 창의적인 테크닉과 디자인 프로세스를 비롯한, 쉬우면서도 체계적인 방법론에 대해 살펴본다. 또한 스타트업의 정의와 프로젝트를 운영하는 방법, 신뢰할 수 있는 협력자를 구하는 방법, 투자를 유치하는 방법 등에 대해서도 소개한다.
- 3부에서는 좀 더 현실적인 주제를 다룬다. 먼저 협업에 필요한 여러 가지 도구에 대해 간략히 살펴본 뒤, 모델을 만드는 것부터 밀링, 3D 프린팅, 레이저 커팅 등과 같은 기술을 활용하여 실제 제품을 제작하는 방법에 대해 설명한다.
- 4부에서는 앞에서 소개한 방법대로 제작한 제품에 숨결을 불어넣기 위해 전자부품과 마이크로컨트롤러를 활용하는 방법에 대해 설명한다. 또한, 시각적으로 상호 작용이 가능한 인터페이스를 만드는 방법과 새로운 제조업의 시대를 개척할 IoT^Internet of Things, 즉 사물인터넷에 대해서도 소개한다.

예제 코드의 사용

이 책은 독자가 원하는 작업을 직접 수행할 수 있도록 도움을 주기 위해 집필한 것이다. 따라서 이 책에 나온 코드의 상당 부분을 그대로 재활용하지 않는 한, 출판사로부터 별도로 사용 허가를 받지 않고도 독자가 작성하는 프로그램이나 문서에 활용해도 된다. 가령 자신의 제품에 이 책에 나온 예제 코드의 일부분을 활용할 때는 따로 허가를 받지 않아도 된다. 그러나 메이크 단행본에서 제공하는 예제를 CD-ROM 형태로 판매하거나 배포할 때는 출판사의 동의를 구해야 한다. 질문에 대한 답변 과정에서 이 책의 문구나 예제 코드를 인용할 때는 허가를 받지 않아도 되지만, 이 책의 예제 코드의 상당 부분을 독자의 제품에 대한 문서에 그대로 담을 때는 허가를 받아야 한다.

책에 나온 예제 코드나 설명을 인용할 때는 가급적 출처를 명시하기 바란다. 참고 문헌으로 표기할 때는 책 제목과 저자, 출판사, ISBN 등과 같은 정보를 밝히면 된다.

연락처

오탈자, 예제, 추가 정보 등은 이 책의 웹사이트인 http://bit.ly/makers-manual를 참조하면 되고, 의견이나 기술적인 문의 사항은 bookquestions@oreilly.com으로 연락하면 된다.

참고로 웹사이트 http://www.themakersmanual.com에 방문하면 이 책에서 직접 다루지 않은 다양한 정보와 관련 자료, 링크, 참고 문헌을 살펴볼 수 있다. 이 책의 4부에 등장하는 원본 예제 코드는 http://ilmanualedelmaker.it나 http://www.hanbit.co.kr/2288에서 다운로드 가능하다.

메이크

메이크는 뒷마당, 지하실, 차고에서 환상적인 프로젝트를 진행하고 있는 재능 있는 사람들이 모임을 결속시키고 격려하며, 그들에게 정보와 즐거움을 제공한다. 메이크는 어떠한 기술이든 누구나 원하는 대로 비틀고 분석할 수 있는 권리를 지지한다. 메이크의 독자들은 성장하는 문화이자 공동체로 자리매김하고 있으며 자기 자신과 환경, 교육 시스템, 더 나아가 전 세계가 진보할 것이라고 믿는 문화와 사회의 일원으로 남을 것이다. 또한 단순히 독자라는 위치에 머무르지 않고 메이크가 이끄는 세계적인 운동으로 나아가고 있다. 우리는 이것을 '메이커 운동'이라고 칭한다.

메이크의 출판물, 행사, 제품 등에 대한 정보는 다음 웹사이트에서 확인 가능하다.

홈페이지
http://makezine.com

메이크 매거진
http://makezine.com/magazine/

메이커 페어
http://makerfaire.com

메이커 쉐드
http://makershed.com

한국 내의 메이크 도서 출간, 각종 행사 등에 관한 자세한 소식은 다음 웹사이트에서 확인할 수 있다.

홈페이지(메이크 코리아)
http://make.co.kr

트위터(메이크 코리아)
http://twitter.com/makekorea

Contents

┃메이커의 세계

1. 메이커란?

2. 메이커 운동의 유래

3. 새로운 혁명

Ⅲ 비트에서 원자로

메이커의 세계

[메이커란] 경제가 바닥으로 곤두박질치게 되더라도
행복한 삶을 살아가기 위해, 하드웨어나 비즈니스 모델
또는 주거 환경을 해킹하는 사람들

_ 코리 닥토로우 Cory Doctorow

메이커란?

오늘날 우리는 스마트폰이나 월드 와이드 웹과 같은 혁신적인 기술로 가득 찬 세상에 살고 있다. 그러나 이러한 최신 발명품도 자세히 들여다보면, 기존에 축적된 과학 기술을 단순히 일상생활에 응용한 현대 문명의 산물에 불과하다. 문명의 발전 덕분에 우리는 거주 공간에 난방을 제공하거나 음식이 상하지 않도록 보관할 수 있게 되었다. 또 어두운 밤에도 환한 빛을 비춰볼 수 있고 전 세계 모든 곳과 통신할 수 있으며, 인간이 지닌 두 다리의 능력을 훨씬 뛰어넘는 빠른 속도로 이동할 수 있게 되었다.

이러한 변화 대부분은 우리의 삶을 향상시켜 주었지만, 반대로 삶을 제한하기도 한다. 이제 컴퓨터나 통신 장비, 전기, 합성 화학물질 등이 없이 살아가기란 어려운 일이 되었다. 이런 것들이 갑자기 사라지면 전 세계의 70억 인구 중 상당수가 순식간에 사라지게 될 것이다.

지금 이 순간에도 미디어에서는 무분별한 소비를 자극하는 정보를 쉴 새 없이 쏟아내고 있으며, 6개월마다 애플 스토어 앞에 줄을 서거나 2년마다 새 차를 뽑도록 부추기고 있다. 심지어 이들은 자신들이 광고하는 상품 혹은 트렌드를 따르지 않으면 무언가 소외된 느낌을 받도록 조장하고 있다.

이러한 분위기에서는 제품이 소비자의 필요에 따라 생산되지 않는다. 그저 출시된 제품을 소비하도록 자극하는 악순환이 생산될 뿐이다. 최근 업체에서 제품을 설계할 때 일부러 사용주기를 점점 짧게 잡아서 보증 기간이 만료되면 재빨리 망가져서 빠른 시일 내에 다시 새로운 제품을 구매하게 만드는 일이 많아지고 있다. 즉, 오직 제품의 생산과 판매를 위한 인공적인 시장만이 생산되고 있는 것이다.

최근 각국의 정부가 GDP 성장에만 신경을 쏟고 있다는 것도 원인 중 하나다(이 책을 집필 중인 현재 이탈리아에서도 수익율 스프레드가 감소하는 것에 많은 신경을 쓰고 있다). 사실 GDP는 재난이 발생하거나 전쟁이 일어나더라도 증가하는 것이기 때문에, 국가의 성장 지표로 삼기에는 적절하지 않다.

예전에도 지금 같은 풍조가 만연했을까?

재사용 문화

부모님 세대 또는 부모님의 바로 윗세대만 하더라도 지금과는 분위기가 전혀 달랐다. 그들이 태어난 당시, 가령 1925년 즈음에는 경제 대공황으로 인해 실업률이 엄청나게 높았다. 집 없는 이들이 많았을 뿐만 아니라, 선진국에서도 많은 사람이 굶어 죽었다. 그들은 어려웠던 시기의 경험을 토대로 자식들에게 현재 가지고 있는 것으로 최대한 해결하도록 가르쳤다. 가진 것이 거의 없었는데도 말이다.

자원이 부족했기 때문에 자연스레 재활용을 중시하는 문화가 생겨났다. 그 무엇도 함부로 버리지 않았으며, 가지고 있는 모든 도구를 활용하여 기발한 방식으로 재활용했다. 나의 할아버지와 할머니께서도 그랬다. 필요한 물건이 있다면 언제나 직접 만드셨고, 이로 인해 느낄 수 있는 개인적인 만족감을 즐기셨다. 그 만족감은 풍족한 시대를 살고 있는 우리로서는 알 수 없는 감정일 것이다. 이러한 기분은 머릿속에만 존재하는 아이디어를 실제 제품으로 완성시켰을 때, 도마나 칼 등의 기본적인 수공구에서 좀 더 전문적인 도구를 다룰 수 있게 되었을 때 비로소 느낄 수 있는 것이었다(그림 1-1).

이는 또 하나의 문화였다. 필요한 물건이나 해결해야 할 문제가 발생했다면, 먼저 현재 활용할 수 있는 자원부터 파악한 다음 그 문제가 해결될 때까지 기발한 방식으로 자원을 재활용했다. 당시에는 연습만이 배움의 유일한 방법이었는데, 이 방법은 지금도 그대로 적용할 수 있다.

그림 1-1 *직접 만드는 즐거움*

모두가 디자이너다

모두 그런 건 아니지만, 많은 어린이가 자신이 가지고 놀던 장난감을 뜯어보면서 작동 원리를 깨닫곤 한다. 그중에는 장난감을 다시 조립해 두는 어린이도 있다. 이렇게 장난감을 분해하다 보면 그걸 자신의 입맛에 맞게 바꾸거나 새로운 형태로 만들 수 있다는 사실을 깨닫게 된다. 예전에는 어른들도 이러한 활동을 흔히 즐겼는데, 이처럼 어떤 물건을 분해하고 수정하고 새롭게 설계해서 완전히 새로운 제품으로 만드는 이들을 팅커러tinkerer라 부른다.

그리고 현재 기술의 발전 덕분에 이러한 활동을 디지털로 즐길 수 있게 되었다. 필요한 도구는 언제든지 무료 또는 저렴한 가격으로 구할 수 있고, 이러한 도구를 활용하면 짧은 시간 안에 원하는 물건을 만들어 낼 수 있다. 일련의 작업 과정을 통해 굉장히 다양한 물건을 만들 수도 있다. 필요한 정보는 인터넷이나 서적을 통해 쉽게 찾을 수 있으며, 관련 커뮤니티의 도움을 받으면 학습에 많은 시간과 노력을 들이지 않아도 된다. 누구나 할 수 있다.

그리고 현재는 기술의 발전 덕분에 이러한 활동을 디지털로 즐길 수 있게 되었다. 필요한 도구는 언제든지 무료 또는 저렴한 가격으로 구할 수 있으며, 이 도구를 사용하면 짧은 시간 안에 원하는 물건을 만들 수 있다. 특정한 작업 과정을 거치면 훨씬 다양한 물건을 만들 수도 있다. 필요한 정보는 인터넷이나 서적을 통해 쉽게 찾을 수 있으며, 관련 커뮤니티의 도움을 받으면 학습에 많은 시간과 노력을 들이지 않아도 된다.

디지털을 넘어서

1990년대에 들어서면서 갑자기 모든 사람이 웹 디자이너가 된 것처럼 굴기 시작했다. 인터넷과 월드 와이드 웹이 널리 퍼지면서 각 가정은 비트와 바이트로 구성된 제품을 생산하는 공장으로 변했다. 간단한 편집용 소프트웨어만 있으면 누구나 웹사이트를 만들 수 있었다. 소위 디지털 원주민이라 일컫는 젊은 세대가 기존의 물리 세계를 기반으로 자작하는 문화로부터 더욱 거리가 멀어지게 된 것은, 이러한 디지털 작업을 거치면 결과를 즉시 확인할 수 있으며 비용도 거의 들지 않기 때문일 것이다.

최근 3D 프린터처럼 프로토타입을 빠르게 제작할 수 있는 장비가 대중화되면서, 디지털의 기본 요소인 비트로 이루어진 세계에서 다시 물리의 기본 요소인 원자로 구성된 세계에 주목하는 분위기가 조성됐다. 이러한 장비와 기술은 사실 예전부터 있었지만, 굉장히 비싸서 일반인은 쉽게 접할 수 없었던 것이다. 가령 레이저 프린터가 처음 출시되었을 무렵에는 그 가격이 3,000달러에 육박했지만, 현재 3D 프린터의 가격은 이보다 훨씬 저렴한 500달러 정도다. 물론 레이저 절단기^{laser cutter}나 CNC 밀링 머신^{milling machine}과 같은 장비는 아직도 비싸지만, 요즘은 이를 저렴한 가격에 이용할 수 있는 서비스도 등장했다. 제품을 만들기 위해 공장을 새로 짓지 않아도, 제품을 제작하는 동안만 잠시 공장을 빌리고 장비와 시설을 이용한 만큼의 비용만 지불하면 된다(물론 이 가격에는 장비의 사용 원가뿐만 아니라 서비스 제공자의 이윤도 포함된다).

장비뿐만 아니라 이를 다루는 데 필요한 정보도 쉽게 구할 수 있게 되면서, 물건을 직접 만드는 문화가 부활했으며, 점차 메이커 운동이 확산되기 시작했다.

메이커

메이커란 열정을 가진 취미 공학자^{hobbyist}로서, 그들은 비슷한 관심사를 가진 이들과 교류하면서 커뮤니티를 형성한다. 자신의 전문 분야에 머물지 않고 좀 더 다양한 영역으로 뻗어 나갈수록 메이커 커뮤니티를 통해 새로운 지식과 기술을 쉽게 습득할 수 있다. 옛날에는 원하는 물건을 만들고 싶다면 숙련된 목수나 대장장이 밑에 견습생으로 들어가 오랫동안 수련을 거쳐야 했지만, 현재는 컴퓨터로 제어하는 목공 기계나 레이저 소결기^{sintering}를 사용하면 다양한 물건을 간편하게 만들 수 있게 됐다.

이러한 활동으로 다양한 사람과 교류할 수 있을 뿐만 아니라, 제품을 직접 판매하거나 조그만 회사를 설립해서 이윤을 창출하거나, 문화와 경제적으로 상당한 영향력을 발휘할 수도 있다.

일부 경제학자들이 국가 생산력 향상의 유일한 수단으로 지목한 개념이 바로 혁신이다. 혁신은 지속적인 메이커 활동의 원동력으로서, 항상 자신의 한계나 현재의 여건을 훌쩍 뛰어넘고자 노력하게 만든다. 메이커는 새로운 형태의 팅커러이자, 지금까지 알려지지 않은 수많은 가능성을 가진 발명가인 셈이다.

이렇게 영향력이 커질수록 사회적인 책임감도 늘어난다. 다행히 대다수의 메이커는 자신의 사회적인 지위나 직업에 관계없이, 전 세계에 있는 다양한 이들과 공유하고 협력하는 데 적극적이다.

우리 세대의 할아버지, 할머니는 모두 메이커였다. 여러분도 메이커가 될 각오가 되어 있는가?

메이커 운동의 유래

모든 인간은 메이커다. 인류의 역사는 인간이 지닌 메이커로서의 뛰어난 능력 덕분에 발전을 거듭해 왔다. 그 결과, 현재 우리는 이른바 DIY^{Do It Yourself}의 르네상스 시대를 맞이했다. 예전 사람들이 망치와 끌, 펜치, 집게 등과 같은 도구를 사용했다면, 지금은 태블릿 컴퓨터와 협업 소프트웨어, 크라우드 소싱, 데스크톱 제조 기술이 추가되었다. 큰 변화는 아니다. 단지 현대의 메이커 작업에서는 디지털 기술의 비중이 높아지고, 기존 도구의 상당수가 조그만 휴대용 컴퓨터로 대체되었을 뿐이다.

최근 십여 년 동안 기술, 기계, 인터랙션, 예술 등을 사랑하며 창의적인 작업을 즐기는 이들이 서로 만나서 각자의 지식을 공유하고 협업하면서 다양한 작품을 만들 수 있는 공간이 많이 생겼다. 해커스페이스, 메이커스페이스, 팹랩 등이 대표적인 예다(그림 2-1). 이러한 공동 작업 공간에는 드릴 프레스, 용접 장치, 레이저 절단기, 3D 프린터 등 개인이 갖추기 어려운 전문 장비가 마련되어 있다. 헬스 클럽 이용료의 절반에 해당하는 비용만 지불하면 누구나 사용할 수 있다.

초창기에는 작업 공간을 구축하려면 엄청난 비용이 필요했다. 자금이 풍부한 소수 대형 업체만이 전문적인 시설을 갖출 수 있었기 때문에, 메이커 활동의 확산에는 걸림돌이었다.

그림 2-1 **독일 브레멘의 해커스페이스 명패**(사진 출처: 바르그슨, *http://vargson.deviantart.com/art/03-310620357*)

그러나 최근 이러한 작업 공간이 엄청나게 많이 생겼다. 물론 대부분 대학이나 연구 기관에 편중되어 있기는 하지만, 민간 해커스페이스나 메이커스페이스가 지속적으로 늘어나고 있다. 현재 이 책을 집필하고 있는 시점에서는 테크숍TechShop이 미국에서 가장 유명한 메이커스페이스로 손꼽히고 있다.

공유 문화

메이커 커뮤니티와 메이커 공간에 디지털 기술이 확산되면서 얼리 어답터들은 오픈소스 소프트웨어 프로젝트 활동에 적극적으로 참여하거나, 이러한 활동에 직접 참여하지는 않더라도 최소한 이러한 개념과 철학을 이해하고 실천하고 있다. 이러한 공유와 협업 정신은 커뮤니티가 작업 공간을 중심으로 자리 잡는 데 중요한 토대가 되어 주고 있으며, 인터넷을 통해 전 세계로 뻗어 나가고 있다.

이런 작업 공간에 있는 장비 중 상당수는 잘못 사용하면 위험할 수도 있다. 그래서 장비를 처음 다루는 초보자는 선배 메이커가 주최하는 교육 과정부터 거치는 것이 일반적이다. 이러한 교육을 통해 위험한 장비를 다루는 방법뿐만 아니라, 마이크로컨트롤러나 프로그래밍 작업처럼 위험하지 않은 작업에 대한 도움도 받을 수 있다. 해커스페이스나 메이커스페이스마다 구성원이 멘토와 멘티 역할을 바꿔가면서 특정한 주제에 대해 서로 가르쳐 주는, 이른바 선순환 문화를 가지고 있다.

기술의 업적

메이커 문화는 디지털 기술을 쉽게 접할 수 있게 됨에 따라 새롭게 등장하였으며, 전 세계로 널리 퍼지게 됐다. 누구나 인터넷을 통해 정보를 공유할 수 있고, 복잡한 작품도 쉽게 만들 수 있다. 이제는 몇 번의 마우스 클릭만으로도 머릿속에 있던 아이디어를 실제 제품으로 만들어 낼 수 있다. 이는 방이나 기차 안, 공원 등 어떤 장소에서든 가능하다.

새로운 기술이 도입되면서 제품 생산 시간과 비용이 크게 줄었다. 경험과 자본이 적어도 다양한 프로토타입을 제작하는 것이 가능해졌고, 피드백을 빠르게 받아볼 수도 있게 됐다. 이로써 자연스럽게 점진적인 개발 프로세스를 도입하게 됐으며, 이는 현재 바람직한 프로젝트 진행 방식으로 자리 잡게 됐다. 점진적인 개발 프로세스에 대한 예로 '짧은 반복 주기의 중요성The Value of Quick Iteration(http://bit.ly/1wY4evP)'라는 블로그의 포스트에 업로드된 고사머 콘도르Gossamer Condor의 사례를 참고하기 바란다.

팹랩

1990년대 후반, MIT 교수인 닐 거센펠드Neil Gershenfeld는 학생들이 이론에는 강하지만, 실제로 구현하는 능력은 부족하다는 것을 발견했다. 그래서 1998년에 '(거의) 모든 것을 만드는 방법How to Make (Almost) Anything(http://fab.cba.mit.edu/classes/863.14/)'이라는 강의를 개설했다. 거센펠드 교수는 이 강의를 통해 조그만 전자회로를 제작하는 방법, 마이크로컨트롤러 보드로 프로그래밍하는 방법, CNC 밀링 머신과 레이저 절단기와 같은 여러 가지 도구를 사용하는 방법을 가르쳤다. 강의 제목에 포함된 단어인 '거의(Almost)'는 도구와 재료의 한계, 또는 공유할 수 있는 가치의 수를 의미한다. 그는 강의를 진행하면서 학생들이 장비를 과제를 수행하는 데 활용하기보다는 자신이 원하는 것을 만드는 데 더욱 열심히 활용한다는 것을 깨달았다. 어린 학생들이 발휘하는 창의성은 종종 깜짝 놀랄만한 결과를 보여 주기도 했다. 어떤 학생은 레이저 절단기로 플렉시글라스Plexiglas*를 가공해서 자전거 프레임을 제작한 다음 여러 부품을 조립하여 실제로 탈 수 있는 자전거를 만들어서 주목을 받았다. 자신만의 개인적인 공간에 누군가가 함부로 들어오는 것을 굉장히 싫어했던 또 다른 학생은 누군가 등 뒤로 다가오면 뾰족한 못이 솟아나는 스마트 드레스를 만들기도 했다. 심지어 어떤 학생은 소리를 질러도 다른 사람이 알아채지 못하게 막아두고 그 소리를 녹음해두었다가 방을 나서면 그 소리를 방출하는, 만화에서나 볼 수 있을 법한 방음 백팩을 만들기도 했다.

2002년, 이러한 경험을 토대로 팹랩Fab lab이 탄생했다. 팹랩은 제작 실험실을 의미하는 Fabrication Laboratory를 줄인 말이기도 하고, 기막히게 멋진 실험실을 의미하는 Fabulous Laboratory를 줄인 말이기도 하다. 거센펠드 교수는 팹랩 문화를 전 세계로 퍼뜨리기 시작했으며, 각 지역 커뮤니티에서 활동하는 이들에게 직접 조언을 아끼지 않았다. 가령 방목기가 끝나갈 무렵 단거리 무선 전송 시스템으로 산속에 있는 양 떼의 위치를 추적하는 노르웨이에 사는 목동과, 트랙터를 살 돈이 부족해 오토바이를 개조하려는 인도의 농부와, 태양열로 우물에서 물을 퍼내려는 아프리카의 농부에게 도움을 주기도 했다. 이러한 팹랩의 유래와 활동 경험담에 대해서는 거센펠드 교수의 저서인 『팹: 개인용컴퓨터PC의 시대를 지나 개인용제작기PF

---

* 역자주_ 유리처럼 투명한 합성수지로서 내구성과 투명도가 뛰어나 건축 자재, 수족관, 항공기의 유리창 등에 사용됨

의 시대가 온다』(비즈앤비즈, 2007)에서 자세히 살펴볼 수 있다.

미디어의 등장

2005년, 출판사인 오라일리 미디어^{O'Reilly Media}는 현재 전 세계 메이커의 필독 매거진으로 자리 잡은 메이크 매거진을 창간했다. 메이크 매거진은 여러 가지 칼럼과 강좌, 다양한 서적과 도구 리뷰 등을 수록하고 있으며, 다양한 예제 프로젝트를 소개하고 있다. 여기에 소개된 프로젝트는 무척 다양하다. 시리얼 박스로 만든 스피커나 로켓, 반려견과 공놀이를 하다 지쳤을 때 대신 공을 던져주는 장치 등, 기초적인 것부터 복잡한 것까지 수준별로 다양한 프로젝트가 제공되고 있다. 이러한 프로젝트들은 대체로 일주일 내로 따라 만들 수 있는 것들이지만, 간혹 3회에 걸쳐 진행되는 복잡한 프로젝트도 있다. 또한, 메이크 매거진에서는 호마다 게임, 로보틱스, 우주, 3D 프린팅, 리모트 컨트롤 등과 같은 특정 주제를 심층적으로 다룬다. 다양한 기술에 대한 기초를 다질 수 있는 칼럼이 소개되기도 하며, 가끔은 아폴로 13 미션의 지상 근무 요원으로 일해 본 정도가 아니면 도저히 풀 수 없는 어려운 문제가 수록되기도 한다.

이 매거진의 가장 큰 장점은 함께하는 문화를 만들어간다는 점이다. 메이크 매거진에 소개된 프로젝트 중 상당수는 부모와 자식이 함께 작업할 수 있는 것들이다. 무언가를 함께 만드는 경험은 특히 어린이의 정신적 성장에 굉장히 중요하다. 이처럼 자녀와 함께하는 프로젝트뿐만 아니라 팀과 함께할 수 있는 팀 프로젝트도 소개되어 있다.

2005년 말 어느 저녁, 메이크의 공동 창업자인 데일 도허티^{Dale Dougherty}는 이러한 문화를 더욱 확대하기 위해 기왕이면 각자가 만든 것을 한 곳에 모여 공유하는 행사를 개최하자는 획기적인 제안을 했다. 그 결과 이듬해 2006년, 산 마테오에서 첫 번째 메이커 페어가 개최되었다. 당시 100명 이상의 메이커가 자신의 작품을 전시하였으며, 그 후로 해마다 참가 인원이 계속 늘어났다. 현재 메이커 페어는 1,100명 이상의 메이커와 13만 명 이상의 관람객이 모이는 엄청난 규모의 행사로 발전했다. 2013년에는 첫 번째 유럽 메이커 페어가 로마에서 개최되는 등, 전 세계적으로 100개 이상의 메이커 페어가 개최되고 있다. 이 밖에도 메이커 페어에서 파생된 또 하나의 행사인 미니 메이커 페어도 등장했다.

그림 2-2 *2013년 베이 에어리어에서 개최된 메이커 페어의 관람객(사진 출처: 알프레도 모레시)*

그림 2-3 *2013년 베이 에어리어에서 개최된 메이커 페어의 다양한 행사 모습(사진 출처: 알프레도 모레시)*

Make: Korea

Make: Korea

메이커의, 메이커에 의한, 메이커를 위한 국제적인 매체 MAke:의 한국 채널이다. 한빛미디어가 독점 운영하는 메이크 코리아에서는 2011년 메이크 매거진 한국판의 출간을 시작으로 관련 도서 출간을 꾸준히 하고 있으며, 2012년 부터는 국내 최초이자 최대인 메이커 축제, 메이커 페어 서울을 시작하여 연간 개최하고 있으며 메이커 데이Maker Day, 교육 프로그램, 워크샵 등 비정기적인 온오프라인 이벤트도 계속해서 진행하고 있다. 홈페이지(http://www.make.co.kr)이나 트위터(http://twitter.com/makekorea)에서 자세한 정보를 확인할 수 있다.

새로운 혁명

현재 우리는 제3차 산업혁명의 시대를 살아가고 있다. 이는 제1차 산업혁명이나 제2차 산업혁명에 비해 잘 알려지지는 않았으나, 기술의 상당한 발전으로 많은 것을 누릴 수 있게 됐다. 이번 장에서는 이러한 새로운 혁명이 등장하기까지 어떤 과정을 겪어왔는지, 어떤 변화가 있었는지에 대하여 살펴본다.

18세기와 19세기에 걸쳐 발생한 최초의 산업혁명 덕분에 생산 시설에 기계가 도입되었다. 그 중에서도 기계식 직조 장치인 플라잉 셔틀^{flying shuttle}과 증기 기관의 도입은 사람이나 동물의 근육으로 하던 일을 지치지 않는 엔진이 대신하게끔 했다.

산업혁명은 모든 것을 바꿔 놓았다. 생활 수준이 높아지고 교육에 대한 관심이 늘어났으며, 세계를 지배하는 제국이 등장했다. 지구의 대기 중 이산화탄소의 농도는 지구의 80만 년 역사 이래 최고치에 도달했다. 언어에도 변화가 있었는데 현재 우리가 사용하는 직업^{job}이나 일^{work}에 대한 개념은 이 시기에 등장한 것이다. 시간에 대한 관념도 변했다. 산업혁명 이전에는 대략 오전, 오후, 저녁 정도만 구분하는 것만으로도 충분했다(하루에 여덟 차례 기도하는 '시간 전례'를 거행하는 성직자나, 이를 빠짐없이 지키는 독실한 기독교 신자라면 이보다 좀 더 정확한 구분이 필요했는데, 이 때문에 교회 첨탑에 달린 시계가 그 마을의 가장 정확한 시계 역할을 담당했다). 하지만 산업혁명으로 인해 기계를 통해 작업이 진행되면서, 정확한 시각에 일터에 도착하려면 시간을 좀 더 구체적으로 (심지어 분 단위로) 세밀하게 구분할 필요가 있었다. 결국 공장 가동 신호가 마을 내 교회의 시계가 맡던 역할을 대신하게 되었으며, 사람들은 더욱 시간에 쫓기며 생활하게 되었다.

제2차 산업혁명은 전기와 석유, 화학 약품이 등장한 19세기 말, 공장에 생산 라인이 도입되면서 시작된 것으로 20세기 후반까지 지속되었다. 현재 우리가 겪고 있는 것은 제3차 산업혁명이다. 이는 제1차와 제2차 산업혁명에 비해 잘 알려지지는 않았다. 20세기 중반부터 컴퓨터와 전자공학, 원자력, 바이오와 나노 기술, 정보기술 등이 발달하면서 본격적으로 진행된 것으로 현재 데스크톱 제조 기계가 등장할 정도로 기술이 발전했다.

컴퓨터의 등장

제2차 세계대전 당시 독일군이 메시지를 암호화하기 위해 에니그마^{Enigma}라는 기계장치를 사용하자, 연합군 측에서는 에니그마로 암호화된 메시지를 해독하기 위한 고성능 컴퓨터를 제작하기 시작했다. '컴퓨터'라는 말은 당시 이러한 암호 해독 기계를 조작하는 사람(대부분 여성)을 가리키는 말이었다. 그들은 고성능 기계식 덧셈 머신의 버튼을 직접 눌러서 암호 해독 시도를 했다. 아쉽게도 이 방식에는 약점이 있었다. 아무리 능숙한 사람(컴퓨터)이라도 손으로 직접 계산을 해야 했다. 심지어 먹고 마시고 쉴 시간까지 필요했다. 당시 연합군은 하루에 수천 건의 에니그마 메시지를 가로채고 있었는데, 이렇게 엄청난 양의 작업을 사람의 손으로 매일 처리하기는 쉽지 않은 일이었다.

암호 분석가들은 이러한 한계를 극복하기 위해 짧은 시간에 에니그마 메시지를 해독할 수 있는 전자기계식 계산기를 만들었다. 이 장치가 바로 컴퓨터의 시발점이 되었다. 전쟁이 막바지에 이르렀을 무렵 영국은 독일군의 또 다른 암호 장치인 '로렌츠 SZ 40/42'로 암호화된 메시지를 해독하기 위한 최초의 순수 전자식 컴퓨터를 개발하였다.

그러나 최초의 전자식 컴퓨터에도 역시 결함이 있었다. 방안을 가득 채울 정도로 크기가 엄청 날 뿐만 아니라, 가격도 어마어마하게 비싸고, 구식 유리 진공 튜브로 제작되어서 내구성이 굉장히 약했다. 최초의 전자식 컴퓨터인 에니악^{ENIAC}의 평균 고장 간격^{MTBF}은 한 시간 정도로, 초기에는 매시간마다 고장이 났는지 검사해야만 했다(그림 3-1). 고장이 발생하면 작업자들은 (방안을 가득 채울 만큼 크기 때문에) 컴퓨터 속으로 들어가서 17,468개의 진공 튜브 중 어느 것이 터졌는지 찾아내야 했다.

그림 3-1 *최초의 컴퓨터인 에니악(사진 출처: US 육군, 위키미디어 커먼스)*

그 뒤로 컴퓨터는 획기적으로 발전했다. 연산 능력은 18개월마다 두 배씩 향상되어 오늘날 우리가 사용하는 스마트폰의 성능이 최초의 컴퓨터보다 훨씬 뛰어날 정도로 발전했다.

정보의 위력

기술적인 혁신은 군사 프로젝트를 통해 탄생하기도 한다. 인터넷도 마찬가지다. 최초의 인터넷은 미국 국방성 산하의 방위 고등 연구 계획국의 아르파넷ARPANET 프로젝트에서 시작됐다. 이 프로젝트는 스탠퍼드, UC 산타바바라, 유타, UCLA 등 4개 대학에 있는 컴퓨터를 연결하기 위한 것이었으며, 이 프로젝트 덕택에 패킷 교환이 가능한 네트워크가 만들어졌다.

그 후로 네트워크에 연결되는 컴퓨터의 수가 늘어났다. 지역 단위의 네트워크가 형성되었고, 이것이 국가 단위로 확장되면서 결국 전 세계가 네트워크에 연결되었다. 이렇게 형성된 세계적인 네트워크, 즉 네트워크에 연결된 네트워크를 현재는 인터넷이라고 부른다. 인터넷을 통해 다양한 서비스가 제공되면서 정보의 관리 형태가 완전히 바뀌었고 1990년대에 이르러 사람과 회사가 서로 정보를 좀 더 쉽게 주고받기 위한 수단으로 월드 와이드 웹이 등장하게 됐다.

인터넷의 발달로 정보에 대한 접근이 굉장히 쉬워지면서, 인터넷 사용자의 권한도 점차 커졌다. 소비자는 훨씬 다양한 선택을 할 수 있게 되었다. 생산자는 더 큰 시장과 더 많은 공급자에게 제품을 판매할 수 있게 되었다. 새로운 만남을 가질 수도 있게 됐고, 자신의 제품 및 서비스에 대한 사용자 피드백을 직접 얻는가 하면, 다양한 정보도 쉽게 수집할 수 있게 됐다. 즉, 컴퓨터와 네트워크가 생산자와 소비자를 잇는 공급망에 깊이 스며들면서 시장의 수준이 전반적으로 향상될 수 있었다.

비트에서 원자로

싱기버스(http://www.thingiverse.com/)나 유매진(http://youmagine.com/) 같은 사이트에서 제공하는 3D 모델링 파일을 다운로드한 다음 3D 프린터에 입력하면, 마치 프린터로 문서를 인쇄하듯 누구나 쉽게 3차원 물체를 제작할 수 있다. 개념은 기존 프린터와 다를 바 없다. 단지 출력 시간이 좀 더 오래 걸릴 뿐이다. 예전에는 3D 프린터 또는 3D 프린터용 부자재의 가격이 엄청나게 비싸서 개인이 소유하기에는 부담이 컸지만, 최근 몇 년 사이 3D 프린터의 가격은 레이저 프린터 한 대를 구매하는 것과 비슷할 정도로 저렴해졌다(그림 3-2).

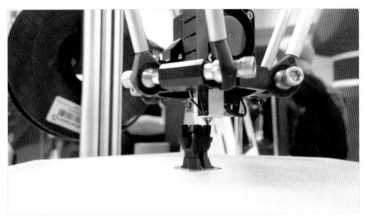

그림 3-2 개인용 3D 프린터가 작동되고 있는 모습

최근 유행하는 3D 프린팅 기술과 메이커 운동은 전 세계적으로 많은 주목을 받고 있다. 이러한 기술과 분위기는 사람들의 상상력을 크게 자극했으며, 일부 전문가는 개인이 필요한 것을 완벽히 만들 수 있게 되면 기존 경제 시스템에 적지 않은 변화가 일어날 것으로 전망하고 있다. 이처럼 개인이 원하는 것을 직접 만들어 쓰게 되면 현재의 제조업과 경제 시스템, 또는 자본주의 체제에 어떤 영향을 미치게 될까?

제조 분야의 변화는 분명히 시장과 세계 경제에 큰 영향을 미칠 것이다. 하지만 이러한 영향을 반드시 부정적으로 바라볼 필요는 없다. 메이커에 의한 극소량 생산microproduction 활동은 우리의 할아버지, 할머니가 했던 재활용과 고쳐 쓰는 문화를 부활시켜, 오늘날 미디어가 부추기는 한 번 쓰고 버리는 무분별한 소비 풍조가 크게 줄어들 것이다. 또한, 소규모 제조 활동이 보편화되면 대량으로 생산해서 전 세계로 뿌리는 방식 대신 꼭 필요한 제품만 제작하는 형태로 변하게 될 것이다.

개인 제조 문화가 경제와 기존 제조업에 주는 영향이 부정적인 것만은 아니다. 이러한 문화도 결국 기존 경제와 제조 문화의 일부분을 형성하기 때문이다. 게다가 개인이 원하는 것을 직접 만들 수 있게 됐다고 해서 모든 이들이 제조에 뛰어들지는 않는다.

사람들은 오히려 시장에서 당장 사서 쓸 수 있는 완성품을 좋아하며, 기능과 모양을 자신의 입맛에 맞게 커스터마이즈(맞춤 설계)하고 싶어 한다. 싱기버스나 유매진에 올라와 있는 모델만 훑어봐도 기존 제품에 대한 다양한 액세서리가 나와 있는 것을 볼 수 있다.

커스터마이즈 활동으로 할 수 있는 일은 무궁무진하다. 컴퓨터를 스팀펑크steampunk 스타일로 만들거나, 옷장에 원하는 패턴을 새길 수도 있다. 이러한 커스터마이즈 활동은 기존에 존재하는 대량 판매 시장에 전혀 부정적인 영향을 미치지 않는다. 오히려 개인 제조업으로 인해 다양한 애프터마켓(제품 판매 후 생기는 2차 시장) 서비스가 발달하게 된다. 특정한 디지털 기술에 뛰어난 장인들은, 독립적으로 형성된 조직이나 네트워크 활동을 통해 직접 만들 수 없거나 만들고 싶어 하지 않는 이들을 위한 커스터마이즈 서비스를 제공할 수 있다.

경제의 부흥

세계는 지금 여러 위기를 겪고 있다. 2013년을 기준으로 이탈리아의 청년 실업률은 40%를 넘어섰다. 많은 이들은 실업률을 낮추기 위해 새로운 사업을 시작하였으며, 상당수는 웹 서비스를 제공하는 회사를 설립했다. 인터넷 덕분에 온라인 경제에 대한 진입 장벽이 거의 사라졌기 때문에(물론 이탈리아의 관료주의와 조세 체계의 문제는 여전히 남아 있지만), 개인 제조업이 이러한 청년 실업률을 해소하는 데 중요한 역할을 하고 있다. 또한 인터넷의 발달 덕분에 누구나 메이커나 소규모 창업가로 변신하여 새로운 모험에 뛰어들 수 있게 되었으며, 처음부터 세계 시장으로 진출할 수도 있게 되었다.

자기 자신 또는 다른 사람에게 필요한 물건을 만들기 위해 만들기를 시작했던 메이커들은, 차츰 그 물건을 원하는 사람들이 의외로 많다는 것을 깨닫게 된다. 대부분의 메이커는 이를 계기로 커스터마이즈 작업에 뛰어든다. 개인 제조업도 마찬가지다. 이런 식으로 시작하는 것이 가장 좋다. 시설을 갖추는 데 큰 비용이 들지 않아서 적은 예산으로도 쉽게 시도할 수 있기 때문이다. 페라리와 같은 슈퍼카부터 유명 가수의 사진이 인쇄된 컬러 티셔츠에 이르기까지 거의 모든 제품을 커스터마이즈할 수 있다. 실제로 커스터마이즈 서비스는 상당히 큰 규모의 사업이기도 하다. 소비자는 수정 작업에 드는 비용뿐만 아니라, 남들과 차별화된 특별한 가치에 기꺼이 돈을 지불하기 때문이다.

이렇게 많은 이들의 관심을 끄는 제품을 만드는 수준에 이르게 되면, 더 이상 개인 제조업만으로는 감당할 수 없다. 기존 공장 시스템을 통해 제품을 대량으로 생산하여 규모의 경제를 실현하는 것이 훨씬 유리하다. 사출 성형용 틀을 제작하는 데 드는 비용은 수천만 원을 훌쩍 뛰어넘지만, 이 정도의 규모에 이르게 되면 제품 하나당 제조 단가는 (데스크톱 제조 비용에 해당하는) 몇천 원 수준보다 훨씬 낮은 몇십 원 정도로 떨어지게 된다. 따라서 메이커가 기존 제조업체와 협력하면 엄청난 초기 투자 비용의 부담을 떠안지 않고도 손쉽게 제품을 개발하고 생산할 수 있다.

지속 가능한 사업 모델을 확보했다면 니치 마켓을 노리고 제작했던 제품을 대량 생산 제품으로 발전시킬 수 있다. 이렇게 발전시킨 제품이 큰 성공을 거두게 된다면 탄탄한 회사를 발전시켜 성공한 창업가가 될 수도 있다. 그러면 디지털 기술을 이용하여 짧은 개발 기간과 적은 비용으로 수행하는 메이커 활동에 대한 사람들의 관심이 늘어나게 될 것이다. 나아가 이러한 활동을 통해 새로운 일자리를 창출하여 추락하던 지역 경제도 다시 부흥시키고, 새로운 회사와 일자리가 지속적으로 늘어나는 선순환이 형성될 수 있을 것이다.

아이디어의 실현

"여기서 어디로 가야 하는지 좀 알려줄래?"

"그건 네가 어디로 가고 싶은지에 달렸지."

_ 루이스 캐럴의 『이상한 나라의 앨리스』 중에서

창의력을 기를 수 있을까?

## 4

누구에게나 실제로 만들어 보고 싶은 아이디어가 하나쯤 존재한다. 어떤 아이디어는 프로젝트를 끝낸 뒤에 떠오르기도 하고, 또 어떤 것은 특정한 주제로 조사하다가 떠오르기도 한다. 뉴턴이 나무에서 떨어지는 사과를 보고 중력을 생각해 낸 것처럼, 우연한 순간에 떠오를 수도 있다. 흔히 타고난 재능을 갖춘 사람만이 혁신적인 아이디어를 낼 수 있다고 생각하지만, 사실 이러한 능력은 학습을 통해 얼마든지 기를 수 있다.

어떤 이들은 혁신을 이루어 내려면, 새로운 아이디어를 찾는 것보다는 기존 아이디어에서 벗어나는 것이 중요하다고 한다. 그렇다면 새로운 아이디어는 어떤 과정을 통해 떠오르는 걸까? 창의적인 사고를 하기 위해서는 어떻게 해야 할까? 단순히 나무 밑에 앉아서 사과가 떨어지기를 기다리는 것은 뉴턴과 같은 천재 과학자에겐 효과적일지 몰라도, 우리 같은 평범한 사람들에게는 전혀 도움이 되지 않는다. 여기에 대한 답은 뇌와 신경계의 메커니즘을 연구하는 신경 생리학으로부터 얻을 수 있다.

초보자를 위한 신경 생리학

누군가에게 "그 점에 대해 어떻게 생각하세요?"와 같은 질문을 할 줄 안다고 해서 정신과 의사가 될 수 없듯이, 이 장에서 소개하는 뇌의 메커니즘만 안다고 해서 신경 생리학자가 될 수는 없다. 여기에서는 단지 신경 생리학이라는 굉장히 어렵고 복잡한 분야를 간략하게 소개만 할 뿐이다. 이 정도의 개념만 알아도 사람의 사고 과정에 대해 어느 정도 이해할 수 있을 것이다.

뇌는 인체에서 가장 흥미롭고 경이로운 기관이다. 신경 생리학의 개척자이자 시인인 찰스 셰링턴Charles Sherrington 경은 다음과 같이 언급한 바 있다.

"(뇌가 깨어나면서 생각을 하기 시작하는 과정은) 마치 은하수가 우주에서 막 춤추기 시작하는 것과 같다. 은하의 중심부는 순식간에 마법의 베틀*로 변하면서 수백만 개의 베틀 북이 빠른 속도로 움직이며 복잡한 무늬를 짜내는데, 일정하지 않은 다채로운 작은 무늬를 끊임없이 만들어내면서, 이들이 항상 조화를 이룬다."

사람의 신경계는 정보를 전달하고 처리하는 특수한 형태의 전기적 흥분 세포인 천억 개의 뉴런으로 구성되어 있다. 뉴런에는 다양한 종류가 있는데 크게 세포체soma, 수상돌기dendrites, 축색돌기axon로 구분할 수 있다. 수상돌기는 가지돌기라고도 부르며 다른 뉴런으로부터 메시지를 전달받도록 세포체에 촉수처럼 뻗어 있다. 축색돌기는 전달받은 신호를 다른 뉴런으로 보내는 기다란 가지 같은 형태를 가지고 있다. 이들은 신호가 뉴런에 머무는 순간에는 전기적인 성질을 띠지만, 뉴런 사이를 오갈 때는 직접 연결되어 있지 않으며, 사고를 전달하는 다양한 화학 물질이 혼합된 형태를 띤다.

누군가의 마음속에 어떤 생각이 떠오르면, 그 순간 수천 개의 뉴런이 서로 연결되면서 동작을 발생시키고 전기를 방전시키게 된다. 이 과정에서 각각의 뉴런은 크기는 작지만 굉장히 강력한 데이터 처리 및 전송 센터의 역할을 하며, 복잡하고 방대한 양의 정보를 처리한다. 하나의 생각이 뇌에서 발생하면 특정한 경로를 따라 이동하게 되는데, 이때 생기는 경로는 일련의 메모리 트랙, 즉 사고의 지도를 형성하게 된다.

---

* 역자주_ 베틀이라 표현했지만, 셰링턴 경의 시대에 비춰볼 때 펀치 카드를 이용한 자동화 기계식 베틀인 자카르 방직기를 비유한 것이라는 해석이 많다. 참고로 이 방직기에 사용된 펀치 카드는 나중에 등장한 나온 최초의 컴퓨터의 입력 장치에 영향을 주었다.

학습 과정

학습 과정은 생리학적인 메커니즘에 따라 진행된다. 쉽게 비유하자면 콜로라도 강이 흐르면서 침식이 일어나 그랜드 캐니언에 형성되는 협곡이 더욱 깊어지는 것과 같다(그림 4-1). 이렇게 생성된 협곡은 더욱 빠른 사고를 가능케 하는 지름길 역할을 한다. 이러한 메커니즘은 학습 과정이 아닌 단순한 상황에서도 똑같이 적용되며, 사람들이 무의식 중에 일련의 행동을 하게끔 한다. 예를 들면 누구나 한 번쯤 무의식 중에 학교나 직장으로 차를 몰거나 걸어간 적이 있을 것이다. 이는 일종의 오토 파일럿 기능이라고도 볼 수 있으며 단점보다 장점이 훨씬 많다. 오랜 경험으로 축적된 심성 모형mental model만 따라가면 되기 때문에 일상에서 반복적으로 수행하는 일을 처리할 때 굉장히 유용하다.

물론 이러한 메커니즘은 효율적이긴 하지만, 뭔가 새로운 방식을 떠올리기는 힘들다는 부작용도 있다. 마치 아주 깊은 협곡에서 빠져나오기 힘든 것처럼, 기존에 형성된 사고의 경로를 그냥 따라가는 것이 훨씬 쉽고 정신적인 저항도 적다. 그래서 심성 모형은 일상에서 굉장히 유용하긴 하지만, 동시에 창의적인 사고를 방해하기도 한다.

이를 해결하기 위한 방법을 찾고자 오랜 시간에 걸쳐 여러 가지 테크닉을 터득한 사람들이 있다. 이들이 바로, 우리가 천재라고도 부르는 혁신가들이다.

그림 4-1 강이 오랜 세월 동안 흐르면, 빠져나오기 힘들 정도로 깊은 협곡이 생성된다.

다소 어색하게 들릴지 모르겠지만, 앞서 언급한 메커니즘에 따르면 이러한 테크닉을 지속적으로 연마하면 새로운 심성 모형을 훨씬 쉽게 개발할 수 있게 된다. 대다수의 혁신가는 무의식적으로 이러한 테크닉을 잘 활용하지만, 아쉽게도 이를 잘 설명할 수 있는 사람은 많지 않다. 체스로 예를 들면 초보자는 먼저 말을 놓을 수 있는 위치의 장단점을 계산하는 데 시간이 오래 걸린다. 이는 고려해야 할 변수가 엄청나게 많기 때문에 컴퓨터조차 처리하는 데 오랜 시간이 걸리는 작업이다. 반면, 체스 고수는 그동안의 게임에서 축적된 경험을 통해 어디에 말을 놓으면 유리하거나 반격을 할 수 있는지 빠르게 판단할 수 있다. 초보자들도 수많은 연습을 통해 이러한 능력을 기를 수 있다. 그렇다면 혁신적인 사고를 할 수 있는 능력을 갖추려면 어떻게 해야 할까?

다행히도 몇 가지 테크닉이 알려져 있다. 이를 잘 활용하면 누구나 혁신적인 사고를 할 수 있는 능력을 기를 수 있다. 창의적 사고 연구의 권위자인 에드워드 드 보노^{Edward de Bono} 박사, 예술 교사인 베티 에드워즈^{Betty Edwards}, 수필가인 토니 부잔^{Tony Busan}의 저서 및 연구 결과나, 위대한 이탈리아 예술가이자 디자이너인 브루노 무나리^{Bruno Munari}의 작품을 통해 이러한 테크닉을 참고할 수 있다.

창의력을 기르는 방법

창의력을 연마하기 전에 해야 할 일이 있다. 특정한 주제에 몰입 가능한 환경을 조성하여 그 주제와 관련된 대상에 둘러싸이게 하는 것이다. 다양한 아이디어와 사실을 조합하고 정리하는 작업을 할 수 있도록 모든 감각 기관을 각성시키면 무의식적으로 이러한 사고를 처리하게 할 수 있다. 이러한 환경 내에서 특정 주제에 대해 몰입하면 창의적인 발상이 반짝 떠오르기까지 며칠에서 몇 주, 심지어 몇 달이 걸릴 수도 있다. 창의적인 발상은 한계에 부딪혀 자포자기한 상황에 갑자기 떠오르기도 한다. 여기서 중요한 부분은 발상의 씨앗을 심어두고, 싹이 트고 잘 자라서 마침내 열매를 맺을 때까지 인내심을 갖고 기다리는 것이다.

수평적 사고

현대 사회는 명확한 사실에서 출발하여 가장 합리적인 결론에 도달할 때까지 한 단계씩 발전시켜 나가는 논리적인 사고방식을 선호한다. 심리학에서는 이를 수직적 사고^{vertical thinking}라 부른다. 수직적 사고방식의 특징은 시작점이 명확하며, 도출된 결론 또한 명확하다는 점이다.

1967년 에드워드 드 보노 박사는 수직적 사고와는 다른 관점에서 문제 해결 방식에 접근하고자 연구했고, 그 결과 수평적 사고^{lateral thinking}라는 개념을 발표했다. 수평적 사고는 주어진 문제에 대한 기본 가정을 의심하는 데서 출발하며, 단순히 과거의 경험으로 형성된 방향과는 다른 경로로 생각해나간다. 수평적 사고에서는 최대한 많은 대안을 탐색한 다음 가장 적합한 주제를 선택하여 수직적 사고를 통해 논리적으로 파고든다. 창의력이 뛰어난 사람들은 이러한 테크닉을 바로 연마할 수 있지만, 대부분은 기존의 사고방식에서 탈피하는 훈련부터 시작해야 한다.

연관성 찾기

애플의 공동 창업자 스티브 잡스는 창의력이 굉장히 뛰어난 사람으로 손꼽히는데, 그는 창의력에 대해 이런 말을 했다. "창의력이란 단순히 기존에 알려진 사실을 연결하는 것에 불과하다." 실제로 누군가 제시한 혁신적인 결과를 자세히 들여다보면, 이미 알려진 개념이나 대상을 약간 다른 방식으로 조합한 것에 불과하다는 것을 알 수 있다. 즉, 서로 전혀 관련이 없어 보이는 분야 각각의 연관성을 찾아내어 이를 조합한 경우가 많다.

따라서, 창의력을 연마하고 싶다면 자신에게 익숙한 영역에서 한 발 뒤로 물러서서 다른 시각으로 바라보는 능력이 매우 중요하다. 새로운 상황에서 제시하는 다양한 문맥으로부터 아이디어를 더욱 깊이 이해하고 다듬어서 뛰어난 결과를 도출해야 한다. 쉽게 설명하면, 이는 친구들과 함께 악기를 연주할 때 기타 연주자가 "좀 더 멋지게! 좀 더 펑키하게!"라고 부르짖는 행위와도 비슷하다.

경험하기

오지를 탐험하거나, 새로운 장소에 방문하거나, 새로운 활동을 시작하거나, 정보를 검색하거나, 새로운 것을 배우는 등의 도전적인 활동을 통해 사고의 영역을 넓힐 수 있다. 주어진 문제를 해결하기 위한 방안이 많아질수록 머릿속에서 조합해야 하는 경우의 수도 늘어난다. 이때 중요한 것은 혼자서 완성하든, 아니면 누군가의 도움을 받든 간에 무언가를 직접 만들어 보는 것이다. 설사 만족스러운 결과를 얻지 못하더라도 사물을 직접 만져보고 조작해봄으로써 물리적 지능을 더욱 발달시킬 수 있다.

네트워킹

자신이 접해 본 적 없던 분야에 속한 사람, 또는 배경이나 사고방식이 전혀 다른 새로운 사람을 만나면 서로의 생각과 정보를 공유하고 주고받을 수 있다. 따라서 최소한 일주일에 한 번쯤은 새로운 사람이나, 평소에 자주 만나지 못했던 친구, 혹은 동료와 점심을 함께하는 것도 좋은 방법이다. 다양한 사람을 만나다 보면 이전에는 알 수 없었던 새로운 사실을 배우게 될 가능성이 크다. 트위터 또는 페이스북 등의 소셜 네트워크 서비스(SNS)를 활용하는 것도 좋은 방법이다. 평소에 관심이 있었거나 궁금했던 주제를 다루는 콘퍼런스나 전시회 같은 행사에 참석하는 것도 도움이 된다. 이러한 기회를 통해 새로운 개념을 알게 될 뿐만 아니라, 다른 사람과 다양한 의견을 주고받을 수 있기 때문이다.

대안 모색하기

메모를 할 때는 어떤 사실이나 아이디어, 상황 등을 먼저 목록 형태로 나열한 뒤, 여기에 자신의 의견이나 아이디어를 추가하는 것이 바람직하다. 앞에서도 설명했지만, 좋은 해결책을 찾기 위한 가장 효율적인 방법은 최대한 다양한 대안을 모색하고 이들을 비교하여 평가하는 것이기 때문이다.

이쯤에서 대안을 찾을 수 있는 간단한 방법 하나를 소개하고자 한다. 이 방법은 그림 4-2처럼 빈 종이의 한가운데에 해결이 필요한 핵심 주제를 적고, 이에 해당하는 대안을 주변 방향으로 뻗어진 나뭇가지 형태로 나열하는 것이다. 원하는 대안이 다섯 개라면, 다섯 개의 가지만 그리면 된다. 가지를 다 그렸다면 너무 깊이 생각하지 말고 5분 이내에 다섯 개의 대안을 나열한다. 가장 중요한 것은 가지의 수를 미리 정해놓고 시작하는 것이다. 사람의 뇌는 빈 곳을 최대한 채우려는 경향이 있기 때문에, 가지의 수를 미리 정해두지 않으면 완벽한 그림을 완성하기 위해 가지의 수가 무한대로 늘어날 수 있다. 쉽게 비유하자면, 악기를 연주하거나 노래를 부를 때 도에서 시작해서 한 음씩 올라가다 중간에 갑자기 멈추면 뭔가 불편하고 덜 끝난 듯한 느낌이 드는 것과 비슷하다.

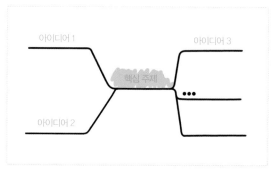

그림 4-2 개념에서 출발해서 여러 가지 아이디어를 도출하는 과정

너무 오래 고민하지 말자. 어설프거나 단순한 생각이라도 일단 적어나가자. 정해진 시간 동안 생각해 낸 대안이 만족스럽지 않더라도 괜찮다. 그냥 그 시점까지 작성한 결과만 분석한다. 이 기법을 제대로 활용하기 위해서는 어느 정도 연습이 필요하다. 짧은 시간에 좋은 아이디어를 찾아내는 능력은 하루아침에 갖춰지는 것이 아니다. 누구나 기존의 사고방식에 얽매여 있기 때문이다.

이처럼 일렬로 나열하지 않고 여러 방향으로 가지를 치는 방식은 토니 부잔이 개발한 마인드맵 Mind Map의 핵심 기법이다. 이 기법은 메모를 할 때, 아이디어를 찾을 때, 새로운 대안을 모색할 때, 여러 가지 활동을 정리하거나 뭔가를 결정할 때 특히 유용하다(53페이지의 '마인드맵'을 참고한다).

가정 바꾸기

사람은 누구나 새로운 문제에 부딪혔을 때, 순간 본능적으로 떠오른 것을 사실로 가정하는 경향이 있다. 만약 무의식적으로 설정한 가정을 던져버리고, 새로운 시각에서 문제를 바라보면 어떤 결과를 얻게 될까?

가정을 새로 설정하기 위해서는 문제의 속성이나 특징, 사실부터 다시 나열해야 한다. 가장 쉽고 간단한 방법은 머릿속에 있는 정보를 직접 하나씩 적어 보는 것이다.

여러 가지 항목을 손으로 직접 다 적었다면, 이제는 반대로 나열한 가정에서 잘못된 점을 찾아내고, 새롭게 조합하여 다른 의미를 부여한다. 예를 들어, 서점이라는 주제로 가정을 한다면 다음과 같은 사실을 떠올릴 수 있을 것이다.

- 필요한 책을 찾을 때 가는 곳
- 책이 많은 곳
- 많은 책이 책장에 깔끔하게 정리된 곳
- 분위기가 엄숙한 곳
- 책을 살 수 있는 곳

그런 다음, 나열한 사실을 하나씩 뒤집어 보자.

- 책이 한 권도 없는 곳
- 분위기가 엄숙하지 않은 곳

감이 오는가? 이렇게 정리를 하고 나면, 실제로 책이 진열되어 있지 않고 현장에서 원하는 포맷으로 직접 찍어내는 형태, 즉 완전히 새로운 형태의 서점을 떠올릴 수 있다.

마인드맵

마인드맵이란 여러 가지 개념과 아이디어를 나뭇가지 형태로 그려나가는 방식으로, 마음속에 있는 생각을 정리할 수 있게 도와준다. 마인드맵을 그리기 위한 첫 번째 단계는 빈 종이의 한가운데에 정리하고자 하는 개념을 잘 나타내는 핵심 단어 하나를 적는 것이다. 예를 들어 스포츠에 대해 정리하는 경우를 살펴보자(그림 4-3).

그림 4-3 *스포츠에 대한 마인드맵 그리기 첫 단계*

빈 종이의 한가운데에 단어를 적은 다음, 이 단어와 관련해서 떠오르는 것을 나뭇가지 형태로 하나씩 추가한다(그림 4-4).

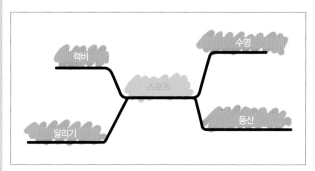

그림 4-4 *스포츠와 관련된 단어를 나뭇가지 형태로 나열하기*

나열한 단어를 통해 새로운 아이디어를 떠올릴 수 있을 것이다. 물론 처음에 적은 핵심 단어와는 관련이 없을 수도 있다. 그래도 개의치 말고 머릿속에 떠오르는 대로 계속 추가하고 선을 연결한다. 맵을 간결하게 만들고 싶다면, 단어 나열이 끝난 뒤에 고민할 필요가 없는 단어를 삭제한다.

마인드맵은 굉장히 단순한 기법이다. 생각이나 개념을 표현할 때 단어 대신 그림을 그려도 상관없다. 좀 더 기억하거나 생각하기 좋도록 색깔을 넣어 시각적으로 돋보이게 만들어도 좋다. 시간을 들여 연습하다 보면, 마인드맵을 그리는 실력도 늘어나게 될 것이다.

마인드맵이 너무 복잡해졌다면 다시 새로운 버전으로 간결하게 정리한다. 이런 식으로 반복해서 생각을 구체적으로 표현하다 보면 고민하는 대상이 좀 더 명확하게 보이면서 새로운 관계를 발견하거나 대상의 핵심에 좀 더 가까이 다가갈 수 있게 된다.

문제의 영역 바꾸기

앞에서 가정을 바꿔 본 것처럼, 해결해야 하는 문제의 영역도 변경할 수 있다. 초반에 임의로 설정한 문제의 범위를 더 넓힐 수도 있고 좀 더 좁힐 수도 있다. 이처럼 문제의 영역을 살짝 바꿔 보면 어떤 결과를 얻을 수 있을까? 그리고, 이와는 정반대로 완전히 지워버리면 어떻게 될까?

때로는 경계선을 새로운 사고를 도출하기 위한 진입점으로 삼아도 좋다. 중요한 것은 상식적으로 이상하더라도 최종적으로 도출된 결과를 받아들이거나, 혹은 반대로 모든 것에 의문을 품는 방법을 배우는 것이다. 이때 간혹 반칙을 했을 때와 같은 묘한 죄책감을 느낄 수도 있는데, 기존에 익숙해진 규칙에서 벗어났을 때 나오는 자연스러운 반응이니 무시해도 된다. 사람의 뇌는 본능적으로 기존에 정해진 규칙을 위배하면 경고를 보내기 때문이다. 그러나 이러한 규칙은 대부분 임의로 정했거나 습관을 통해 무의식적으로 형성된 경우가 많다. 이를 깨뜨리는 능력은 세상을 새로운 시각으로 바라보면서 새로운 해결책을 찾는 데 매우 강력한 도구다.

무작위 값 입력하기

문제를 풀다가 막히면 더 이상 대안을 찾을 수 없는 막다른 지점에 다다르거나 나오기 힘든 구덩이에 빠진 기분이 들 수도 있다. 이 경우, 전혀 예상치 못한 값을 입력하면 뇌가 멈춘 상태에서 빠져나오는 데 도움이 된다. 예를 들면 이런 것이다. 사전을 집어 들고 아무 페이지나 펼쳐서 손가락으로 집어 보자. 그런 다음 이렇게 무작위로 고른 단어와 직면한 문제 사이에 어떤 관련이 있을지, 이를 통해 어떤 결과를 얻을 수 있을지 고민해 보자. 생각지도 못한 결과를 얻게 될 것이다.

영국의 음악가인 브라이언 이노^{Brian Eno}는 동료들이 사고의 막다른 골목에서 빠져나오는 데 도움을 주기 위해 우회전략^{Oblique Strategies}이라는 카드를 만들었다. 이 카드는 곧 다른 창의적인 활동을 하는 이들에게도 널리 퍼지게 됐다(기록에 따르면 중세 시대 사상가들도 이와 비슷한 용도로 타로 카드를 이용했다고 한다. 물론 점을 치기 위해서가 아니라 카드의 그림과 기호를 임의로 조합하여 사고의 방향을 새롭게 떠올리기 위한 목적으로 사용했다). 주사위를 던져 새로운 이야기를 지어내는 로리의 스토리 큐브^{Rory's Story Cubes}(https://www.storycubes.com/)가 좋은 예다(그림 4-5). 이 주사위는 어떤 면에는 사물이, 또 다른 면에는 동작이 그려져 있다. 이러한 도구를 활용하면 새로운 생각을 떠올리는 데 도움이 된다.

지금까지 설명한 바에 의하면 원래 상상력이 부족하다는 변명은 더 이상 할 수 없을 것이다. 지금부터 당장 뇌를 훈련시켜 보자.

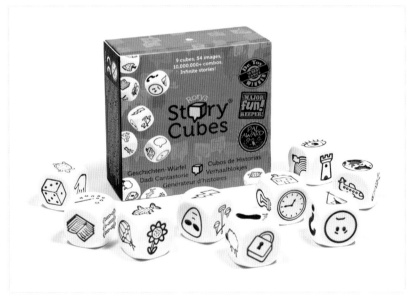

그림 4-5 *로리의 스토리 큐브*

## 5

아이디어를 프로젝트로

좋은 아이디어를 찾았다면 이를 현실에 존재하는 형태로 만들어야 한다. 이처럼 아이디어를 제품 형태로 만들 때는 눈으로 볼 수 있는 부분뿐만 아니라, 아키텍처나 메커니즘, 내부 구조 등과 같이 실체의 이면에 숨어 있는 부분까지 구체적으로 담아내야 한다. 또 제품을 구체화하는 데 필요한 모든 부분을 제대로 설계하고 구현하려면, 작업을 진행하기 위한 프로세스부터 마련해야 한다. 물론 실력 있는 사람은 프로세스를 따로 만들지 않아도 작업을 진행할 수 있겠지만, 구체적인 절차를 명시적으로 작성해두면 작업 도중 문제가 발생했을 때 해결책을 쉽게 찾아내는 데 도움이 된다.

일반적으로 아이디어를 실제 세계에 존재하는 제품 형태로 만드는 과정에는 시간과 예산의 제약이 뒤따른다. 따라서 프로세스와 시간, 예산을 철저히 파악해서 자유자재로 다룰 수 있다면 어떤 아이디어라도 구현할 수 있게 될 것이다.

디자인

크리스 앤더슨Chris Anderson은 자신의 저서인 『메이커스: 새로운 수요를 만드는 사람들』(알에이치코리아, 2013)에서 "이제는 모두가 디자이너다. 따라서 디자인을 잘 할 수 있는 실력을 갖춰야 한다."라고 언급한 바 있다.

그렇다면, 구체적으로 디자인이란 무엇인가?

이를 정의하기 전에 가장 먼저 염두에 둘 것은, 디자인 분야는 제품 디자인, 웹 디자인, 그래픽 디자인, 아키텍처 디자인, 소프트웨어 디자인, 인터랙션 디자인, 산업 디자인 등과 같이 다양하다는 점이다. 디자인은 분야 또는 종류에 따라 성격이 제각각으로, 분야마다 정의하는 디자인의 의미가 달라 자칫 혼란스러울 수도 있다. 이쯤에서 생각해 보자. 디자인에 대해 이러한 특성을 모두 포괄하는 일반화된 정의를 내리는 것은 불가능한 일일까?

펜실베이니아 대학의 교수이자 독특한 경력을 가진 디자이너, 칼 울리히Karl Ulrich는 디자인을 이렇게 정의했다. "디자인이란, 문제를 해결하기 위한 인공물을 구상해서 실제 형태를 갖도록 하는 것이다." 여기에서 인공물이란 사람이 만들 수 있는 모든 물체를 가리킨다.

이 정의는 뉴욕 현대 미술관의 산업 디자인 분야의 큐레이터, 에드가 카우프만 주니어Edgar Kaufmann Jr가 정의한 "디자인이란 일상생활에서 사용하는 물체를 구상해서 실제 형태로 만드는 것"이란 정의와, 클라우스 크리펜도르프Klaus Krippendorff와 레인하트 버터Reinhart Butter 교수가 정의한 "디자인이란 사람이 필요에 의해 의식 속에 형체를 창조하는 과정"이라는 두 가지 정의로부터 파생된 것이다.

이들의 정의에 따르면, 결국 디자인의 목적은 문제를 해결하는 것이다. 사람은 이미 수백만 년 전부터 도구를 디자인하고 만들어왔다. 현재 주거 여건을 개선하거나, 힘들고 반복적인 일을 줄이려는 욕구는 다양한 도구와 기술을 발전시키는 노력으로 이어져 우리의 삶의 질을 높여주게 됐다. 이러한 욕구와 이를 실행하는 능력은 결국 발전의 원동력인 셈이다.

즉, 디자인은 문제 해결과 같이 큰 범위의 활동을 구성하고 있는 여러 요소 중 하나이다. 누구나 풀어야 할 문제가 있지 않던가. 심지어 어떤 사람은 특정 분야에서 전문 디자이너로 활동하면서 디자인을 직업으로 삼기도 한다. 디자이너가 이렇게 활동할 수 있게 된 데에는 다음과 같은 이유가 있다.

- 한 사람이 무엇이든 디자인할 수 있는 실력을 갖추기란 거의 불가능하다.
- 본인이 풀고 싶은 문제는 타인도 공통적으로 겪고 있는 경우가 많기 때문에 디자인에 필요한 개발 비용 또한 늘어날 수 있다. 따라서 개발 비용을 줄이기 위해 규모의 경제를 실현해야 하며, 이를 위해 타겟으로 삼는 사용자 그룹으로부터 나오는 다양한 요구사항도 함께 고려해야 한다.

요즘처럼 통신이 발달한 시대에는 인터넷에서 찾은 튜토리얼을 단계별로 차근차근 따라하는 것만으로도 새로운 기술을 쉽게 배울 수 있다. 그러나 디자인의 경우 튜토리얼 형태로 작성된 글은 찾기 어렵다. 디자인이란 가능한 솔루션을 다양하게 탐색해서 분석하는 작업이고, 이를 위해서는 경험을 통해 축적한 노하우가 뒷받침되어야 하기 때문이다.

결국 멋지고 기능도 풍부한 구현물을 제작하기 위한 프로세스를 한 가지 형태로 명확히 정의하기란 굉장히 어렵다. 하지만 최소한 결과물의 품질을 훨씬 향상시킬 수 있는 프로세스를 살펴보는 것은 가능하다. 지금부터 이에 대해 살펴보자.

디자인 프로세스

그림 5-1에 나온 디자인 프로세스를 보자. 문제를 파악해서 이를 문제를 정의하는 단계, 정의한 문제를 해결하기 위한 다양한 방법을 모색하는 단계, 그리고 이를 실제로 진행하기 위한 계획을 선택하는 단계로 나누어 순차적으로 진행하도록 정의되어 있다. 이러한 과정은, 가장 좋은 해결책을 찾거나 주어진 시간과 예산이 바닥날 때까지 계속해서 반복한다(시간과 예산 때문에 프로세스가 끝났다면, 그 시점까지 만든 솔루션에 만족할 수밖에 없다).

이러한 디자인 프로세스를 거치면 문제를 해결하는 결과물을 제작하기 위한 계획을 도출할 수 있다. 이는 마치 인터랙션 디자인 전문가가 웹사이트를 제작하는 방법만 설명할 뿐, 제작에 참여하지 않는 것과 비슷하다.

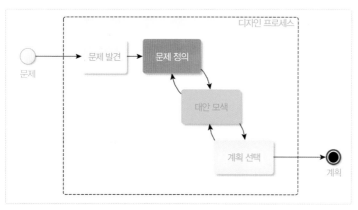

그림 5-1 *디자인 프로세스*

실제로는 대부분의 디자이너나 메이커들은 단순히 계획만 세우지 않고, 문제를 해결하기 위한 최종 단계까지 직접 진행하는 경우가 많다. 문제 해결 과정에서 볼 때 자연스럽지만, 디자인 분야에서는 다소 예외적인 경우라고 볼 수 있다.

문제 정의

어떤 문제점이 발생했을 때(예. 사용자의 경험에 따른 불편사항 등) 가장 먼저 할 일은 문제의 본질을 정확히 정의하는 것이다. 문제를 구체적으로 표현할수록 해결책을 찾을 확률도 높아지기 때문이다.

의문 가지기

사람들은 대부분 주어진 현상을 수동적으로 받아들일 뿐, 왜 그런 현상이 발생했는지는 궁금해하지 않는 경향이 있다. 아마도 TV 브라운관에서 나오는 전자파에 너무 노출돼서 이렇게 수동적으로 변했을지도 모른다. 물론 이는 하나의 가설일 뿐, 진짜 원인은 다른 곳에 있을 수도 있다. 실제로 요즘 TV에서는 브라운관 대신 LCD나 LED, 플라즈마 스크린 등을 사용하고 있기 때문에 이것이 원인일 가능성은 더욱 희박하다. 어쨌거나 주어진 현상에 의문을 가지는 자세는 '5Whys'라는 질문 기법의 핵심이다. 이 기법은 생산 프로세스를 지속적으로 개선하기 위해 도요타가 개발한 것으로 꽤 과학적인 접근 방법이라고 할 수 있다.

5Whys 기법은 주로 어린이들이 이러한 많이 사용한다. 예를 들어, 아이들과의 대화는 보통 이렇다. "이곳은 왜 뜨겁지?" "태양이 비추기 때문이지!" "그럼 태양은 왜 비추는데?" 이런 식의 끊임없는 질문 공세가 이어지다 보면 어른들은 이에 금방 지쳐버리기 일쑤다. 그래서 도요타는 일정한 기준을 정하여 던질 수 있는 질문의 수를 제한시키고, 어느 수준에 도달하면 실제 행동으로 옮기도록 정했다.

5Whys 기법은 그 이름에서 유추할 수 있듯이 어떤 문제나 상황의 원인을 분석하고 파악하기 위해 다섯 번 이상의 질문을 던지는 것이다. 질문자는 질문 과정을 통해 문제의 원인이 밝혀질 때까지 좀 더 수준 높은 추상적인 단계로 질문을 발전시켜 나간다. 다만 대부분 이 과정에서 명확한 근거가 없는 가정을 적용하는 경우가 많은데 이는 습관이나 게으름 때문이다. 쉽게 말하면 "예전에도 이렇게 했으니까 이번에도 이렇게 하자!"라고 생각하는 경우가 많다는 것이다. 대체 가정을 세우는 수준은 어느 정도여야 하는 걸까?

문제의 발생 원인뿐만 아니라 특정한 문제를 해결하기 위한 방법에도 의문을 가져야 한다. 이러한 의문은 특히, 가장 적합한 수준의 추상화 단계를 찾고 어느 지점부터 문제를 풀어나가야 할지 파악하는 데 매우 중요한 역할을 한다. 가령, 이어폰에서 흘러나오는 음악을 들으면서 작업을 하느라 전화기에서 울리는 벨 소리를 미처 듣지 못하는 경우를 예로 들어 보자. 이 문제를 해결하기 위한 제품을 만들어야 한다면 어느 단계에서 시작해야 할까? 이 경우, 먼저 이것이 문제가 되는 이유부터 분석해야 한다.

- 이어폰을 꽂고 있을 때 전화벨 소리를 들어야 하는 이유는, 놓쳐서는 안 되는 전화가 걸려 올 수 있기 때문이다.
- 전화를 놓쳐서는 안 되는 이유는, 직장 동료가 전화를 걸었을 수도 있기 때문이다.
- 직장 동료의 전화 반드시 받아야 하는 이유는, 그들에게 가치 있는 존재가 되고 싶기 때문이다.
- 내가 직장 동료에게 가치 있는 존재가 되어야 하는 이유는, 직장에 필요한 존재가 되고 더 나아가 회사의 생산성을 높이기 위함이다.

이런 식으로 분석하고 나면 시작 지점이 어느 정도 드러나고 추상화 단계도 적절한 수준에 도달할 것이다. 이쯤에서 질문을 멈추자. 질문을 계속 이어나가면 "세계 평화를 위해"라는 거창한 답이 나오게 된다. 이번에는 다른 각도에서 질문을 해 보자. 이어폰을 꽂고 있는 동안 전화벨이 울리는 것을 알 수 있는 방법은 없을까?

작업 시 이어폰을 사용하는 이유는 외부 소음을 차단하여 일에 집중하기 위함이다. 이러한 장점은 그대로 유지하는 것이 좋기 때문에, 우리가 풀어야 할 문제의 제약사항으로 추가한다. 이러한 제약사항을 고려하다 보면, 소방차에 쓰이는 사이렌을 이용하여 문제를 해결하려고 시도하게 될 수도 있다. 그러나 이 방법은 같은 사무실에 있는 동료뿐만 아니라, 회사 전체에 있는 사람들을 화들짝 놀라게 할 것이다(그림 5-2).

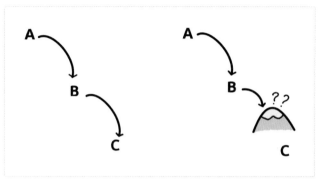

그림 5-2 한계에 부딪힌 상황

다시 이전 단계로 돌아가 보자. 진짜 문제는 전화 소리를 못 듣는 것이 아니라, 걸려온 전화를 놓치는 것이다(그림 5-3). 이번에는 이 문제를 해결할 방법에 대해 고민해 보자.

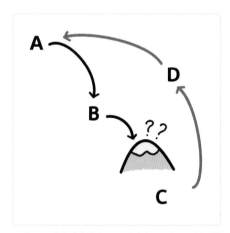

그림 5-3 다시 시작 지점으로 돌아가서 목적에 도달하기 위한 다른 경로 찾기

- 걸려온 전화를 놓치지 않으려면 전화벨 소리를 듣지 못해도 전화가 울리는 것을 알 수 있게 하면 된다.

여기서 흥미로운 사실을 발견할 수 있다. 전화가 온 것을 반드시 소리로 알아챌 필요는 없다. 전화벨이 울린다는 사실만 알 수 있으면 된다.

- 소리를 듣지 않고도 전화가 오는 것을 알아내려면 시각 효과를 사용하면 된다.
- 전화벨이 울리는 것을 시각적으로 표시하려면 불빛을 내는 회로를 전화기에 연결하면 된다.

이제 어느 정도 적절한 진입 지점을 찾았다. 여태 전화벨 소리를 듣지 못한다는 문제점에만 머물러 있었다면 지금처럼 훨씬 다양한 환경에 적용 가능한 데다 큰 시장성을 지닌 해결 방안을 도출할 수 없을 것이다. 시각 효과를 사용하면 청력이 약한 노인들도 활용할 수 있을 뿐 아니라, 단순히 벨 소리의 크기를 소방차의 사이렌 수준으로 높여서 사람들이 깜짝 놀라거나 청력에 손상을 입히는 문제를 방지할 수 있다. 이처럼 본래의 목적에 도달할 수 없게 방해하는 것을 지배적인 아이디어dominant idea라고 부른다. 이를 제거하고 방해 요인을 정확히 알아내면 엉뚱한 해결책을 마련하는 데 시간을 낭비하지 않고 문제의 본질을 해결할 방법을 찾아낼 수 있다. 기자들도 5Whys와 비슷한 기법을 사용한다. 다음과 같이 다섯 개 혹은 여섯 개의 질문을 던져 보는 방식으로 사실을 정확히 표현했는지 확인하는 것이다.

- 누가?
- 무엇을?
- 어디서?
- 언제?
- 왜?
- 어떻게?

어떤 이는 50개 이상의 긴 질문 목록을 만들고, 각각에 답변을 작성하거나 문제를 더욱 이해하는 데 활용하기도 한다. 저명한 경제학자인 피터 드러커Peter Drucker는 그의 저서 『경영의 실제』 (한국경제신문사, 2006)에서 이런 말을 했다. "진짜 중요하면서도 힘든 것은 정확한 답을 찾는 것이 아니라 정확한 질문을 찾는 것이다." 이 말은 정확한 질문을 하면 만들고자 하는 대상의 요구사항을 도출할 수 있다는 뜻이다.

요구사항

문제를 정확히 정의했다면, 이제 만들고자 하는 대상의 특징을 나열해 본다. 이렇게 나열한 특징을 통해 사용자 경험에서 발견할 수 있는 공백을 최대한 줄일 수 있다(우리가 풀고자 하는 문제에 더욱 가까워질 수 있다). 말로는 간단하지만, 실제로 해 보면 고려해야 할 사항이 꽤 많다.

- 같은 문제에 대해 사용자마다 요구하는 바가 다르다.
- 상반된 요구사항이 나올 수 있다.
- 모든 요구사항이 다 중요하지 않다.
- 요구사항마다 성격이 다를 수 있다.

이런 식으로 요구사항을 최대한 많이 나열해 보자. 분류는 나중에 해도 된다.

요구사항은 다양한 기법을 통해 찾을 수 있다. 혼자서 할 수 있는 기법도 있고 다른 사람의 도움이 필요한 기법도 있다. 다양한 곳에도 적용이 가능하다. 앞서 살펴본 예제에서 도출한 해결 방안은 컴퓨터 앞에서 이어폰을 꽂고 일하는 사람 외에도 애써 재운 갓난 아기가 전화벨 소리에 깨지 않기를 원하는 부모, 또는 청력이 약한 노인 등에게 적용할 수 있다.

요구사항을 탐색하는 기법 중 포커스 그룹focus group이라는 것이 있다. 이 기법은 대략 여섯 명에서 여덟 명으로 그룹을 구성해서 문제를 토론한다. 풀려는 문제나 해결 방안과는 상관없는 여러 가지 사회적인 요인이 일대일로 대화할 때보다 더 많이 개입되기 때문에 효율성이 떨어진다는 단점이 있다. 일대일 대화든, 여러 명이 토론하든 폐쇄형closed ended 질문보다는 가급적 열린 토론open discussion 방식으로 진행하는 것이 수집하는 데이터의 양과 질을 높이는 데 훨씬 도움이 된다. 반드시 수천 명을 대상으로 조사할 필요는 없다. 분류한 사용자 그룹이 10명 정도만으로 구성되어 있더라도 요구사항을 도출하기에는 충분하다. 이 과정에서 메이커는 한 가지만 명심하면 된다. 말하기보다는 주로 듣는 데 집중하는 것이다.

또 다른 좋은 기법으로 직접 관찰direct observation이 있다. 이 방법은 사용자의 일상 속에서 행동하는 것을 관찰하는 것이다. 즉 사용자가 속한 장소나 상황에서 문제를 어떻게 인식하고 행동하는 지를 관찰한다. 방법은 간단하다. 많은 사람이 지나다니는 기차역이나 슈퍼마켓에서 가만히 지켜보는 것만으로도 사람들의 행동 패턴을 어느 정도 파악할 수 있다.

관찰할 때는 반드시 편견이나 선입견 없이 진행해야 한다. 그리고 이들이 어떻게 움직이고, 상호작용하고, 물건을 집고, 공간을 이동하는지 등을 살펴본다. 이 단계에서는 관찰에만 집중하고, 구체적인 전략을 수립하는 작업은 관찰이 다 끝난 뒤에 한다. 그렇지 않으면 관찰한 데이터가 왜곡되어 잘못된 방향으로 진행할 위험이 있다.

미국의 유명한 소프트웨어 제작소인 인튜이트Intuit의 설립자인 스콧 쿡Scott Cook은 "관찰이 모든 것을 결정하는 데 가장 중요한 역할을 한다"라고 언급한 바 있다. 그만큼 관찰은 핵심적인 도구다.

데이터 수집을 완료했다면, 다음과 같은 규칙에 따라 요구사항 형태로 정리한다.

- 과도한 추상화는 자제한다. 요구사항의 표현 수준을 수집한 데이터에 맞춘다.
- 요구사항에 디자인 컨셉을 담지 않는다. 솔루션을 정확히 도출할 수 있도록 중립적인 표현을 사용한다.
- 요구사항을 문제 해결을 위해 만들고자 하는 대상의 속성으로 표현한다.
- '반드시', '–해야 한다', '–할 수도 있다'와 같은 표현은 피한다. 아직 분석하지 않은 요구사항에 대해 상대적인 중요도가 반영될 수 있기 때문이다.
- 요구사항을 계층적으로 구성한다. 가장 핵심적인 단계부터 나열하고, 각각은 다시 세부적인 요구사항을 표현한다.

나열한 요구사항 중에는 사용자에게 특별히 중요한 것이 있을 수도 있다. 이러한 요구사항은 사용자가 직접 깨닫지 못하고, 조사 과정에서 드러날 수 있다. 이러한 잠재 요구사항latent needs 은 느낌표(!) 같은 기호로 눈에 띄게 표시해두는 것이 좋다.

이제 이어폰을 꽂은 상태로 컴퓨터 작업을 하는 상황에 대한 요구사항을 나열한 뒤 이를 계층적으로 분류해 보자. 만들고자 하는 대상에 이름을 정해뒀다면 그 이름을 사용한다. 임시로 사용하는 이름이라도 좋다. 따로 이름이 없다면 그냥 결과물이라고 표현한다.

전화벨이 울리면 결과물은 다음과 같은 신호를 주어야 한다.

- 전화를 받으면 신호를 멈춘다.
- 전화벨 소리를 없애더라도 신호를 준다.
- 어두운 곳에서도 신호를 볼 수 있다.
- 아주 밝은 곳에서도 신호를 볼 수 있다.
- 직접 쳐다보지 않고도 신호를 알아챌 수 있다.

결과물은 비싸지 않아야 하며, 이때의 요구사항은 다음과 같다.

- 통상적인 제조 과정을 통해 만들 수 있어야 한다.
- 흔히 볼 수 있는 재료로 만들 수 있어야 한다.
- 제작하는 데 특별한 기술이나 조립 과정을 거치지 않아야 한다.

결과물은 안전하게 사용할 수 있어야 하며, 이때의 요구사항은 다음과 같다.

- 전자기적인 간섭이 없어야 한다.
- 사용자가 감전되지 않아야 한다.
- 아이들에게 위험하지 않아야 한다.

이런 식으로 계속 나열하다 보면, 수십 개의 요구사항을 어렵지 않게 작성할 수 있다. 심지어 별다른 노력을 기울이지 않고도 수백 개의 요구사항을 수집할 수도 있다. 그러나 이렇게 요구사항이 많아지면 어느 하나를 고르기가 힘들어질 수 있다. 이를 해결하려면 어떻게 해야 할까?

문제 분해하기

뇌에는 본능적으로 여러 조각을 하나의 큰 덩어리로 통합하려는 속성이 있다. 이러한 습성은 다양한 요구사항을 모두 탐색하기 어렵게 한다. 따라서, 문제를 다양한 형태로 나눌 수 있어야 한다(그림 5-4). 어떤 접근 방식은 직관적이고 이해하기 쉽지만, 다른 방식은 그 반대일 수도 있다. 문제를 인위적으로 나눠 보면 요구사항을 다각도로 분석해 볼 수 있다. 또한, 대상을 잘게 쪼개면 앞에서 설명한 5Whys 기법처럼 전혀 생각하지 못한 새로운 진입 지점을 발견할 수 있다.

때로는 수집한 요구사항을 전혀 다른 방식으로 분류할 수도 있다. 또 어떤 경우에는 몇 가지 요구사항 그룹을 겹치거나 다양한 방식으로 연결할 수도 있다.

그림 5-4 *문제를 다양한 형태로 분해하기*

사용자 관점에 따라 분해하기

예를 들어 아이스크림 스쿱을 디자인한다고 가정해 보자. 먼저 문제를 여러 개로 나눈 다음, 각각을 하나씩 분석할 수 있다. 가령 문제를 다음과 같이 나열한 뒤, 요구사항을 도출해 볼 수 있을 것이다.

- 손목에 부담을 가장 적게 주려면 어떻게 해야 할까?
- 아이스크림을 쉽게 퍼 올리려면 어떻게 해야 할까?
- 아이스크림을 예쁘게 담으려면 어떻게 해야 할까?
- 아이스크림 통의 모서리 부분을 쉽게 퍼내려면 어떻게 해야 할까?

이런 식으로 문제를 분석해 보면 손목에 부담을 가능한 한 적게 주면서, 아이스크림이 스쿱에 달라붙지 않고 깔끔하게 떨어지게 만들 수 있는 방안을 찾아낼 수 있다.

작동 순서에 따라 분해하기

이번에는 사용자가 수행하는 동작을 기준으로 문제를 분해해 보자. 미리 정해둔 방향이나 순서가 있다면 이를 기준으로 문제를 나눈다. 예를 들어 채소를 수확해서 포장하는 기계를 만들 경우, 기계의 작동 순서는 수확된 채소를 포장한 다음 포장된 채소를 정리하는 것이다. 모양이 독특한 화분이나 병에 야채나 과일을 기른 뒤 이를 벗겨내는 방법도 있다. 황당한 생각처럼 들리겠지만, 실제로 일본에서는 수박을 수확할 때 이런 방식을 사용하고 있다. 공간도 절약하고 운반하기도 편하도록 육면체 모양의 화분에서 수박을 기르고 있다(그림 5-5).

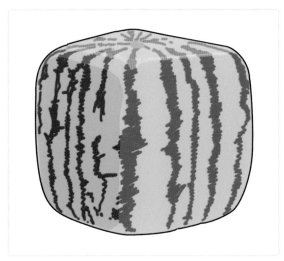

그림 5-5 **누가 이런 네모난 수박이 좋다고 했을까?**

기능에 따라 분해하기

기능에 따라 문제를 분해하는 방법에는 여러 가지가 있다. 이를 구체적으로 살펴보기 위해, 이어폰을 꽂은 상태에서 컴퓨터 작업을 하는 상황을 다시 예로 들어 보자. 이 상황에서는 전화벨이 울릴 때 알아챌 수 있는 신호를 주거나, 또는 이러한 기능을 제공하는 구현물을 컴퓨터 모니터 옆에 설치하는 등의 방법을 고려해 볼 수 있으며, 이 과정에서 솔루션의 형태를 다양하게 만드는 몇 가지 요인에 대해 평가할 수 있다. 그림 5-6에서는 기능에 따라 분해하는 예를 보여주고 있다.

문제를 몇 가지로 나눈 뒤 각각에 대한 솔루션을 모두 따져봤다면 이 과정에서 밝혀낸 모든 결과를 만족하는 계획을 세워야 한다. 그래야 최대한 많은 문제를 (이상적으로는 모든 문제를) 해결할 수 있는 프로토타입을 만들 수 있다. 이때도 마찬가지로 옵션을 최대한 다양하게 나열하는 것이 중요하다. 그래야 가장 좋은 대안을 선택해서 다음 단계에 활용할 수 있다. 여러 명이 팀을 이뤄 작업한다면 따로 브레인스토밍 회의를 열어서 모든 팀원이 나열한 문제를 하나씩 고민해 보는 것도 좋다. 통계에 의하면 팀으로 작업할 때 더 많은 방안을 도출할 수 있으며, 최종적으로 나온 결과의 수준이 훨씬 높아진다고 한다.

이러한 탐색 과정에서 디자인에 관련된 사항을 좀 더 세부적으로 분석하려면 대상을 기호나 모양, 패턴이나, 경우에 따라 형식 언어formal language를 사용하여 표현한다. 대상을 표현할 때에는 적절한 수준의 추상화 작업을 거쳐야 하며, 디자인 시 반드시 고려되어야 할 사항 위주로 표현한다. 여기서 소개한 예제에서는 간단히 그림으로 표현했다. 필요하다면 좀 더 정확한 표현 방법을 사용해도 좋다. 예를 들어 새로운 형태의 심장박동 조율기를 설계할 경우 단순히 스케치를 하는 것만으로는 부족할 것이다.

그렇다면 이렇게 도출한 다양한 솔루션을 비교하고 평가하는 방법은 무엇일까? 일관적으로 적용할 수 있는 기준이 있을까?

대안 평가하기

디자인은 그래픽이나 장식에만 국한되는 개념이 아니다. 형태와 기능을 가진 모든 대상에 범용적으로 적용되는 개념이다. 따라서 디자인의 결과는 문제를 해결하는 데 필요한 기능과 형태의 조합으로 나타난다. 구현물의 기능은 어렵지 않게 측정할 수 있지만, 겉모습의 미적 수준을 객관적으로 평가하기란 쉽지 않다.

전문 디자이너는 가능한 솔루션을 모두 나열하고 이를 조합하는 방식으로 작업하지 않는다. 마치 숙련된 체스 플레이어가 체스 말을 움직일 수 있는 모든 경로 중에서 좋지 않은 결과를 초래하는 경로를 경험에 의해 미리 걸러내는 것처럼, 숙련된 디자이너도 마찬가지다. 그들은 문제를 분해하여 하나씩 따져보지 않아도 불필요한 문제나 조합을 미리 걸러낸 최선의 조합을 도출해낼 수 있다. 예를 들어 그림 5-7의 (D)에 나온 터미네이터 솔루션이 다른 것보다 사람들의 관심과 흥미를 최대한 끌어낼 수 있을지는 몰라도, 자세히 분석해 보면 실제로 이 방식을 채택할 가능성은 작다. 만약 그들에게 디자이너의 역할이나 디자인 과정에서 결정한 사항의 이유를 물어보면, 대부분 선뜻 대답하지 못할 것이다. 오랜 시간 동안 쌓은 경험을 통해 일종의 '암묵지식tacit knowledge' 형태로 내재화되어 버렸기 때문이다. 따라서 다양한 솔루션을 도출하는 방법뿐만 아니라, 가장 좋은 솔루션을 선택하는 방법을 스스로 터득해야 한다. 그러면 직접 만드는 계획을 선택하기도 훨씬 쉬워진다.

콘셉트 선택 평가표

도출한 해결 방안을 평가하기 위한 기준을 간단히 도표로 정리하면 콘셉트를 선택하는 데 도움이 된다. 여기에는 풀어야 하는 문제에 직접적으로 관련된 기준뿐만 아니라, 사람들의 흥미와 관심을 끄는 요인인 와우 팩터wow factor와 우아함elegance도 고려되어야 한다.

이렇게 평가하는 과정에서 어느 정도 편견과 선호도가 반영될 수밖에 없지만, 최대한 객관적인 방식으로 진행하도록 노력하는 것이 중요하다.

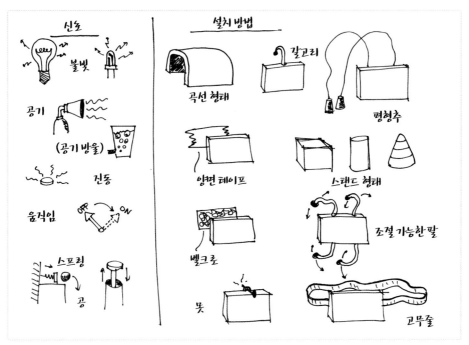

그림 5-6 기능에 따른 분해 방식으로 해결 방안 도출하기

평가표를 작성하는 목적은 다음과 같다.

- 생각을 체계적으로 정리하고, 보다 많은 사용자를 위한 문제를 푸는 데 도움이 된다.
- 개별적인 디자인의 밑바탕이 되는 원리를 다룰 수 있다.
- 더 나은 디자인을 선택하는 근거를 제공한다.

전화벨 예제를 통해 평가표를 작성하는 방법을 구체적으로 살펴보자. 이번에는 앞에서 문제를 분석한 방식 중 '기능에 따른 분해' 방식을 기준으로 평가표를 작성해 볼 것이다. 각 항목에 대한 평가 결과를 세 가지 값으로 적어 넣자. 평가 결과가 만족스럽지 않으면 –1을, 만족스러우면 1을, 이도 저도 아니면 0을 적으면 된다.

표 5-1은 이에 대한 평가 결과를 정리한 것이다. 이 평가표의 결과에 따르면 그림 5-7에서 가장 적합한 해결책은 E와 A라는 것을 알 수 있다. 따라서 이 둘을 제외한 나머지는 제거한다. 단 이렇게 평가할 때는, 비교할 후보가 많을수록 좋다.

> 간결하게 설명하기 위해 표 5-1에서는 이전 단계에서 도출한 해결 방안 중 절반(A-E)만 평가했다.

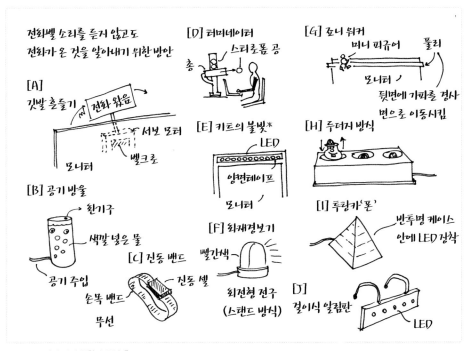

그림 5-7 *여러 가지 통합 솔루션 후보*

* 역자주_ 키트는 1980년대 방영한 TV 시리즈인 전격 Z 작전에 나온 자동차 이름으로, 앞에 달린 빨간색 LED에 불빛이 좌우로 왔다 갔다 한다.

표 5-1 **콘셉트 선택용 평가표**

기준/방안	A: 깃발	B: 공기방울	C: 진동밴드	D: 터미네이터	E: 키트의 입
쉬운 구현	1	0	1	1	1
쉬운 설치	1	1	1	−1	1
적은 공간	1	1	1	−1	1
비용	0	0	−1	−1	1
와우 팩터	0	0	0	1	0
우아함	0	0	0	0	1
총합	3	2	2	−1	5

간혹 세 가지 값만으로는 충분하지 않을 수도 있다. 이 경우 −2부터 2까지, 또는 1부터 5까지의 다섯 가지 값으로 평가해도 좋다. 어떤 값을 사용하더라도 각각의 대안에 대해 평가할 값의 범위는 일정하게 유지하는 것이 중요하다. 또한, 요구사항마다 중요도가 다르기 때문에 각각의 요구사항에 가중치를 적용하는 것이 좋다. 가장 간단한 방법은 중요도를 퍼센트로 표시하는 것이다. 그러면 각각의 중요도를 합한 값은 100%가 된다.

디자인의 미적인 측면

평가 기준에 비용을 넣는 이유는 누구나 쉽게 유추할 수 있지만, 와우 팩터와 우아함이라는 기준을 넣은 이유는 유추하기 어려울 수도 있다. 이 기준을 넣은 이유는 구현물의 기능과 성능도 중요하지만, 외관의 미적인 측면도 중요하기 때문이다. 결과물의 모양은 기능보다 중요하지 않을지도 모른다. 하지만 사용자들은 무의식적으로 외관에 더 신경을 쓰는 경향이 있다. 인정하기 싫어도 첫인상은 대부분 시각적인 특성에 영향을 받을 수밖에 없다. 그리고 이러한 인상은 제품을 선택하는 과정에 큰 영향을 미친다. 아무리 의식적으로 구분하려고 노력해도 시각적인 인상이 개입하는 것을 완전히 막을 수는 없다. 따라서 기능이 가장 중요하더라도 미적인 부분은 반드시 고려해야 한다.

문제는 미적 특성은 일정한 기준으로 평가하기가 힘들다는 점이다. 이를 점수로 매기기란 더욱 힘들다. 또한, 미적인 기준은 문화적 특성에 영향을 많이 받는다. 지금까지 세계 각국에서 유물로 발견된 여인상만 봐도 시대와 문화적 배경에 따라 미인의 기준이 다르게 적용됨을 알 수 있다. 이러한 경향은 사회에서 지속적으로 발전하고 있는 이상 및 가치와 밀접한 관련이 있으며, 이 가치는 우리가 기호에 부여하는 심리적인 요인에 따라 달라진다. 이러한 요소가 결국 우리가 만들 결과물을 평가하는 기준이 된다.

그렇다면 미적 특성은 어떻게 평가해야 할까?

먼저 생물학적 요인을 기준으로 세운 몇 가지 가이드 라인을 따를 수 있다. 이를 통해 각자의 내면에 깔린 본능에 좀 더 다가갈 수 있을 것이다. 현대인들이 고대인보다 훨씬 이성적으로 진화했다 할지라도, 일단 원시 시대의 기준부터 출발해 보자.

- 뱀을 떠올리게 하는 모양은 위험한 상황을 떠올리기 때문에 부정적인 인상을 준다.
- 반대로 부드럽고 반짝이는 물체는 긍정적인 인상을 준다. 인간이 생존하는 데 필수인 맑은 물을 떠올리게 하기 때문이다.
- 대칭을 이루는 형태는 건강한 인상을 준다. 애플 사는 아마도 시작부터 이런 점에 착안했을지도 모른다. 실제로 판매 실적이 이를 뒷받침하기도 한다.

기술적인 측면만 고려하는 데 익숙한 사람들에게는 미적인 측면을 기준으로 삼는 일이 어색하게 느껴질 수도 있다. 그러나 제품의 성공은 기술적인 측면만으로 이루어지지 않는다. 때로는 단순히 마음에 든다는 이유만으로 새로운 기술과 새로운 도구, 새로운 스타일을 선택하기도 한다. 이러한 선택을 하는 순간 본래 목적에서 멀어지게 된다. 이는 마치 단순히 비용과 제작 용이성만 고려하느라, 사용하기 어렵거나 기능을 분별하기 힘든(구현물의 행동 유도성affordance이 떨어지는) 구현물을 만들게 되는 것과 비슷하다. 따라서, 디자인할 때의 전반적인 프로세스에서는 항상 사용자가 중심이 되어야 한다. 문제를 해결하려는 목적은 바로 사용자를 만족시키기는 것이기 때문이다.

본인이 엔지니어라면 좀 더 정교한 프로세스를 적용하면 된다. 제어 장치나 버튼, 디스플레이를 구성하는 부분은 자신이 익숙한 방식으로 처리하되, 구현물의 사용성이나 미적인 부분과 같이 사용자에게 중요한 요소를 설계할 때에는 이에 대해 잘 아는 다른 사람과 협업하는 방식으로 진행할 수 있다.

그러나 문제를 메이커 혼자서 다 해야 하는 상황이라면 시야를 좀 더 넓혀서 결과물의 모든 요소를 다 고려해야 한다.

끊임없이 시도하기

본격적인 제작 계획을 수립하기 전에, 프로토타입prototype부터 제작하는 것이 좋다. 프로타입은 최종적으로 완성할 제품을 개략적으로 표현한 것으로서, 제작자가 고려할 사항의 상당수를 반영한 결과이기도 하다. 그림 5-8은 앞서 그림 5-7에서 살펴본 해결 방안 A에 해당하는 프로토타입을 보여 주는 것이다.

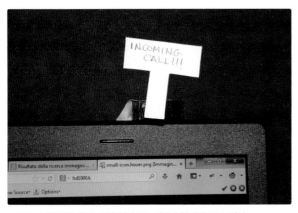

그림 5-8 *전화벨이 울리는 것을 알려 주는 제품의 첫 번째 프로토타입*

이렇게 프로토타입을 만들고 나면, 전화벨 예제를 설계할 때 사용자의 주의를 끄는 방법에 대해서는 심도 있게 분석했지만, 전화벨이 울리는 것을 구현물이 어떻게 알아낼지는 고려하지 않았음을 깨닫게 된다. 이렇듯 프로토타입을 제작하는 것은 디자인 프로세스의 각 단계에서 굉장히 중요하다. 프로토타입을 제작하는 목적에는 여러 가지가 있지만, 그중 중요한 것만 고르면 다음과 같다.

- 디자인하는 대상이 실제로 작동하는지, 사용자가 좋아하는지 등을 알아낼 수 있다.
- 아이디어를 사용자와 함께 평가할 수 있다.
- 제작 프로세스 전반에 걸쳐 참고할 수 있다.

특히 프로토타입을 사용하면 우리가 진행하고 있는 프로세스가 올바른 방향으로 가고 있는지 확인할 수 있다. 디자인 과정에서 사용자의 요구를 우리가 잘못 이해했을 수도 있고, 반대로 사용자가 원하는 바를 제대로 표현하지 못했을 수도 있다. 또는 문제를 제대로 해결하지 못하는 구현물을 만들고 있을 수도 있다. 이럴 때 프로토타입을 통해 목적을 제대로 달성하도록 방향을 다시 정립하는 데 큰 도움이 된다.

진행 방법에 익숙하지 않다면, 특정한 분야에 대한 솔루션을 안정적으로 도출하는 방법론으로 잘 알려진 디자인 패턴^{design patterns}을 따라도 된다.

Design Patterns

디자인 패턴

이 개념은 건축가인 크리스토퍼 알렉산더Christopher Alexander가 건축 분야에서 최초로 제안한 개념이다. 크리스토퍼는 흔히 마주치는 문제나 초보자가 당장 해결하기 힘든 문제를 풀기 위한 일련의 해결 방안을 디자인 패턴으로 제시했는데, 이를 통해 프로젝트를 수행할 때마다 이전에 만든 것을 매번 다시 만드는 일을 줄일 수 있었다. 가령 글을 읽고 쓰기 위한 방을 설계할 때, 책상을 창문 옆에 두는 것이 가장 좋다는 사실을 그대로 적용하기만 하면 된다. 이러한 패턴은 항목별로 정리해서 다양한 분야에 활용할 수 있다. 대표적인 분야가 소프트웨어 개발 분야다.

각 패턴은 다음과 같은 네 가지 특성으로 정의할 수 있다.

- 커뮤니케이션의 핵심 요소인 이름
- 문제, 문맥, 적용 조건
- 테스트가 완료된, 정상적으로 작동하는 솔루션
- 패턴의 결과(이 특성은 굉장히 중요하다. 여러 가지 이유를 타협한 결과가 곧 솔루션이기 때문이다.)

패턴 자체가 솔루션은 아니다. 패턴은 솔루션의 구성 요소이며, 간혹 여러 가지 패턴을 조합하는 과정에서 솔루션에 대한 힌트를 얻을 수 있다. 패턴과 디자인의 관계는 마치 단어와 언어의 관계와 같다. 따라서 패턴이 정확할수록 결과물의 가치도 더욱 높아진다.

반복된 시도가 성공을 부른다

지금까지 설명한 디자인 프로세스는 반복적으로, 그리고 점진적으로 개선되는 방식으로 진행된다. 디자인 프로세스가 개선될수록 문제에 대한 솔루션도 명확해진다. 프로세스를 반복적으로 개선해나가면 문제의 정의가 명확해지고 요구사항을 보다 구체적으로 파악할 수 있다. 해결책의 선택 및 평가 기준이 정교해지고, 프로토타입을 제대로 만들 수 있다.

반복 시도 횟수를 점점 늘려 나가면 결과물의 품질도 높아지고 사용자의 만족도도 더욱 높아진다. 이 반복 횟수는 경우에 따라 달라진다. 기존에 알려진 문제를 해결할 때(예. 새 이케아 매장 건설) 프로세스를 반복하는 횟수와, 처음 접하는 문제나 프로젝트를 수행해야 할 때(예. 폭포가 흐르는 집 건설. 그림 5-9) 반복하는 횟수는 다르다.

그림 5-9 폭포가 흐르는 집(사진 출처: *Daderot*, 위키미디어 커먼즈의 공유 저작물)

그렇다면, 이러한 두 가지 프로젝트는 구체적으로 어떻게 다를까? 반복적이며 점진적인 소프트웨어 개발 방법론의 권위자인 크레이그 라만Craig Larman이 『애자일 및 순환식 개발 방법론Agile and Iterative Development』(Addison-Wesley Professional, 2003)에서 소개한 기법을 적용하여 표 5-2와 같은 방식으로 정리해 보자. 두 가지 프로젝트 중 반복 회수가 더 많은 프로젝트는 어느 것이며, 프로토타입을 단계별로 제작해야 하는 것은 어느 것일까? 대부분 쉽게 답할 수 있을 것이다. 어떤 문제라도 반복적인 접근 방식을 적용하면 개선의 기회가 많아진다.

최선의 계획이 도출됐다면, 마지막으로 할 일은 구현물을 제작하는 것이다(그림 5-10). 방법은 다양하다. 일단 만들어 볼 수도 있고, 신중하게 계획을 세우는 것도 좋다. 혼자 작업함으로써 비용을 최소화하거나, 여러 명과 협력함으로써 결과물의 수준을 최상으로 이끌 수도 있다. 어느 방식이 더 좋을까? 대상이 특정 사용자가 아닌 전체 시장일 경우, 사람들이 제품을 좋아할지 알아내려면 어떤 방법을 고려해야 하는가? 깊이 있게 생각해 보자.

그림 5-10 *이어폰을 착용한 상태에서 컴퓨터 작업하는 문제를 풀기 위해 완성된, 정교한 형태의 프로토타입*

표 5-2 *예측 가능한 프로젝트 VS. 기존에 없던 프로젝트*

예측 가능한 프로젝트	기존에 없던 프로젝트
모든 요구사항을 수집해서 구현물을 제작할 수 있다.	처음부터 완벽한 요구사항을 도출하기가 굉장히 힘들다.
프로젝트 시작부터 비용과 소요 시간을 측정할 수 있다.	프로젝트 초반에는 시간과 비용을 가늠하기 힘들다. 프로젝트를 진행하면서 경험에 의해 수치가 구체화된다.
모든 작업을 찾아내고, 정의하고, 계획하고, 순서를 정할 수 있다.	프로젝트 초반에는 어떤 작업이 필요한지 알 수 없다. 프로젝트를 반복하면서 발견한 결과를 토대로 점차 조절해야 한다.
계획이 변경되고, 예측하지 못한 일이 발생할 확률이 다소 낮다.	예상치 못한 변수로 계획을 변경해야 할 가능성이 높다. 계획 변경 횟수도 굉장히 많아진다.

프로젝트 관리하기

대다수의 메이커는 머릿속에 있는 아이디어를 실제 제품으로 만드는 과정을 즐길 뿐만 아니라, 자신이 만든 제품을 통해 금전적인 이익을 얻고 이를 점차 본격적인 비즈니스로 발전시키고 싶다는 꿈을 가지고 있다. 물론 개인마다 서로 이유가 다를 것이다. 단순히 필요에 의한 것일 수도 있고, 개인적인 선호에 따른 것일 수도 있다. 만족할 만한 직장을 찾지 못했거나, 좀 더 안정적인 생활을 영위하고자, 또는 가족이나 친구와 좀 더 시간을 보내고 싶기 때문일 수도 있다. 무엇이든 간에 그 이유는 사람마다 다르다.

자신만의 프로젝트를 좀 더 큰일로 발전시키려는 노력을 여기에서는 간단히 '일생의 프로젝트life project'라고 부를 것이다. 이러한 일생의 프로젝트를 실현하려면 어떻게 해야 하는지 이번 장을 통해 살펴보자.

자신이 가진 강점과 결단, 지적 능력을 동원하면 '일생의 프로젝트'를 추진할 수는 있어도 프로젝트의 성공을 보장할 수는 없다. 적절한 프로젝트 관리 기법을 제대로 숙지하고 적용해야만 한다. 이는 일생의 프로젝트를 수행하는 과정에서 흔히 발생하는 다양한 어려움을 헤쳐나가는 데 큰 도움이 될 것이다. 단, 프로젝트 관리 기법이 제대로 효과를 발휘하려면 올바른 계획에 적용해야 한다. 프로젝트를 엄격히 진행해 봤자 계획이 잘못되었다면 절대로 목적을 달성할 수 없기 때문이다.

그렇다면 자신이 꿈꾸는 일생의 프로젝트를 실현하는 과정을 좀 더 체계적으로 진행하기 위해서는 어떻게 해야 할까?

일생의 프로젝트를 수행하는 것은 마치 마라톤을 뛰는 것과 같다. 때로는 임기응변과 빠른 의사 결정이 필요한 순간도 있겠지만, 미리 설정된 경로를 꾸준히 따라가는 것이 기본이다. 그렇지 않으면 결승점에 결코 도달할 수 없다(심지어 건강을 해칠 수도 있다).

아이디어를 실현하는 과정은 결국 계획을 세우고 수행할 작업을 구성하는 것이라고 할 수 있다. 수많은 문헌 자료에서 이를 실천하는 방법을 제공하고 있지만, 일반적인 논리와 상식만으로도 충분히 원하는 작업을 수행할 수 있다.

프로젝트란 무엇인가?

사람들은 매일매일 다양한 프로젝트를 수행하며 살고 있다. 물론 대부분 이를 프로젝트라고 생각하지 않는다. 파티를 주최하거나, 자동차를 구매하거나, 메이커를 위한 책을 집필하거나, 냉장고에 남은 음식으로 간단히 점심을 준비하는 정도의 활동도 일종의 프로젝트로 볼 수 있다. 이러한 모든 활동은 프로젝트라고 부를 만한 몇 가지 특성을 가지고 있다.

- 모든 프로젝트는 마감 시간이 정해져 있거나 일정한 시간 이내에 끝내야 한다. 저녁을 준비하는 일은 20분 정도면 충분하겠지만, 밀라노 대성당을 짓는 일은 600년 이상 걸릴 것이다.
- 프로젝트가 끝나면 결과가 나와야 한다. 프로토타입이나 제품처럼 물리적인 형태를 지니고 있을 수도 있고, 서비스처럼 형체가 없는 것일 수도 있다.
- 프로젝트를 수행하려면 돈, 노동력 등의 같은 자원이 필요하다.
- 수행한 프로젝트는 반복하지 않는다.

가령 생산 및 조립 설비를 갖춘 자동차 공장을 새로 짓기 위해서는 여러 가지 활동이 필요하며, 이러한 활동은 프로젝트를 구성하는 요소가 된다. 반면 자동차를 생산하는 것은 시간이 지나도 똑같은 일을 반복하는 활동이므로, 프로젝트가 아닌 프로세스에 해당한다.

프로젝트를 수행하는 데 필요한 자원은 한정되어 있다. 프로젝트에는 시간과 자원, 프로젝트의 범위라는 세 가지 제약 사항이 존재한다. 각각은 서로 밀접하게 연결되어 있어서 다른 제약 사항에 영향을 주지 않고 어느 한 가지만 수정하기란 거의 불가능하다. 가령 사람이나 재료와 같이 프로젝트에 투입할 자원을 대폭 줄이기 위해서는 프로젝트를 완성하는 데 걸리는 시간을 늘릴 수밖에 없다. 반대로 프로젝트 완성 시간을 단축하거나, 프로젝트의 범위를 크게 넓히려면 여기에 투입할 자원을 늘려야 한다.

1800년대 후반, 또는 그전부터 프로젝트 관리자는 철의 삼각형$^{iron\ triangle}$(그림 6-1 참조할 것. 최근에는 Good-Fast-Cheap 삼각형이라 부르기도 함)을 의사 결정의 기준으로 삼았다. 여기에 나온 프로젝트의 세 가지 제약 사항은 하나의 삼각형을 이루면서 서로 영향을 준다. 예를 들어 삼각형의 각 변에 '좋음', '빠름', '저렴함'이라는 단어를 대입했다고 가정하자. 프로젝트의 결과를 '좋음'에 맞추면('좋음'이라고 적힌 변의 길이를 늘이면), 그 프로젝트는 '저렴함'이나 '빠름'과는 거리가 멀어질 것이다('빠름', '저렴함'이라고 적힌 변의 길이가 길어진다). 반면 프로젝트의 속도를 '빠름'에 맞추면, 그 결과물은 '좋음'이나 '저렴함'과는 거리가 멀어질 것이다. 만약 프로젝트의 소모 비용을 '저렴함'에 맞춘다면, 좋은 결과나 빠른 속도는 포기해야 할 것이다.

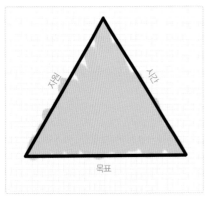

그림 6-1 **프로젝트의 자원을 구성하는 삼각형**

프로젝트 매니저

지금까지 설명한 내용이 다소 어렵게 들릴 수도 있다. 그래서 프로젝트 매니저(프로젝트 관리자)라는 전문 직업이 등장했다. 대부분 프로젝트 관리자는 항공이나 소프트웨어, 군사, 토목 등과 같은 특정 분야에 특화되어 있지만, 일부 사람은 "그가 '진정한' 프로젝트 매니저라면 어떤 분야의 프로젝트라도 모두 성공적으로 수행할 수 있어야 한다"라고 주장하는 경우도 있다. 1998년 스탠디쉬 그룹Standish Group에서 2,300개의 프로젝트를 분석했고 그 결과는 CHAOS 리포트를 통해 발표되었다. 이 리포트에 따르면 소프트웨어 분야에서 뛰어난 프로젝트 매니저가 프로젝트의 성공에 미치는 영향은 15%에 이른다고 한다.

일반적으로 프로젝트 매니저가 하는 일은 그다지 창의적이지 않다. (프로젝트의 범위를 정의하는 문서를 비롯한) 수많은 문서를 작성하고 계획 수립과 향후 일정을 예측하는 작업에 시달린다. 그뿐만이 아니다. 최종 결과가 잘 나올 수 있도록 지속적으로 프로젝트의 진행 상태를 점검하고 엄격히 관리하는 일도 프로젝트 매니저의 역할에 포함된다.

이 과정에서 위험 요소를 사전에 파악하는 것이 중요하다. 5장의 끝부분에서 살펴본 폭포가 흐르는 집(http://en.wikipedia.org/wiki/Fallingwater, 그림 5-9)처럼 예전에 해 보지 않은 새로운 형태의 프로젝트를 문제없이 수행하기란 거의 불가능하다. 프로젝트의 방향이 잘못되었음을 깨닫게 되는 시점은 대부분 프로젝트가 절반 정도 지났을 무렵이다. 이 시점에서 방향이 잘못된, 의미가 없는 계획을 무작정 밀어붙여 프로젝트를 성공적으로 수행하는 것이 과연 의미가 있을까? 계획의 변경은 프로젝트를 진행하는 과정에서 피할 수 없는 요소이며 상황에 맞게끔 계획을 조정하는 능력만이 가장 효과적인 무기다. 심지어 미국의 34대 대통령인 드와이트 '아이크' 아이젠하워조차 "계획은 쓸모가 없다. 중요한 것은 계획을 수립하는 과정이다"라고 말한 바 있다.

프로젝트 관리

프로젝트의 생명 주기는 다음과 같이 네 단계로 나눌 수 있다.

프로젝트 준비하기

프로젝트의 범위를 구체화하고 확정하는 초기 단계다. 문제를 분석하고, 작업량을 추산하며, 어떤 자원이 필요한지 조사한다.

프로젝트 구성하기

본격적으로 작업할 준비를 하는 단계다. 비용과 시간과 결과물의 형태를 고려하여 계획을 정확히 세운다. 필요한 자원을 확보하고 잠재적인 위험을 파악하는 작업도 이 단계에서 수행한다.

프로젝트 진행 및 관리하기

팀을 꾸리고 예정된 작업을 수행하는 단계다. 프로젝트 매니저는 모든 작업이 계획대로 진행되는지 확인한다. 이 단계가 가장 핵심적인 단계다.

프로젝트가 종료되면 모든 활동 중단하기

팀을 해산하고, 제품(또는 서비스)을 전달하고, 모든 상업적 관계가 끝난다. 뛰어난 프로젝트 매니저는 프로젝트가 종료된 후에도, 전체 프로세스를 되돌아보며 다시 평가해서 프로젝트를 통해 배운 점을 정리하고 다음 프로젝트를 위한 기반을 다지는, 이른바 사후 작업 postmortem이라 부르는 과정을 거친다.

프로젝트를 관리하는 방법에 대한 견해나 이론은 무척이나 다양하지만, 초기 단계에 작업을 분석해서 예측하는 작업을 수행하는 것은 모든 방법론에서 공통적으로 강조하는 것이다. 그렇다면 프로젝트에 존재하는 수많은 변수를 고려하면서 작업을 예측하려면 어떻게 해야 할까? 바로 고대 로마인이 사용한 분할 정복divide and conquor 전략을 사용하는 것이다. 이 전략에서는 최종 결과물을 좀 더 이해하기 쉬운 작은 단위로 쪼갠다(그림 6-2). 앞 장에서 설명한 디자인 프로세스에서도 이 방법을 적용한 것으로 꽤 유용한 패턴이다.

작업 나열하기

디자인 프로세스와 마찬가지로, 프로젝트도 수행할 작업을 단위로 나누고, 이를 다시 더 작은 단위로 세분하는 과정을 반복한다. 최상위 수준에서 출발해서 한 단계씩 구체화하는 방식으로 나열하면 된다. 작업을 실제로 수행하는 방법에 대해서는 자세히 명시하지 않는 것이 좋다. 그냥 예상되는 결과 정도만 나열하는 수준으로 작성한다. 이 방법은 각각의 세부 작업을 진행하는 사람이 누가 되었든, 그 사람에게 어느 정도의 재량권과 책임감을 주고 개인적인 만족감을 느끼게 해 준다. 경력에도 도움이 될 것이고, 무엇보다도 창의력과 혁신적인 기술을 발휘함으로써 기대 이상의 결과를 도출할 수도 있다.

이렇게 세분화하고 나면 계층화된 구조로 작업을 구성할 수 있는데, 이것을 'WBSWork Breakdown Structure'라고 부른다.

예를 들어 라디오 알람 시계에 대한 프로토타입을 제작하는 프로젝트가 있다고 가정하고 이에 대한 WBS를 정의해 보자. 일단 다음과 같은 큰 단계부터 시작한다.

- 케이스
- 전자기판
- 펌웨어
- 전자인증electronic certification

이렇게 나열한 뒤 다시 한 단계 더 깊이 들어간다.

- 케이스
  - 케이스 디자인
  - 케이스 출력
  - 조립
  - 마감 및 출력
- 전자기판
  - 디자인
  - 보드 출력
  - 조립
  - 테스트
- 펌웨어
  - 디자인
  - 작성
- 전자인증
  - 필요할 경우 표준 단체에 제출하기
  - 테스트

그런 다음 가장 작은 단위에 도달할 때까지 계속 분해한다.

- 전자기판
  - 디자인
    - 전류 및 전압 계산
    - 스킴 디자인
    - 인쇄 버전 보드 디자인
  - 보드 출력
    - 연락처 프린트
    - 보드 워싱
  - 조립
    - 부품 벤딩
    - 납땜
  - 테스트

이러한 분할 정복 기법의 한 가지 단점은 과도하게 분해하기 쉽다는 점이다(주의하지 않으면 특정한 작업에 필요한 볼트 숫자까지 나열하게 된다. 이렇게까지 할 필요는 없다). 이러한 예를

든 이유는 부분 작업에 필요한 노력을 측정하여 이들을 합하는 방식으로, 전체 프로젝트를 수행하는 데 필요한 노력이 어느 정도인지 추정하는 방법을 보여 주기 위해서다. 여기서 핵심은 '100% 규칙'을 따른다는 점이다. 즉 프로젝트에 투입될 모든 (그리고 꼭 필요한) 작업을 자신뿐만 아니라, 다른 사람이 할 작업까지 빠짐없이 나열해야 한다. 그리고 결과로 나오는 제품 또는 서비스에 대한 테스팅 작업도 반드시 포함해야 한다.

WBS를 작성하는 일은 단순한 시작 지점에 불과하다. 따라서 WBS 자체를 계획에 포함하려는 유혹에 빠지지 않도록 하자. 여기서 나열한 사항은 시간적인 순서를 전혀 고려하지 않았을 뿐만 아니라, 작업 간의 의존 관계도 파악되지 않았기 때문이다. 좀 더 구체적인 계획을 수립하려면 다른 도구를 활용해야 한다.

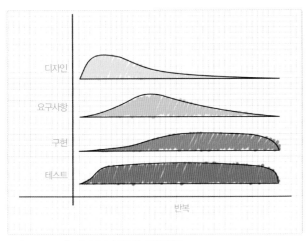

그림 6-2 *프로젝트의 시점마다 필요한 다양한 작업*

간트 차트

20세기 초반, 미국의 엔지니어인 헨리 로렌스 간트Henry Laurence Gantt는 자신이 수행하는 프로젝트를 관리하기 위한 차트를 하나 고안했다. 가장 아래쪽에 시간을 나타내는 축을, 왼쪽의 수직 방향에 작업을 나타내는 축을 그렸다. 그는 각각의 작업을 서로 다른 행에 표시했으며, 시간의 흐름에 따른 작업량을 왼쪽 시작 지점부터 오른쪽 수평 방향으로 이어지는 기다란 막대로 표시했다. 한 사람이 수행하는 프로젝트는 계단식으로 표현되며, 특정한 작업 A를 마치면 한 단계 아래 행에 있는 다음 작업인 B를 진행하고, 작업 B를 마치면 그 아래에 있는 작업 C를 진행하는 방식으로 반복한다. 이 방식을 사용하면 모든 작업을 시간 순서대로 정리 및 진행할 수 있다. 그림 6-3을 참조한다.

프로젝트를 여러 사람이 수행할 때는 차트의 모양이 좀 더 복잡해진다. 시간을 단축해야 하는 작업은 여러 명이 동시에 진행할 수 있지만, 이 경우 프로젝트 매니저는 작업 계획을 세울 때 각별히 주의를 기울여야 한다. 가령 작업 C를 시작하기 위해 작업 A를 수행한 결과가 필요하다면, 작업 A와 C는 동시에 진행할 수 없으며, 작업 C에 할당된 팀원은 작업 A가 완료될 때까지 기다려야 할 것이다. 그림 6-4는 작업에 할당된 사람마다 다른 색깔로 표시한 것이다.

일반적으로 프로젝트에 투입된 인력이 늘어난다는 것은 프로젝트가 완료되기까지의 소요 시간이 줄어든다는 것을 의미한다. 그러나 비용은 그만큼 늘어나게 된다. 가장 좋은 방법은 무엇일까? 정해진 해답은 없다. 각각의 장단점이 서로 다르기 때문이다. 어떤 경우(예. 자연재해 발생으로 인명을 보호해야 할 때)에는 시간이 가장 중요한 요인이기 때문에, 어느 정도 비용이 늘어나는 것은 감수할 수 있다. 만약 비용을 늘리고 싶지 않다면 시간을 연장시킨 채 기다릴 수밖에 없을 것이다. 이 밖에도 다른 작업에 피해를 주지 않는 범위 내에서라면, 특정한 작업의 우선순위를 높여서 그 작업을 먼저 처리하도록 할당할 수도 있다.

프로젝트를 완수하는 데 필요한 모든 날짜의 합을 공수effort라고 부른다. 이론적으로 프로젝트에 투입되는 인원이 늘어나면 공수의 변화 없이 신속하게 일정이 끝나야 한다(실제로는 여러 사람의 일정을 조율하는 작업이 추가된다). 프로젝트의 시작 시점부터 끝날 때까지 소요되는 시간을 소요elapsed 시간이라 부른다.

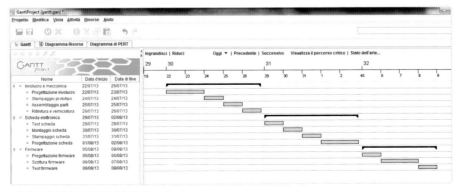

그림 6-3 간단히 구성된 간트 차트의 예

프로젝트 매니저는 프로젝트의 진행 상황을 수시로 점검하여 계획에 반영하고, 방향이 달라졌다면 이를 명확히 표시해야 하며, 작업이 지연되거나 예상치 못한 이슈가 발생하면 계획을 변경해야 한다.

일반적으로 프로젝트에 관련된 사람은 참여 정도에 따라 직원, 파트너, 투자자, 클라이언트 등으로 다양하게 구분할 수 있다. 보통 이러한 참여자를 이해관계자^{stakeholder}라고 부른다.

이러한 이해관계자에게 프로젝트의 진행 상황을 주기적으로 알려주는 것이 좋다. 그래야 각자 적절한 판단을 할 수 있다. 이러한 이해관계자들이 프로젝트의 진행 상황을 논의하는 미팅을 PRM^{Project Review Meeting}이라고 부른다.

프로젝트를 진행할 때, 마일스톤^{milestone}이라 부르는 중간 확인 시점을 지정하는 것이 일반적이다. 이름에서 의미하는 바와 같이, 프로토타입을 클라이언트 앞에서 발표하거나, 목표의 중간 단계에 도달한 것처럼 중요한 순간을 기록하는 역할을 한다.

머피의 법칙에 따르면 "어떤 일이든지 나쁜 방향으로 갈 가능성이 있다면 항상 결과는 나쁜 방향으로 향하게 된다"고 한다. 물론 계획이 바뀌었을 경우 수천 가지의 이유를 댈 수 있을 것이다. 그러나 현명한 프로젝트 매니저는 변명하지 않는다. 그들은 잠재된 위험 혹은 사고 요인을 최대한 사전에 파악하여, 이러한 일이 실제로 발생하였을 때 실행할 해결책을 미리 준비한다.

간트 차트상에서는 시간을 되돌리기가 무척 어렵다. 특히 차트를 손으로 그렸을 때는 더욱 그러하다. 다행히 요즘에는 간트 차트가 소프트웨어로 구현되어 있어서 편리하다. 여러 가지 프로그램이 있는데 그중 마이크로소프트의 '프로젝트^{Project}'가 대표적이다. 다른 제품도 있지만 기능이나 사용자의 수를 고려하면 가장 강력한 편에 속한다. 그 외에 다른 제품으로는 데스크톱용 애플리케이션인 간트 프로젝트^{GanttProject}(http://www.ganttproject.biz/)와 무료 웹 애플리케이션인 간터^{Gantter}(http://www.gantter.com/)등이 있는데, 두 제품 모두 MS 프로젝트로 생성한 프로젝트를 읽거나 수정하는 기능을 제공한다. 웹 기반 오픈소스 제품인 레드마인^{Redmine}(http://www.redmine.org/)과 GTK 기반의 플래너^{Planner}(https://wiki.gnome.org/action/show/Apps/Planner)도 꽤 쓸만하다.

그러나 아무리 좋은 프로젝트 관리용 소프트웨어라도 프로젝트가 잘못 진행되는 것까지는 예측할 수 없다. 프로젝트 진행 과정에서 발생할 수 있는 잠재적인 이슈를 미리 파악해두어야 실제로 이슈가 발생했을 때 잘 대처할 수 있다. 문제를 사전에 대비하는 방법을 집필한 책은 무척 많지만, 그중에서도 톰 드마코와 티모시 리스터가 저술한 『소프트웨어 프로젝트에서의 리스크 관리』(인사이트, 2005)가 이 분야에서는 바이블로 손꼽힌다. 이 책은 '어른들을 위한 프로젝트 관리 방법'이라는 주제 아래 일련의 작업을 관찰하는 단순한 방식을 뛰어넘어 그 이면에 고려해야 할 다양한 주제를 설명하고 있다.

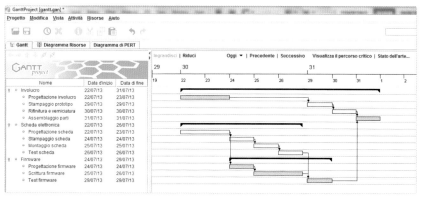

그림 6-4 좀 더 복잡한 간트 차트의 예

메이커의 위대한 점 중 하나는 항상 예전에 해 본 적이 없는 일을 한다는 점이다. 이 말은 프로젝트를 시작하는 시점에는 프로젝트를 완성하는 데 필요한 각각의 작업이 언제 끝날지, 어떤 자원이 필요할지 알 수 없음을 의미한다. 물론 프로젝트를 시작할 때는 아무것도 확실히 알 수 없다. 그럼에도 불구하고 계획이 변경됨으로써 발생하는 비용은 적지 않기 때문에, 최대한 각각의 작업에 잠재된 위험에 따라 우선순위를 할당하는 것이 좋다. 그래야 예상치 못한 변화로 인해 지출되는 비용의 상한선을 정해 둘 수 있다.

프로젝트를 진행하면서 새로운 사실을 알게 되고, 의문점에 대한 답을 얻게 될수록, 프로젝트의 불확실성은 줄어들게 될 것이다. 따라서 프로젝트가 진행될수록 정확한 데드라인과 비용을 알게 된다. 이를 도표로 표현한 것을 불확실성의 원뿔uncertainty cone(그림 6-5)이라 부른다. 그렇다면 프로젝트 계획을 구체적으로 실행하려면 어떻게 해야 할까?

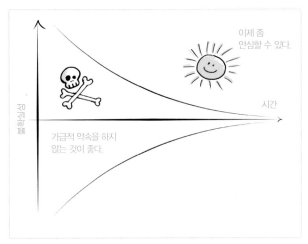

그림 6-5 **프로젝트에 대한 불확실성의 원뿔**

시도하고, 실패하고, 다시 일어서기

7

괜찮은 아이디어가 떠올랐고, 재정 계획도 잘 세웠고, 성공적으로 만들 수 있다는 확신이 생겼다면 투자도 쉽게 유치할 수 있을 것이다. 모든 준비가 끝났다면 지금까지 제대로 보상받은 적 없었던 고리타분한 일을 당장 그만두고, 늘 가슴 속에 품고 다니던 사표를 과감히 제출해서 창업가로 변신할 수 있을 것이다.

사업계획서

당신이 창업한 회사는 과연 어떤 방향으로 나아갈 것인가? 창업을 통해 기대하는 바와 목표는 무엇인가? 창업한 회사에 투자를 검토하는 이들은 결국 여러분이 시작한 모험의 여정에 주주로 참여하게 되기 때문에, 이러한 질문에 대한 답을 듣고 싶어 하며, 이를 정리한 문서를 받아보길 원할 것이다. 이러한 의문에 대한 답을 정리한 문서가 바로 사업계획서^{business plan}이다. 사업계획서에는 어떤 항목이 포함되어야 하는가? 지금부터 이에 대해 항목별로 간략히 살펴보자.

개요

사업계획서란 자신이 만들고자 하는 제품이나 서비스를 간략히 정리한 문서로서, 여기에는 기본 개념, 비용 및 기대 이익, 시장 현황, 아이디어의 독창성 및 잠재력 등과 같은 내용이 포함되어 있다. 특히, 모든 사업계획서는 도입부에 개요※ 항목이 등장하는데, 이것은 사업을 간략하고 명료하게 소개하기 위한 것이다. 투자자가 가장 먼저 읽는 부분이기도 하지만 대부분 가볍게 훑어보기 때문에, 여기에서는 전문 용어의 사용은 최소화하는 것이 좋다.

제품(또는 서비스) 소개

사업 요약이 끝났다면, 이어서 제품(또는 서비스)에 대한 소개를 작성한다. 이 내용은 최대한 자세하고 상세히 작성하는 것이 좋다. 제품(또는 서비스) 자체뿐만 아니라, 제품을 제작하는 데 적용할 기술의 혁신적인 측면을 최대한 부각하고 이미 시장에 출시된 타사의 제품과 비교하여 공통점 및 차이점을 분석한다. "우리 제품 또는 서비스가 너무나 혁신적이기 때문에, 경쟁자가 전혀 없다"라는 과장된 표현은 자제하자. 이러한 문장이 사업계획서에 포함될 경우 투자자들은 다음과 같은 판단을 내릴 수도 있다.

※ 영어로는 abstract, 다른 말로는 executive summary라고도 한다.

- 진정성이 부족하다고 느낀다. 의문을 느낀 투자자가 구글 검색을 통해 유사한 비즈니스를 발견하면 그들은 당신이 사업계획서를 제대로 준비하지 않았다고 생각한다.
- 시장이 형성되지 않았으며, 논할 가치가 없는 아이디어라고 생각한다.

한 가지 더 염두에 둘 것은 설사 당장 경쟁자가 없더라도 제품이 본격적으로 알려지는 순간 최소한 10개 이상의 회사에서 비슷한 제품을 내놓을 것이라는 사실이다.

마케팅 계획

마케팅 계획 항목을 작성할 때는 뛰어들고자 하는 시장에 대해 설명하는 것이 좋다. 그 시장은 이미 존재할 수도 있고(예. 스마트 폰 애플리케이션), 아직 형성되지 않았을 수도 있다(예. 2006년 무렵의 3D 프린터 시장).

시장 내의 직접적인 경쟁자와 간접적인 경쟁자에 대해서도 작성한다. 이 부분은 절대로 추상적으로 적어서는 안 되며, 확정 또는 예상 경쟁자를 최대한 구체적으로 작성하는 것이 좋다. 이러한 내용을 뒷받침하기 위해 시장 예측 분석 자료도 첨부하면 좋다(단, 아무리 정교하게 분석한 예측 자료라도 언제든지 틀릴 수 있다는 점을 기억하기 바란다).

또한, 마케팅 계획에는 예상 고객층에 대한 분석도 필요하다. 예상 고객층은 누구인지, 그들이 당신의 제품에 관심을 갖는 이유가 무엇인지 등을 작성한다. 고객층을 미리 파악해 두면 제품을 시장에 선보일 때 사용할 방식이나 유통 경로에 대해 살펴볼 수 있으며, 각 방식을 선택해야 하는 이유 또한 파악할 수 있게 된다.

추진 계획

이 항목을 작성할 때 앞 장에서 배운 간트 차트(86페이지)를 활용하면 프로젝트의 전체 추진 계획을 예상 가능한 미래에 행할 만한 주요 활동으로 나눌 수 있고, 마일스톤이라고 불리는 중간 확인 시점 위주로 어렵지 않게 표현할 수 있다. 단, 일의 우선순위와 제약사항에 대한 설명을 반드시 작성해 둔다.

관리와 조직

모든 프로젝트마다 이를 수행하는 팀이 존재한다. 팀의 구성원은 누구인지, 팀원의 직책은 어떻게 나누었으며 각자의 역할이 무엇인지 등의 내용을 이 항목에 작성한다. 회사 담당 변호사와 외부 디자이너, 계약직 직원 등과 같은 외부 참여자나 외주로 진행하는 사항도 여기에 작성한다.

또한, 여기에는 개인 사업자, 유한 회사, 유한 합작 회사, 주식회사 등과 같은 회사의 형태를 함께 명시하는 것이 좋다. 특히 이 부분은 비즈니스 컨설턴트의 도움을 받아서 추진하려는 사업에 적합한 방식을 정확히 결정한 다음 작성하는 것이 좋다.

자산

이 항목에서는 프로젝트를 추진하는 데 필요한 자산과 자금을 조달하는 방법을 명시한다. 사업에 관심 있는 투자자라면, 이러한 자금을 어떻게 운용하는지 주의 깊게 살펴볼 것이다.

재무 계획

마지막으로 들어가야 하는 항목은 재무 계획이다. 향후 3년 또는 5년 동안의 예상 재무 상태를 다양한 종류의 도표로 명료하게 작성하면 된다. 비용과 이익, 제품 가격과 매출에 대한 예측도 반드시 명시한다. 비용은 계획 중인 사업과 가장 유사한 사업을 진행하고 있는 다른 회사의 일반적인 비용을 조사해 보면 쉽게 예측할 수 있다. 나머지는 본인의 능력에 달려 있다. 합리적이고도 정확한 수치를 도출해야 한다. 인터넷을 검색해 보면 재정 계획과 관련된 다양한 예를 찾아볼 수 있다. 그러나 이 분야에 대해 잘 모른다면, 회계나 재무에 정통한 전문가의 도움을 받는 것이 좋다. 간혹 EBITDA^{Earnings Before Interest, Taxes, Depreciation}라고 불리는, 변형된 형태의 재무 계획을 요구하는 투자자도 있다. 어떤 경우에서든 재무 계획은 본인이 직접 작성해야 하며, 재무 상태 표에 적용되는 기본적인 개념을 명확히 이해하고 있어야 한다. 이 부분은 뒤에서 자세히 설명할 것이다.

모든 항목을 빠짐없이 작성했다면 사업계획서도 완성되었을 것이다. 이제 본격적으로 스타트업을 시작해 보자.

본격적으로 사업 시작하기

사업으로 추진할 만한 획기적인 아이디어가 떠올라 사업계획서를 구체적으로 작성하였고 투자자도 어느 정도 확보했다면, 이제부터는 본격적으로 사업을 시작할 단계다. 여러 기업이 몰려 있는 시내 중심가(또는 오래 전 공장 지대였던 곳)에 사무실을 구한 다음, 필요한 장비를 구매하고, 엔지니어와 디자이너, 마케팅 및 영업 전문가를 비롯한 제품 개발에 필요한 팀을 꾸리자. 잘 나가는 스타트업 기업이라면 하나쯤 갖추고 있는 미니 골프대나 탁구대 등의 오락 용품도 빼먹지 말고 준비한다.

프로젝트 매니저는 디자인팀과 개발팀에게 제품 사양서^{specification}를 전달하고, 그들이 이를 제대로 수행하도록 관리한다. 제품이 제작되는 동안 마케팅팀에서는 계획을 세운다. 예상 고객을 분석하고 주요 타겟이 되는 사용자 그룹을 추출한 다음, 커뮤니케이션에 밑바탕이 될 문서를 작성한다. 영업 관리자와 운영자는 마케팅팀과 협업하여 영업 채널을 확보한다.

모든 일이 예상한 시간 및 비용 내에서 계획대로 진행되었다면 첫 번째 프로토타입은 물론 제품도 무사히 완성될 것이다. 이제부터는 홍보팀의 계획대로 움직일 시간이다. 홍보 활동을 통해 미디어에 공개한 제품 발표 일정을 초조하게 기다리는 것만 남았다.

마침내 오랜 시간 동안 기다려왔던 순간이 다가왔다. 그런데 제품을 출시하고 본격적인 영업 활동을 시작한 첫 달 동안의 판매량이 사업계획서를 작성할 당시 예상한 판매량의 30%를 밑돌고 있다. 어떻게 해야 할까? 일단 이는 일반적인 현상이니 걱정할 것 없다. 제품이 혁신적일수록 사용자가 받아들이는 데 걸리는 시간이 길어지기 마련이다. 이 경우 홍보 전략을 바꿔보는 것이 해결책이 될 수 있다.

이런 상황이 있을 수도 있다. 홍보 전략을 바꿨는데도 두 번째 달에는 예상 판매량보다 10% 낮은 수준으로 판매됐고, 다음 달에도 큰 변화가 없다. 게다가 기존에 판매했던 제품에 대한 환불 요청이 들어오면서 판매량이 마이너스로 돌아섰다. 더는 새로운 고객이 보이지 않는다.

이쯤 되면 수많은 청구서가 날아오고, 중간 유통업자의 불만이 회사로 빗발치며, 직원들은 습관적으로 연봉을 올려 달라 요구하고, 투자자는 미진한 성과에 인내심을 잃어갈 것이다.

이 상황에 도달하면, 분위기를 반전시키기가 굉장히 어려워진다. 처음에 당신이 가졌던 화려했던 꿈은 엄청나게 강한 벽에 부딪혀 산산조각이 날 것이다.

왜 이런 일이 일어난 것일까? 다음과 같은 이유를 생각해 볼 수 있다.

- 제품을 완성하는 일에만 몰두했다.
- 고객에 대한 분석이 제대로 진행되지 않았다.
- 고객이 겪는 문제점이 제품에 반영되지 않았다.
- 향후 3년은 고사하고, 다음주에 일어날 일도 예측하지 못했다.
- 계획대로 진행됐지만, 스타트업에 적합하지 않은 접근 방식을 사용했다.

잘못된 가정

앞에서 설명한 프로세스는 제품 개발 모델을 적용한 것이다. 이는 어느 정도 자리를 잡은 회사에서, 이미 형성된 시장에 제품을 출시할 때 주로 사용하는 방법이다. 그러나 계획한 날짜에 제때 제품을 출시하지 못하는 경우는 대기업에서도 흔하게 발생한다. 이때 손실이 발생하더라도, 규모가 큰 대기업들은 다른 활동으로 벌어들인 수익으로 커버할 수 있기 때문에 회사가 쉽게 도산하는 일이 없다.

가장 대표적인 사례가 바로 소니의 미니디스크MiniDisks와, 베타맥스Betamax의 사례다. 미니디스크는 CD 수준의 녹음 품질을 제공하는 저장 매체였고, 베타맥스는 VHS 방식 비디오 테이프에 비해 훨씬 높은 품질을 제공하는 제품이었다. 두 제품 모두 소니라는 유명한 회사가 대대적으로 발표하고 홍보한 것이었고 기술 또한 다른 경쟁사보다 훨씬 뛰어났음에도 불구하고, 대중으로부터 주목받지 못했다. 만약 이런 상황에 놓인 것이 시장에서 보여준 과거 실적이 전혀 없는, 걸음마 단계에 불과한 스타트업이라면 그들은 상당한 어려움을 겪게 될 것이다. 단 한 번의 나쁜 사건이 회사 자체의 존립에 영향을 주는 경우는 흔하다. 그런데도 많은 스타트업에서는 비현실적인 믿음 하나만으로 이러한 모델에 따라 사업을 추진하고 있다.

스타트업에서 사업 계획을 수립할 때, 흔히 제품 수용 곡선product adoption curves(그림 7-1)이라는 이론을 활용한다. 이 이론은 제품을 구매한 고객을 시간의 순서에 따라 분류하여 표시한 것으로 에버렛 로저스의 『개혁의 확산』(커뮤니케이션북스, 2005)에서 처음 언급되었고, 제프리 A. 무어가 집필한 마케팅 도서인 『제프리 무어의 캐즘 마케팅』(세종서적, 2015)을 통해 알려졌다.

이 이론에 의하면 스타트업의 모든 고객은 첫 번째 고객은 대부분 얼리어답터나 기술 애호가들이다. 그 뒤에 다른 사람을 보고 따라하는 주류 고객(다수 사용자)이 나타나고, 마지막으로 실용주의자와 보수주의자가 뒤따른다.

첫 번째 고객과 그 뒤를 잇는 주류 고객이 나타나기까지, 즉 제품이 대중에게 제대로 보급되기 전까지 캐즘chasm이라 부르는 제품 수요의 일시적인 정체 기간이 등장한다. 이 현상이 나타나는 이유는 제품이 첫 번째 고객에게만 잘 맞기 때문이며, 일반 대중에게 다가가려면 제품의 목표 수준을 그들의 시각에 맞춰 다시 조정해야 하기 때문이다.

더 심각한 문제는 따로 있다. 많은 스타트업이 저마다 스티브 잡스를 흉내 내느라 제품 개발에 필요한 모든 과정을 회사 안에 틀어박혀 비밀리에, 자신의 직관만으로, 필요하다면 마케팅 직원의 도움만 약간 받는 식으로 프로젝트를 진행한다. 그들은 스티브 잡스가 될 수 없을 뿐만 아니라, 고객의 반응을 전혀 고려하지 않고 제품을 개발하기 때문에 결국은 실패한다. 설사 고객의 피드백을 받더라도 이미 제품이 출시된 뒤라서, 이를 반영하여 제품을 수정하는 데 드는 엄청난 비용을 감당하지 못한다. 수많은 초보 창업가는 종종 "만들면 팔린다"라는 착각에 빠진다. 이는 굉장히 위험한 발상이다. 여기에 빠지게 되면 제품이 최종적으로 나오기 전까지 깜깜한 터널에 갇히게 된다. 자신의 제품에 푹 빠져서 세상이 자신을 중심으로 돌아간다고 여기게 되며, 프로젝트 초반에 가졌던 모든 가정도 변하게 만들 수 있다. 제품이 완성된 시점엔 세상은 변해있고, 더 이상 그 제품을 원하지 않을 수도 있다.

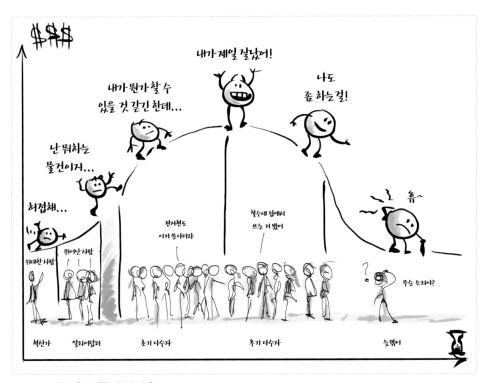

그림 7-1 제품 수용 곡선(톰 피쉬번 버전)

사업, 제대로 추진하기

누가 고객인가? 그들이 어떤 문제를 겪고 있나?

잠재 고객이 겪는 어려움을 해결할 방법을 찾고 싶다면 항상 이 질문을 염두에 두어야 한다. 이를 해결하려면 어떻게 해야 할까? 일반적으로 흔히 저지를 수 있는 실수를 피하려면, 제품 개발에 들어가는 시점이 아닌, 그전 단계부터 이 질문에 대한 해답을 찾아야 한다. 고객 개발 customer development 프로세스라고 불리는 이 활동은 스타트업 분야에 다방면으로 경험이 풍부한 스티브 블랭크Steve Blank 교수가 처음 고안했다. 블랭크 교수는 2012년 하버드 비즈니스 리뷰 에서 혁신의 마스터Master of Innovation로 선정된 바 있다.

고객 개발 과정의 첫 단계는 비즈니스에 기반이 되는 가설을 밝혀내는 것이다. 앞에서 설명한 바와 같이, 이러한 가설은 대부분 각자의 믿음을 표현한 것에 불과하다. 따라서 믿음에 따라 사업을 진행하는 것은 엄청난 위험이 따르게 된다.

이보다 신중하고 과학적으로 접근하려면, 회사를 설립하기 전에 이렇게 밝혀낸 가설을 검증하는 것이다. 린 스타트업lean startup이라는 개념을 처음 도입한 창업가인 에릭 리스Eric Ries에 따르면, 가장 중요한 가설은 다음과 같다.

- 가치에 대한 가설: 제품이 고객에게 가치를 주는가?
- 성장에 대한 가설: 시장은 제품을 어떻게 받아들이는가? 새로운 고객을 찾아서 확보하려면 어떻게 해야 하는가?

이러한 가설을 검증하기 위해서는 몇 가지 테스트를 고안해서 실행해야 한다. 아직 제품이 완성되지 않았다면 자신의 자금과 인력을 활용하여 최소한의 노력으로 최대한의 속도를 이끌어내야 한다. 설사 이렇게 완성한 제품의 완성도가 떨어지더라도 상관없다. 프로토타입 정도면 충분하다. 고객이 원하는 바를 알아내고 아무도 사용하지 않는 제품을 만드는 일만 막아준다면, 몇 가지 대표적인 기능만 갖춰도 되고, 심지어 완전히 속임수로 만들어도 된다. 에릭 리스는 그의 저서 『린 스타트업The Lean Startup』(Crown Business, 2011)에서 이를 'MVPMinimum Viable Product'라고 부르고 있다.

테스트의 목적은 가설을 더욱 파악하는 데 있으며, 제작-측정-학습build-measure-learn 주기(그림 7-2)에 따라 끊임없이 반복한다.

이렇게 테스트를 수행해서 수집한 데이터로부터 여러 가지 사실을 알아내거나, 계획을 수정하거나, 어떤 결정을 내릴 때 실제 고객에 비추어 판단할 수 있다.

바로 이 과정이 비즈니스에 과학적인 사고방식을 도입한 대표적인 사례다.

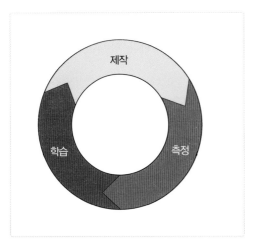

그림 7-2 *제작-측정-학습 주기*

고객 개발 프로세스

고객 개발 프로세스는 고객 발견cutomer discovery, 고객 검증customer validation, 고객 창출customer creation, 회사 설립company building의 네 단계로 구성된다.

이 프로세스의 핵심은 제품이 아니라 고객이다.

프로세스의 각 단계는 원하는 수준의 결과에 도달할 때까지 반복한다는 것을 표현하기 위해, 그림 7-3과 같이 화살표로 만든 원으로 표시했다.

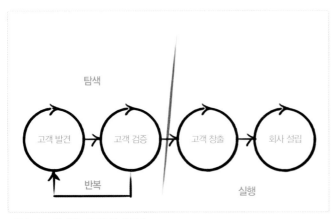

그림 7-3 *고객 개발 프로세스의 네 단계*

고객 발견

고객 발견 단계에서는 누가 고객이 될 것인지를 파악한다. 단순히 고객의 입장이 되어 보는 것만으로는 부족하다. 스티브 블랭크는 사무실 밖으로 나와 직접 사람들을 관찰하거나 만나봐야 한다고 강조했다. 도요타 자동차에서 생산 시스템 관계자에게 강조하고 있는 원칙 중에 '겐치 겐부츠(Genchi Genbutsu, 現地現物)'라는 원칙이 있다. 이것은 '직접 가서 확인하라'는 뜻을 가진 일본어다. 다시 말해 자신이 발견한 문제가 실제로 존재하는지, 다른 사람도 비슷한 문제를 겪고 있는지 스스로 확인하라는 뜻이다. 앞서 5장에서 언급했던 방법인, 잠재 고객에게 문제점에 대해 직접 물어보는 방법을 사용해도 좋다. 최대한 그들의 의견을 듣되, 원하는 제품의 형태나 기능에 대해서는 가급적 물어보지 않도록 주의한다. 자칫하다가는 자신의 선입견에 빠져 원래 탐색하려는 문제에서 벗어나게 된다.

따라서 잠재 고객의 생각을 최대한 알아내는 데 집중하고, 이를 토대로 가설을 세운 뒤, 자신이 만들고자 하는 해결책에 각각의 가설에 대해 가치를 주는지를 검증한다. 이렇게 분석하는 과정에서 실제 고객은 자신이 생각했던 것과 전혀 달랐다는 것을 깨닫게 되는 경우가 많은데, 이를 통해 개발하려는 제품을 더욱 개선할 수 있다.

고객 검증

고객 검증 단계에서는 처음 가정한 비즈니스 모델을 검증한다. 이 단계의 목표는 세일즈나 마케팅 담당자가 도입해도 될 만한 수준의 계획을 수립하는 것이다. 자신이 만나 본 다양한 잠재 고객에 대해 직접 검증해 보고, 그들에게 적합한 세일즈 프로세스를 검토해 보자. 이러한 과정을 거쳐야만 비로소 성장 방식과 제품 개발에 대해 깊이 고민할 수 있으며, 더 큰 사용자층에 적합한 제품을 도출해낼 수 있다.

또한, 이 단계에서는 기존 모델을 변형(피봇pivot)할지, 아니면 그대로 진행할지를 주기적으로 검토하는 과정을 거쳐야 한다. 이 과정에서 현재 방향대로 진행하는 게 맞는지 진지하게 검토한다. 마치 농구를 할 때 한 발을 땅에 붙인 채 방향을 전환하는 피봇 동작을 하는 것처럼, 사업 방향을 피봇한다고 해서 회사 전체를 완전히 뒤집는 것은 아니다. 단지 몇 가지 기본 가설(목표 시장 분야 등)만 수정해서 이를 기준으로 진행하는 것에 불과하다.

피봇은 쉬운 일이 아니다. 몇 달간의 밤샘 작업을 날려 버리고 다시 새로 시작해야 하기 때문이다. 피봇을 할 때는 데드라인이나 특정한 지표를 설정하고, 수집한 숫자와 데이터를 토대로 방향 전환 여부를 면밀히 검토하고 결정해야 한다. 결정하기까지 시간을 너무 오래 끌다가는 사업이 정상 궤도에서 벗어나 버릴 수도 있다. 반대로 피봇을 너무 자주하면 혼란만 초래할 뿐 사업에 도움이 되지 않는다.

고객 검증 과정에서 문제를 발견하면, 다시 이전 단계인 고객 발견 단계로 되돌아가야 한다. 고객을 분석하는 과정에서 얼마든지 이전 단계로 되돌아갈 수 있지만, 가능하면 되돌아가는 횟수를 최소화하여 낭비를 줄이고, 검증 과정에서 최대한 많은 사실을 깨닫고 올바른 방향을 찾을 수 있도록 검증 계획을 면밀하게 수립해야 한다.

고객 창출

고객 창출 단계에서는 가능한 한 많은 고객이 만족하며, 제품의 영업망을 구축하는 데 도움이 될 정도로 완벽한 수준의 요구사항을 도출한다. 통상적으로 주류 고객에게 선보이기 전에 제품이나 비즈니스 모델에 관련된 개념을 다시 한 번 검토할 필요가 있다. 주류 고객의 성향과 요구사항이 얼리 어답터와 상당히 다를 수 있기 때문이다. 이 과정도 테스트를 거치는 것이 방향성을 유지하는 데 도움이 된다.

시장과 고객을 염두에 두고 제품을 검증하다 보면, 더 이상 문제가 발견되지 않는 수준의 결론에 도달하게 된다.

회사 설립

이 시점에 도달하면 대부분의 스타트업은 규모가 어느 정도 커지고, 구조도 처음보다 개선된다. 판매팀, 마케팅팀, 연구 및 개발팀 등을 갖추게 되었고, 이를 기반으로 정식 부서를 만들 수 있게 됐다. 즉, 드디어 제대로 된 회사 형태를 갖출 수 있게 된 것이다.

이 단계에 들어서면 창업자는 매니저 역할도 겸해야 한다. 두 역할은 서로 성격이 다를 뿐만 아니라 모순되기도 한다. 흔히 매니저는 엄격한 규율을 강조하는 엄한 역할을 담당하고, 창업자는 다양한 의견을 듣고 조율하여 방향을 제시하는 선지자의 역할을 한다고 생각하기 쉽다. 하지만 실제로는 데이터를 수집하고 측정하고 판단하기 위해, 창업자도 어느 정도 엄격한 규율과 정확성을 가져야 한다. 힘들고 따분한 작업처럼 보이지만(실제로 그렇다), 성공을 위해서는 감수해야 한다.

비즈니스 모델 캔버스

비즈니스 모델 캔버스Business Model Canvas는 창업가이자 혁신가인 알렉산더 오스터왈더Alexander Osterwalder가 이브스 피그너Yves Pigneur 교수와 함께 고안한 것으로(그림 7-4, 7-5, 7-6 참조)※ 비즈니스의 핵심을 명확히 표현하고 빠르게 이해하기 위한 굉장히 효과적인 도구로 인정받고 있다. 이 캔버스는 크게 아홉 가지 영역으로 나뉘며, 각각은 비즈니스를 구성하는 여러 가지 핵심 요소를 표현한다.

- 고객 세그먼트(Customer Segments, SGC)
- 핵심 파트너십(Key Partnerships, PC)
- 핵심 활동(Key Actions, AC)
- 가치 제안(Value Propositions, VO)
- 고객 관계(Customer Relationships, RCL)
- 핵심 자원(Key Resources, RSC)
- 채널(Channels, CA)
- 비용 구조(Cost Structure, STC)
- 수익원(Revenue Streams, FR)

고객 세그먼트 영역에는 제품을 사용할 대상 즉, 개인 및 기업 고객에 대해 적는다. 이 부분을 작성하는 것은 굉장히 중요하다. 고객이 없다면 사업이 존재할 수 없기 때문이다. 이 영역은 비즈니스 모델 캔버스를 작성할 때 굉장히 중요하지만, 처음에는 고객에 대한 정보를 구체적으로 파악하기 힘들다. 따라서 소설가가 주요 등장인물을 구상하듯이, 최대한 고객의 입장에서 생각해 보고, 그들이 어떤 생각을 하는지 추측해야 한다.

※ 편집자 주_ 본 도서에 수록된 '비즈니스 모델 캔버스'와 관련된 그림 자료는 원서에 수록된 그림을 그대로 수록한 것으로 각 항목이 영문으로 되어 있다. 각 항목에 대한 국문 명칭은 본문을 참조하기 바란다.

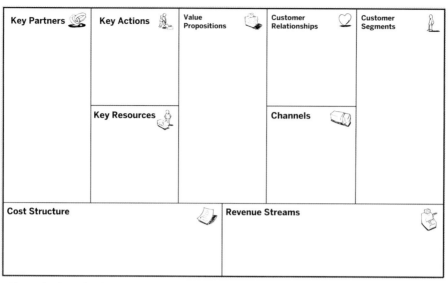

그림 7-4 비즈니스 모델 캔버스

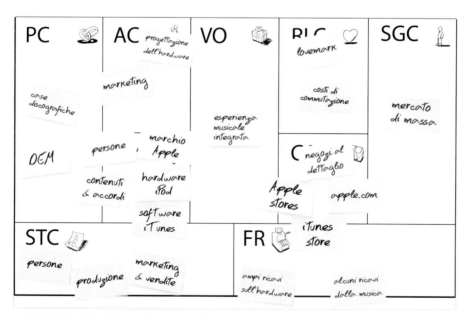

그림 7-5 애플 아이팟과 아이튠즈에 대한 비즈니스 모델을 캔버스에 정리한 예시

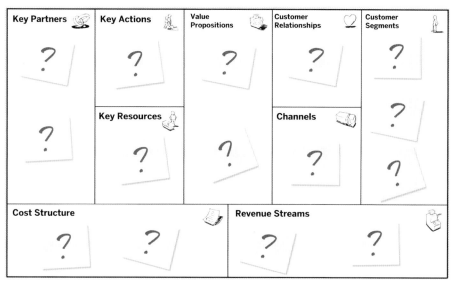

그림 7-6 *검증을 마치기 전까지 박스에 담긴 내용은 가설에 불과하다.*

가치 제안 영역에는 고객에게 제시할 가치에 대해 적는다. 제품이 기존에 존재하는 문제를 해결하거나 고객이 원하는 바를 충족시켜 줄 뿐만 아니라, 제품이 제공하는 가치가 제품의 가격보다 훨씬 크다면, 가치의 교환이 발생하게 된다. 대부분의 회사는 단순히 제품이나 서비스만 판매하기보다는, 고객이 느끼게 될 경험을 판다. 바로 이러한 경험에 강력하면서도 매혹적인 가치가 담겨 있다. 가령 자동차는 단순히 탄화수소나 전기를 기반으로 작동하는 개인용 이동 수단이 아니다. 오히려 라이프 스타일을 표현하는 수단에 가깝다.

고객과 소통하고 접촉하는 방법은 채널 영역에 작성한다. 독자적인 채널을 확보할 수도 있고, 파트너가 가진 채널을 활용할 수도 있고, 두 가지 방식을 조합할 수도 있다. 회사가 독자적인 영업력을 갖추려면 채널을 직접 확보하는 것이 좋다. 그렇지 않고 써드 파티 형태로 참여하려면 간접적인 채널을 활용해야 한다. 직접 채널을 구축하면 중간 유통 과정을 거치는 것보다 많은 제어권을 가진다는 장점이 있지만, 채널을 구축하는 데 엄청난 비용이 든다.

일단 고객을 확보했다면, 고객과의 관계를 지속적으로 유지해야 한다. 관계를 구축하는 방식은 창출하려는 사용자 경험의 형태에 따라 달라진다. 개인적인 관계로 유지할 수도 있고, 인터넷 사이트나 자동화 도구를 통해 완전히 자동화된 형태로 관리할 수도 있다. 방법은 매우 다양하다. 힌트를 얻으려면 다른 회사에서 어떻게 하는지 살펴보면 된다. 세일즈 담당, 개인 비서, 계정 관리자, 셀프 서비스, 자동 서비스, 사용자 커뮤니티, 제품 개발 과정에 사용자나 파트너가 직접 참여하기 등을 비롯하여 그 방법은 매우 다양하다.

고객과의 관계가 제대로 구축됐다면, 고객은 여러분의 제품에 기꺼이 비용을 지불할 것이다. 그렇다면 적절한 가격과 지불 방식은 어떻게 알아낼 수 있을까?

가격을 결정하는 방법은 다양하다. 어떤 회사는 일부 제품을 무료나 할인된 가격에 판매하고, 실제 이익은 제품의 액세서리로 거두기도 한다(기계는 저렴하게 공급하고 잉크 판매로 이익을 거두는, 프린터 회사에서 사용하는 전략이기도 하다). 반면 구글이나 TV 방송사에서는 주요 제품은 공짜로 제공하고, 광고로 수익을 거두기도 한다. 또한 명품 브랜드에서는 이미지와 브랜드를 중요시하는 고객의 관심을 끌기 위해 의도적으로 가격을 높이기도 한다.

지금까지 설명한 방법을 실제로 수행하려면, 사람과 장비, 재료, 지적 및 금전적 자원과 같은 핵심 자원이 필요하다. 그래야 회사에서 가치를 창출하고 판매할 수 있기 때문이다. 또한 소프트웨어나 콘텐츠를 제작하거나, 기계를 제작하거나 조립하는 것과 같은 핵심활동도 필요하다.

거친 비즈니스 세계에서는 결코 혼자 힘으로만 살아남을 수 없다. 그래서 핵심 파트너십 영역에 여러분의 비즈니스에 도움을 줄 공급망과 협력 네트워크를 명시한다.

자원과 활동, 파트너에는 비용이 따른다. 이를 비용 구조 영역에 명시한다. 비즈니스 모델 캔버스에 대해 대해 좀 더 자세히 알고 싶다면, 알렉산더 오스터왈더와 이브스 피그너가 집필한 『비즈니스 모델의 탄생』(타임비즈, 2011)을 추천한다.

프로젝트 자금 확보하기

8

7장에서 회사가 살아나가려면 핵심자원과 활동, 협력이 필요하다고 설명한 바 있다. 이 모든 것은 결국 비용으로 귀결된다. 메이커가 진정한 창업가로 변신하기 위해서는 싶다면 프로젝트 자금과 관련해 알아야 할 몇 가지 사실이 있다.

자금 확보하기

가장 일반적인 자금 확보 방법 두 가지는 다음과 같다.

- 친척 또는 친구로부터 빌리기
- 은행에서 빌리기

지금부터 이 두 가지 방법을 각각 자세히 살펴보자.

친척 또는 친구에게 빌리기

대부분의 소규모 창업자는 미리 저축해 둔 자금을 사업에 투자하고, 만약 자금이 부족할 경우 가족이나 친척, 또는 친한 친구로부터 조달한다.

이들은 창업자가 자라는 과정을 곁에서 지켜봤고, 창업자에 대한 애정을 지니고 있으며 그가 성공하길 바라는 사람들이다. 창업자가 하는 말을 언제든지 믿어줄 준비가 되어 있을 뿐만 아니라, 창업자의 열정에 쉽게 휩쓸리고 비전에 공감한다. 이들은 대부분 빌려준 돈에 대한 이자를 받지 않으며 심지어 원금조차 받지 않으려는 경우도 있다.

모두의 신뢰를 바탕으로 시작한 사업이 안정적인 비즈니스로 자리 잡게 된다면 다행이지만, 그렇지 않을 경우에는 자신을 믿어준 이들을 실망시키게 된다. 전자와 후자, 어느 경우에서든 통상적인 금전적 관계와는 다른 형태의 문제가 발생한다. 사업 실패로 돈을 날려버렸다면 끈끈했던 관계에 금이 가게 된다. 창업자는 이들에게서 도의적인 지원을 받지 못한 채 홀로 힘겨운 상황을 헤쳐나가야 한다.

은행에서 빌리기

또 다른 자금 조달 방법은 은행 대출을 받는 것이다. 은행 측에서는 십중팔구 일정한 형태의 보증이나 담보를 요구할 것이고, 결국 가족이나 주변 사람에게 도움을 청하게 된다. 그러나, 막상 도움을 청하면 이를 허락하는 사람은 앞서 소개한 방법보다 훨씬 적을 것이다. 몇백만 원 정도는 빌려줄 수는 있을지 몰라도 자신의 집을 선뜻 담보로 제공하는 것은 가족에게도 쉽지 않은 일이기 때문이다.

따라서 스타트업이 은행으로부터 받을 수 있는 자금의 규모는 작을 수밖에 없다. 게다가 여기에는 이자까지 붙게 되는데, 대부분 복리가 적용된다. 은행에서 자금을 조달하는 것은 상대적으로 비용이 많이 든다.

게다가 대출 담당자에게 사업 아이템에 대해 설명해야 할 뿐만 아니라, 실제로 실현 가능한 아이템임을 최대한 어필해야 한다. 이는 쉬운 일이 아니다(사실 이 부분은 자금을 조달하려면 반드시 거쳐야 할 불가피한 과정이다).

대안

지인과 은행 외에도 자금을 조달하기 위한 방법이 많다. 기존에 잘 알려진 방법부터, 최근에 등장한 인터넷이나 가상 커뮤니티로부터 조달하는 새로운 방법까지 여러 가지가 있다.

정부 및 공공 기관의 창업 지원 프로그램

미국에는 각 주states나 지방 자치 단체마다 EDCEconomic Development Corporations(http://bit.ly/1NyJBub)라는 기관이 존재한다(로스앤젤레스의 LAEDC, 미시간 주의 MEDC가 여기에 속한다).※ 이 기관은 대부분 비영리 기관이거나 준 정부 기관으로서, 스타트업의 창업을 도와주거나 사업 초기에 투자를 하는 경우도 있다. 일부 주는 기술 기반의 스타트업에 자금을 제공하는 특별한 프로그램을 갖추고 있는 경우도 있다. 일례로, 로드 아일랜드에서는 주 예산으로 조성된 슬레이터 테크놀로지 펀드Slater Technology Fund(http://bit.ly/1NyJFtT)를 통해 유망한 스타트업에게 초기 자금을 제공하고 다른 투자자와 연계해주기도 한다.

※ 역자주_ 한국의 경우 수많은 정부 기관 또는 여러 지방 자치 단체에서 창업 지원 자금을 제공한다. 미래창조과학부, 중소기업청, 창업진흥원, 기술보증기금 등의 기관에서 스타트업 등의 창업 자금을 지원하는 프로그램을 운영하고 있다.

엔젤 투자자

자신의 여유 자금을 금융 상품에 투자하기보다는 기술력을 보유한 젊은 창업가에게 투자하는 이들을 '엔젤 투자자angel inventor'라고 부른다. 이들은 대개 퇴직한 회사 중역이거나 창업자들이다. 엔젤 투자자는 대부분 뭔가 새로운 일에 도전하려는 열망을 갖고 있으며, 투자한 사업이 잘 될 경우 높은 수익률을 거두기 위한 목적으로 회사의 초기 단계부터 참여한다. 엔젤 투자자가 참여하면 자금을 조달할 수 있을 뿐만 아니라, 창업자가 하려는 일에 대한 신뢰도도 높아지게 되어 보다 큰 인적 네트워크를 구축할 수 있다. 게다가 사업에 관련된 다양한 조언을 제공하여 창업자가 힘든 상황에 직면했을 때 쉽게 빠져나올 수 있도록 이끌어 주기도 한다.

물론 금전적인 이익도 중요한 비중을 차지한다. 대부분의 엔젤 투자자가 기대하는 것은 수익률이다. 성공할 경우 투자자들이 거둘 수 있는 수익률이 엄청나기 때문에 이러한 위험을 감수하는 것이다. 특히 기술 분야의 사업은 잘될 경우 가늠하기 힘들 정도로 높은 이익을 거둘 수 있다. 엔젤 투자자들은 대개 전통적인 방식의 회사보다는 새로운 분야에 도전하려는 벤처 기업에 크게 매력을 느끼는 경향이 있으며, 초기에 취득한 지분을 나중에 회사의 가치가 높아졌을 때 처분하여 높은 이익을 거둔다.

어떻게 보면 엔젤 투자자를 찾아내는 것이 은행에서 자금을 빌리는 것보다 쉬울 수도 있다. 창업자와 엔젤은 서로 신뢰하고 가치와 비전을 공유하면서 구축된 굉장히 직접적인 관계를 맺기 때문이다. 따라서 엔젤 투자자와 처음 미팅을 가진 후, 자금을 조달하기까지 대략 몇 달 이내로 다소 짧은 시간이 소요된다.

벤처 캐피탈

벤처 캐피탈리스트Venture capital(이하 VC)도 엔젤 투자자처럼 위험도가 높은 사업에 투자한다. 이들은 자신이 관리하는 펀드의 자금으로 고수익이 기대되는 스타트업 또는 기술과 관련되어 있거나 혁신적인 분야를 다루는 스타트업에 투자한다(VC의 대표적인 성공 사례가 구글이다). VC는 기존 투자자가 선호하는 시장과는 다른 시장을 공략한다. 그들은 투자한 금액 대비 엄청난 이익을 거둘 수 있는, 초고속 성장이 가능한 회사에 중점적으로 투자한다.

단, VC가 회사에 합류했다면 창업자가 회사 운영의 주도권을 잃을 가능성이 커진다. 대부분의 VC는 수십억 이상의 자금을 투자하기 때문에 경험이 부족한 창업자가 회사를 경영하도록 내버려두지 않는다. VC의 목적은 새로운 사업을 일으키는 데 도움을 주는 것이 아니다(엔젤 투자자라면 이런 목적으로 참여할 수도 있다). 이들의 궁극적인 목표는 투자 자금을 빠른 시일 내에 회수하는 것, 단기간에 회사 지분의 가치를 높이는 것이다.

크라우드 펀딩

최근 크라우드 펀딩이라는 방식이 새롭게 등장해 주목받고 있다. 이것은 말 그대로 대중(crowd)으로부터 자금을 조달(funding)하는 방식이다. 창업자는 자신의 프로젝트를 소개하는 웹사이트를 만들어서, 인터넷 커뮤니티로부터 자금 지원을 신청받는다. 여기에 참여하는 사람은 프로젝트의 개발 과정에 참여하려는 사람일 수도 있고, 잠재 고객일 수도 있고, 단순히 지지하는 사람일 수도 있다.

이 방식에는 여러 가지 장점이 있다. 가장 대표적인 장점이자 특징은 주어진 기간 내에 일정한 액수를 조달해야만 프로젝트를 본격적으로 시작할 수 있다는 것이다. 마감 시한까지 목표 금액을 달성하지 못하면, 아이디어가 매력적이거나 혁신적이지 않다는 것을 의미한다. 성과를 거둘 수 없는 일에 리소스(특히 시간)를 투입하는 것은 엄청난 낭비다. 따라서 크라우드 펀딩에 실패하면 아이디어를 개선할 기회로 삼고, 시간을 날리지 않게 된 것을 다행으로 생각해야 한다.

또 다른 장점은 창업자가 프로젝트에 대한 완전한 권한을 유지할 수 있다는 것이다. 크라우드 펀딩은 투자가 아닌 후원을 받는 것이다. 크라우드 펀딩에 참여한 사람은 투입한 금액에 대한 수익을 기대하거나 회사의 경영권을 가지려고 하지 않는다. 이들은 단순히 완성된 제품을 받고 싶어 할 뿐이다(간혹 그림 8-1과 같이 제품과 관련된 기념품을 갖고 싶어 하기도 한다).

그림 8-1 *로드 아일랜드의 프로비던스 시에서 열린 해커톤의 참석자를 기다리고 있는 킵킷(KippKitts)과 아두이노, 메이커 쉐드에서 제공하는 부품들*

크라우드 펀딩 캠페인은 참여하는 수준에 따라 여러 단계로 나눌 수 있다. 따라서 후원하는 액수에 따라 제공되는 보상의 수준이 달라진다. 인터넷상에서 감사의 말과 같은 형태로만 받을 수도 있고, 특별히 제작된 티셔츠를 받을 수도 있고, 제품 포장에 이름이 들어갈 수도 있으며, 초기 버전을 사용해볼 수 있거나, 할인된 금액으로 제품을 구할 수 있고, 최종적으로 완성된 제품을 한 개 이상 받아볼 수도 있다.

스폰서들은 최소한 다른 사람보다 먼저 제품이나 서비스를 사용할 수 있다. 경우에 따라 개발 과정에 참여하기도 한다. 프로젝트에 관심 있는 이들이 개발 과정에 참여하게 되면 자연스럽게 제품에 대한 커뮤니티가 형성되면서 제품의 고객이 프로젝트에 대한 최초의 홍보자가 되는 선순환이 이루어진다. 입소문은 굉장히 중요한 홍보 수단이다. 홍보 효과도 뛰어나며 비용도 들지 않는다. 인터넷을 통해 아이디어를 극대화할 수 있다. 소문이 퍼질 때까지 프로젝트를 성장시킬 수 있고, 대부분 이 시간을 크게 단축시켜 준다. 현재 미국의 경우, 다양한 크라우드 펀딩 플랫폼이 나와 있다. 그중에서도 킥스타터Kickstarter가 가장 유명하지만, 인디에고고Indiegogo와 펀드바이미FundByMe, 로켓허브RocketHub도 인기 있다.

외부 자금을 사용하지 않을 경우

자금을 따로 조달하지 않고, 프로젝트를 활발히 진행하여 유망한 비즈니스로 성장하려면 어떻게 해야 할까?

혼자 일어서기

투자자를 유치함으로써 발생하는 위험을 감수하고 싶지 않다면, 거의 무일푼으로 시작할 수 있는 사업을 시작하면 된다. 『100달러로 세상에 뛰어 들어라』(더퀘스트, 2015)의 저자인 창업가 크리스 길아보^{Chris Guillabeau}는 "100달러만으로도 창업할 수 있다"라고 주장한다. 물론 100달러라는 자금은 인터넷을 통해 최소화 가능하다. 인터넷에 무료로 제공하는 서비스를 활용하여 웹사이트를 제작하고, (A/B 테스팅 실험을 비롯한) 뉴스레터도 메일침프^{MailChimp}와 같은 서비스를 활용한다. 스티브 블랭크도 이러한 저비용 창업에 도움되는 여러 가지 도구를 소개하고 있다(98페이지의 '사업, 제대로 추진하기' 참조).

어느 방법이 바람직한가?

지금까지 소개한 방법 말고도 다양한 방식으로 자금을 조달할 수 있다. 이러한 방법들은 상황에 따라 상호 보완 관계에 있다. 자신이 직접 해결할 수도 있고, 크라우드 펀딩을 통해 어느 정도 시장성이 있는 제품으로 만들 수도 있고, 엔젤 투자자의 도움을 받아 실제 회사 형태로 설립할 수도 있고, VC를 통해 더 크게 사업을 벌일 수도 있다. 회사의 성장 단계에 따라 취할 수 있는 기회는 다양하기 때문에, 자신의 상황과 목표를 고려해서 결정해야 한다. 모든 사업마다 제품이나 서비스, 고객을 비롯한 다양한 요인의 종류와 성격에 따라 나름대로 성장할 수 있는 규모가 다르다. 성장만이 사업의 성패를 결정하는 것도 아니고, 사업의 본질이 될 수도 없다.

9

과거에는 장인들끼리 서로 교류하는 일이 거의 없었다. 장인의 모임인 길드는 목수나 석공, 유리 세공인, 방직공을 비롯한 여러 종류의 기술자가 될 수 있는 자격을 엄격히 제한했다. 기술이 뛰어난 장인에게는 명장 master craftsman(名匠)이라는 호칭이 주어졌는데, 이는 오직 길드에서 수여하는 것이었다. 명공만이 자신의 기술을 다른 이에게 전수할 수 있었고 기술을 배우는 이들도 오랜 수습 기간을 거쳐야 했다. 이러한 자격 없이 기술로 사업을 하게 되면 길드로부터 위협을 받았다.

이러한 형태의 길드 조직은 1700년 후반에 대부분 사라졌지만, 숙련 위생공journeyman plumber 같은 일부 분야에는 아직도 길드의 잔재가 상당 부분 남아 있다. 오늘날 세계화의 물결에 위협을 느끼는 일부 장인은 자신의 기술과 비즈니스 모델을 현대에 알맞은 방향으로 발전시키기보다는 과거의 길드와 유사한 시스템을 구축하여 안전장치를 마련하기도 한다.

네트워크의 중요성

요즘은 일부 예외적인 경우를 제외한 대부분 길드와 같은 독점을 추구하는 보호 제도를 마련하지 않고, 특수한 협회를 설립하여 평가의 기준을 마련하고 있다.

오늘날의 메이커가 지니고 있는, 작업에 쏟아붓는 열정과 투철한 실험 정신 그리고 기술을 더욱 향상시키려는 욕구, 디테일에 신경 쓰는 자세, 현재 가진 도구의 응용 대상을 지속적으로 개발하려는 자세는 과거의 장인과 닮은 구석이 있다.

하지만 정보를 공유하려는 자세는 기존 길드 소속의 장인과는 큰 차이가 있다. 메이커 사이에서는 공유하는 것이 나쁜 행동이 아니다. 오히려 여러 사람으로부터 원하는 목표를 달성하는 데 필요한 도움을 받을 수 있게 해 주는 강력한 도구다. 이러한 집단 지능^{collective intelligence※}이 가지는 힘은 한계가 없으며, 어떤 자원보다도 소중하다. 이 말은 메이커가 브랜드를 만들고 특허를 취득하면 안 된다는 뜻이 아니라, 독점적인 브랜드나 특허를 확보하는 것 외에도 다양한 대안을 모색할 수 있다는 것을 의미한다.

다른 사람과 자신의 프로젝트를 공유할 수 있는 가장 쉬운 방법은 인터넷을 활용하는 것이다. 디지털로 표현된 모델은 마우스 클릭 한 번으로 손쉽게 실제 제품으로 만들 수 있다. 즉, 처음부터 모든 것을 직접 만들지 않아도 된다. 이미 만들어진 모델 중 자신이 원하는 형태에 딱 맞거나 조금만 수정하면 사용할 수 있는 것을 찾아서 활용하면 된다. 비슷한 관심사를 가진 이들에게 도움을 청하는 것도 좋은 방법이다. MAKE 매거진(makezine.com)나 인스트럭터블(instructables.com)과 같은 커뮤니티를 통해 비슷한 모델을 찾아 프로젝트를 진행하면 된다(그림 9-1). 커뮤니티의 구성원들은 각자 나름대로 해당 분야에서 뛰어난 전문가이거나 기술, 경험, 문화를 갖고 있으며, 이러한 다양성은 프로젝트를 커뮤니티 형태로 진행할 때 얻을 수 있는 가장 큰 장점이다.

일반적으로 문제를 해결할 수 있는 사람은, 그 문제를 가장 잘 표현할 수 있는 사람일 가능성이 크다. 또한 프로젝트에 참여하는 사람이 많을수록 문제를 표현하는 방식도 다양해져 해답에 더욱 가까이 다가갈 수 있다. 각자가 가지는 장점이 시너지 효과를 이루기 때문에 문제를 풀어나

※ 역자주_ 흔히 '집단 지성'이란 표현이 보편화되었지만, 의미 상 지능이라는 표현이 좀 더 저자의 의도에 가깝다고 판단하였다.

가는 과정에서 서로 많은 것을 배우면서 함께 성장할 수도 있고, 프로젝트에 대한 이해도 더욱 깊어지게 된다.

메이커는 제품을 완성한 뒤보다 이를 만들어가는 과정을 더욱 중요하게 생각한다. 그래서 프로젝트를 수행하면서 성장할 수 있다는 점은 굉장히 큰 의미를 가지며, 이 과정에서 인터넷으로부터 상당한 도움을 받을 수 있다.

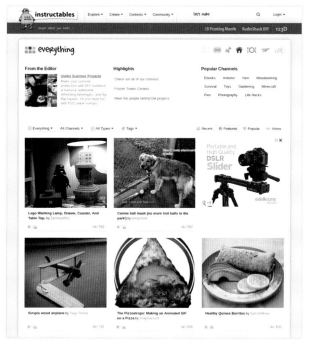

그림 9-1 인스트럭터블 사이트에 방문하면 거의 모든 것에 대한 제작 방법을 찾을 수 있다.

공개 프로세스

자신의 작업을 남에게 공개한다는 것이 어렵게 느껴질 수 있다. 꺼려지는 이유는 수천 가지다. 다른 사람이 비판할까 두렵기도 하고, 반대로 자신의 아이디어를 훔쳐갈까 걱정스러울 수도 있다. 머릿속 깊숙이 자리 잡은 특허 제도에 오랜 세월 동안 익숙해져 버렸기 때문일 수도 있다. 대형 가전 회사끼리 서로 자사의 특허를 침해했다는 소송이 끊이지 않는 것만 봐도 쉽게 알 수 있다.

중요한 것은 어떤 아이디어를 가졌느냐가 아니라, 실제로 무엇을 만드는가에 달려 있음을 기억하자.

덧붙여 모든 과정을 공개했다 하더라도 완벽하게 제조할 수 있는 프로세스가 없다면 제대로 된 완성품을 만들기는 어렵다. 일례로 제과제빵 분야의 달인으로 손꼽히는 스페인의 파코 토레블랑카Paco Torreblanca는 자신의 저서에 레시피를 상세하게 공개했지만, 그의 동료 중에서도 가장 뛰어난 이들조차 그의 수준에 맞먹는 결과를 낼 수 없었다.

디지털 제조 프로세스도 마찬가지일까? 사실 디지털 제품은 클릭 한 번만으로 완전히 똑같은 결과를 만들어낼 수 있다. 그럼에도 불구하고 이것을 공유해야 한다면, 그 이유는 무엇일까?

분산 지능

모든 사람은 저마다 독특한 개성을 가지고 있으나, 여기에는 분명한 한계가 있다. 자신이 팀에서 가장 똑똑한 사람이라 하더라도 다른 사람에게서 자신보다 뛰어난 점을 최소한 하나 이상 찾아낼 수 있다. 심지어 백만 명 중에서 가장 똑똑하다 하더라도, 전 세계에서 볼 때 본인만큼 똑똑한 사람을 수천 명 이상 찾아낼 수 있다.

커뮤니티도 마찬가지다. 제각각 특성이 다르다. 어떤 메이커 커뮤니티는 경제적 이익이 아닌 명성이라는 사회적인 보상을 얻는 것을 목적으로 한다. 또 어떤 커뮤니티는 철저히 실력주의를 내세우며, 아이디어를 낸 사람은 전혀 고려하지 않은 채 투표를 통해 순수하게 아이디어 자체가 가진 가치만을 평가한다.

제작 과정에는 전자 공학, 기계 공학 같은 전문적인 지식이나 작품 제작 기술 등을 비롯한 다양한 지식과 기술이 필요하다. 물론 한 사람이 제작에 필요한 모든 분야에 대해 전문적인 지식을 갖추기란 굉장히 어려운 일이다. 그러나 적어도 자신의 전문 분야에만 머물기보다는, 다양한 기술에 대한 기초만이라도 습득해두는 편이 좋다. 제작 과정에서는 자신이 가진 장점을 최대한 발휘하는 데 집중하되, 그럴 수 없는 부분은 솔직하게 인정하면 된다. 누구나 발레 공연의 수석 무용수처럼 춤을 출 수 없고, 유명한 테너처럼 오페라 가곡을 불러 청중을 감동시킬 수는 없기 때문이다. 이렇게 부족한 부분은 커뮤니티를 통해 도움을 받으면 된다. 서로 각자의 장점을 주고받으면서 다양한 기술이 조화를 이루면 최종 결과의 수준도 훨씬 높아질 수 있다.

이 말이 이상적으로 들릴 수 있다. 그렇다면 누군가 프로젝트를 무단으로 도용한다면 어떻게 해야 할까?

새로운 형태의 보호 장치

지금까지는 좋은 아이디어가 떠오르면 먼저 특허를 출원했다. 이렇게 취득한 특허권을 통해 자신의 발명에 대해 수년간 독점적으로 제조하고 판매할 수 있는 권한을 보장받을 수 있다. 특허권자의 허가 없이는 누구도 함부로 같은 발명으로 이익을 거둘 수 없다. 그러나 최근에는 메이커 운동에 동참하는 이들 사이에서 이러한 전략이 여러 가지 측면에서 큰 효과를 발휘하지 않는다는 것을 깨닫기 시작했다. 대표적인 이유는 프로젝트를 공개적으로 진행하기 시작한 시점에는 아직 완성된 것이 없기 때문에, 결과가 나오기 전에는 특허를 출원할 수 없다. 제품 개발 프로세스를 반복해서 수행하다 보면, 설계가 계속 바뀌기 때문에 특허를 여러 번 출원해야 하는 경우가 발생한다. 이렇게 진행하다 보면 엄청난 특허 출원 비용을 지출하게 될 뿐만 아니라, 결과적으로 쓸모가 없는 제품에 대한 특허만 잔뜩 출원하게 된다.

더 큰 문제는 집단 지성으로 설계한 대상으로 특허를 출원하면 누구가 특허권자가 될지도 결정하기 어렵다. 결국, 윤리적인 난제에 부딪히게 되면서 지금까지 쌓은 커뮤니티의 사회적 자본에 피해를 입게 된다. 싱기버스(그림 9-2)나 유매진 같은 사이트의 경우, 사용자들에게 자신의 3D 설계도 업로드를 권장하는 동시에, 이렇게 올라온 것들을 조합하여 새로운 설계도를 만들어내도록 독려한다.

또 다른 방법으로는 오픈소스 소프트웨어에서 사용하는 방식을 그대로 따르는 것이다. 즉 공유된 창작물에 대한 권리는 창작자에게 주고, 라이센스를 적용할 때 창작물을 사용한 결과를 다른 사람도 사용할 수 있게끔 공유하라는 조항을 추가하면 된다.

그림 9-2 싱기버스는 창작물의 천국이다.

크리에이티브 커먼스 라이센스

크리에이티브 커먼스 라이센스Creative Commons License, CCL를 사용하면 자신의 창작물을 다른 사람이 활용하는 방식을 명시할 수 있다.

다음과 같은 네 가지 형태의 활용 조건 중에서 자신이 원하는 형태로 적절히 조합하여 작성하면 된다.

* 저작자 표시 의무(BY)
* 비영리 목적(NC)
* 변형 금지(ND)
* 동일 조건 변경 허락(SA)

예를 들어, 자신의 작품을 변경하지 않는 한 상업적인 목적으로 배포 가능하게 하려면 CC BY-ND와 같이 표기하면 된다.

프로젝트의 저작권을 명시하는 방법을 갖췄다면 다음 단계로 해야 하는 일은 무엇일까? 다시 한 번 강조하면 상호 존중과 신뢰의 정신으로 형성된 커뮤니티로부터 도움을 받았기 때문에, 커뮤니티 구성원 모두를 합법적인 저작권자로 명시하는 것이 좋다. 구성원으로부터 도움을 받았을 뿐만 아니라, 이들이 곧 공정성과 명성을 대변해 주기 때문이다. 이러한 간접적인 방식으로 인터넷에서 인지도를 쌓아 나가다 보면 더 좋은 기회를 찾을 수 있게 되며, 경력은 물론 경제적으로도 한 단계 성장하는 발판이 된다. 누구든지 세계적으로 알려진 성공적인 프로젝트의 핵심 참여자와 함께 일하고 싶어 할 것이다. 설사 프로젝트가 참여 구성원의 열정만으로 진행되더라도 상관없다. 메이커들은 언제나 사람들의 주목과 호응을 받을 수 있는 흥미롭고 유망한 프로젝트를 항상 찾고 있기 때문이다.

물론 이런 방식으로는 특허와 동일한 수준의 법적인 보호를 받을 수 없다. 대신 테크놀로지 에반젤리스트, 디자이너, 테스터, 문서 담당자 등과 같은 다양한 이들이 모두 힘을 합쳐 일종의 분산 지능distributed intelligence으로 프로젝트를 만들면서, 이를 통해 형성된 커뮤니티 자체만으로 마케팅 효과를 얻을 수 있다. 다시 말해 프로젝트 구성원 모두가 자신의 프로젝트인 것처럼 수행하게 된다. 물론 실제로도 구성원 각자가 프로젝트에 대한 소유권을 어느 정도 가지고 있기는 하다. 그래서 단순히 맡은 일을 하는 방식이 아닌 일종의 사명감으로, 직장에서는 볼 수 없었던 엄청난 열정과 수행 능력을 발휘하여 프로젝트를 수행하게 되는 것이다. 그리고 해당 프로젝트의 구성원들은 프로젝트의 협력자일 뿐만 아니라 결과물에 대한 최초의 고객이기도 하기 때문에, 이들로부터 보상을 받는다.

비트, 바이트, 그리고 원소

공개 프로젝트를 진행하면, 모든 결과가 디지털 형태로 공유되기 때문에 누구든지 완성된 결과물을 그대로 따라할 수 있다. 프로젝트에 참여한 구성원이 누릴 수 있는 것은 명성뿐이다. 결과물을 누가 만들었는지 정도만 명시될 뿐이다. 아두이노와 같은 오픈 하드웨어 제품이 좋은 예다. 아두이노 같은 보드는 누구나 비슷하게 흉내 낼 수 있다. 하지만 실제로 만드는 사람은 적다. 사람들은 그저 완성품을 판매하기만 하는 제조사보다는 프로젝트를 진행하는 데 필요한 모든 정보를 제공해 주는 제조사로부터 물건을 구매하고 싶어한다. 다른 사례만 봐도 쉽게 알 수 있다. 전혀 알려지지 않은 업체의 카피 제품보다는, 직접 만들었을 뿐만 아니라 프로젝트도 지원하는 공식 업체로부터 구매하는 것을 선호한다. 물론 카피 제품 업계에도 나름의 시장이 형성되어 있다. 다만 여러 제조사의 제조 과정을 조금만 자세히 들여다보면 누가 진품을 만드는지 금방 찾아낼 수 있으며, 카피 제품은 최초 제조사만큼 배포 및 상업화 측면이 뛰어나지 않을 뿐이다. 카피 제품이 원조를 베껴 만들었다는 사실에 너무 집착할 필요는 없다. 그들의 비즈니스 모델에 잘못이 있다면 베낀 것뿐이다. 이를 비난한다고 해서 최초 제조사나 소비자를 보호할 수 있는 것은 아니다. 가령 여러분이 아두이노의 클론 제품을 만들었더라도 아두이노라는 상표권을 라이센싱하지 않는 한, 이를 아두이노라고 부를 수 없다. 반대로 클론 제품에 원본보다 나아진 부분이 있다면, 결국 모두에게 이득이 된다. 이렇게 수정된 버전에서 출발하면 또 다른 혁신적인 결과를 얻을 수도 있기 때문이다.

그렇다면 시장 자체를 완전히 빼앗긴 경우에는 어떻게 대처해야 할까? 좀 더 시야를 넓혀 또 다른 새로운 프로젝트를 시작함으로써 훨씬 높은 가치를 지닌 제품이나 서비스를 개발하면 된다. 혹은 아두이노가 초기 버전 이후 우노^{Uno}와 레오나르도^{Leonardo}, 듀^{Due}, 트레^{Tre}, 메가^{Mega}, 윤^{Yún}과 같은 다양한 버전을 개발했던 것처럼, 곧바로 차기 버전을 개발하는 것도 좋은 방법이다. 이 경우에도 결국 전체적으로 좋은 결과를 가져오게 된다.

비트에서 원자로

신이 진흙 한 줌을 쥐고 침을 한 번 뱉었더니 아담이 태어났다.

그리고 아담은 얼굴을 닦으며 이렇게 말했다.

"시작이 좋군."

– 지오베 코바타 Giobbe Covatta 의 『파롤라 디 지오베 Parola di Giobbe 』 중에서

## 10

프로젝트 파일 관리하기

현재 활동하고 있는 메이커들은 중세 시대의 장인들처럼 다른 이들의 시선을 피해 작업장에 틀어박혀서 활동하지 않는다. 메이커의 패러다임과 이를 위한 비즈니스 모델은 전적으로 공유 정신에 기반을 두고 있으며, 아이디어뿐만 아니라 디자인과 코드까지 공유한다. 요즘은 거의 모든 정보가 디지털로 되어 있기 때문에, 메이커 활동으로 진행되는 프로젝트도 파일 형태로 관리한다.

그렇다면 여러 사람이 개발에 참여하는 프로젝트를 제대로 관리하려면 어떻게 해야 할까? 먼저 프로젝트가 뒤엉키지 않도록 제품의 제작 과정에 일정한 프로세스를 도입해야 한다.

분산 설계

가장 먼저 할 일은 프로젝트 파일 가운데 '현재 작업 중인 버전active version'과 백업 파일 형태의 '이전 버전previous version'을 별도로 보관하는 일이다. 프로젝트 매니저 또는 작업 담당자는 프로젝트에 들어오는 모든 입력을 취합해서 이전 버전을 별도로 저장하며, 현재 작업하는 대상이 최신 버전임을 명시한다.

문제는 말로는 간단해 보여도 모든 작업을 사람이 직접 처리하다 보면 종종 실수가 발생한다는 점이다. 프로젝트 파일을 업데이트하는 공헌자contributor가 종종 수정 사항에 대한 문서를 남기는 것을 까먹기도 하고, 프로젝트 매니저가 주요 업데이트 사항을 놓치는 경우도 있다. 모든 사항을 정확한 순서로 기록하고 별도로 백업해두었더라도, 원본에서 변경된 부분을 일일이 찾아보기란 쉽지 않다. 누가 어떤 부분을 수정했는지 알아내려면 결국 모든 기록을 샅샅이 뒤져보는 수밖에 없다.

현재 본인이 이러한 곤란을 겪고 있다고 해서 실망할 필요는 없다. 다른 사람도 마찬가지로 이런 어려움을 겪었으며, 이러한 이유로 프로젝트 파일을 관리하기 위한 여러 가지 솔루션이 등장했다.

소프트웨어 분야에서는 이미 오래전부터 커뮤니티로부터 수집된 모든 수정 사항을 관리하는 일을 처리해 왔다. 그래서 프로젝트의 버전을 효율적으로 관리하기 위해 버전 관리 시스템Version Control System, VCS을 개발했다.

이러한 버전 관리 시스템은 원래 소프트웨어를 대상으로 만들어진 것이지만, 이 책의 원고를 비롯한 다양한 종류의 파일을 관리할 때도 얼마든지 활용할 수 있다.

버전 관리 시스템을 사용하면 모델이나 문서, 소스 코드를 비롯한 프로젝트에 관련된 모든 데이터에 대한 변경 사항을 명확하게 추적하고 관리할 수 있기 때문에, 프로젝트의 진행 과정을 정확히 관리할 수 있다. 그래서 특정한 파일 또는 프로젝트 전체를 특정한 버전으로 손쉽게 복구할 수 있다. 실수로 지운 데이터도 버전 관리 시스템을 통해 복구할 수 있으며, 프로젝트에서 구체적으로 어느 부분에 문제가 발생했는지 찾아내고 진단하고 해결할 수 있다. 또한 전체 프로젝트에 영향을 주지 않고도 다른 해결 방안을 시도해 볼 수 있다.

초기에 등장한 버전 관리 시스템은 모두 중앙 집중적으로 파일을 관리했다(그림 10-1). 다시 말하면 프로젝트에 대한 파일은 모두 단 한 곳의 중앙 저장소에 저장하고, 클라이언트(프로젝트에 참여하여 작업하는 이들의 컴퓨터)에서는 최신 버전에 대한 복사본만 저장해 둔다. 이 방식으로도 충분히 제 기능을 발휘했다. 대표적인 제품으로 CVS와 서브버전Subversion이 손꼽히며 지금도 널리 사용되고 있다.

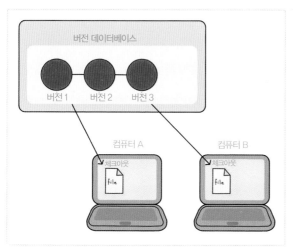

그림 10-1 *중앙 집중형 버전 관리 시스템*

하지만 이러한 중앙 집중형 버전 관리 시스템에는 몇 가지 제약 사항이 있기 때문에, 최근에는 분산형 버전 관리 시스템distributed version control system이 등장했다. 그중에서도 머큐리얼Mercurial과 깃Git이 대표적이다. 깃은 깃허브GitHub라는 온라인 인터페이스와 연동할 수 있는데, 이 책을 집필하고 있는 시점에서 가장 많이 사용하는 방식이기도 하다.

분산형 버전 관리 시스템을 사용하면, 자신의 컴퓨터에 있는 데이터가 모두 삭제된 데다가 심지어 (바람직한 관리 방법은 아니지만) 백업 파일조차 만들어두지 않았더라도, 모든 파일에 대해 변경 내역을 일일이 추적하지 않아도, 다른 이의 컴퓨터에 저장된 데이터를 이용하여 손쉽게 복원할 수 있다. 그리고 이러한 작업은 전용 소프트웨어를 통해 처리 가능하다.

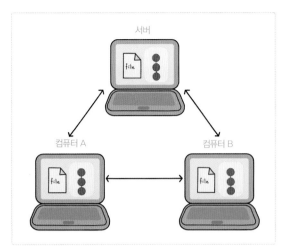

그림 10-2 분산형 버전 관리 시스템

깃과 깃허브

깃은 이렇게 프로젝트를 분산형 방식으로 진행하고 관리하기 위한 목적으로 개발된 도구다. 물론 프로젝트를 혼자서 진행하더라도 이 도구가 제공하는 효과를 그대로 누릴 수 있다.

이 장에서는 프로젝트 파일과 데이터를 관리하는 구체적인 메커니즘에 대해서는 설명하지 않는다. 그냥 각 저장소repository마다 특정한 시점에 대한 문서의 내부 상태만 정확히 기록한다는 정도만 알고 있어도 충분하다. 비유하면 그림 10-3처럼 특정한 파일에 대한 스냅샷을 찍어두는 것과 같다.

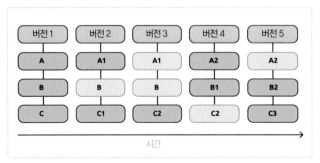

그림 10-3 깃은 프로젝트가 진행되는 시간 순서에 따라 모든 파일에 대한 스냅샷을 기록한다.

새 프로젝트 만들기

깃허브는 오픈소스 프로젝트를 진행하는 모든 이들을 대상으로 깃 서비스를 완전히 무료로 제공하고 있다. 일종의 프리미엄freemium 서비스로서, 외부에 공개하지 않는 사설 프로젝트에 대해서는 별도의 비용을 지불해야 한다. 소프트웨어 자체는 무료로 제공되기 때문에, 사설 깃 서버를 운용하더라도 별도의 비용이 들지 않고 자체 깃 서버를 운용하기 위한 공간을 호스팅하는 비용만 부담하면 된다. 앞 장에서 프로젝트를 성공시키기 위해서는 공유를 해야 한다고 설명한 바 있다. 이번 장에서는 여러분의 프로젝트를 외부에 공개하기 위해 프로젝트 저장소의 메인 버전을 깃허브로 호스팅하는 방법에 대해 살펴보기로 하자.

깃허브를 사용하려면 먼저 사용자 계정부터 만들어야 한다. 브라우저를 띄우고 https://github.com에 접속한 다음 이메일 주소와 사용자 이름, 비밀번호를 입력한 뒤, 등록 버튼을 누르기만 하면 된다(그림 10-4).

등록이 끝나면 메인 페이지로 가서 우측 상단의 〈+〉 아이콘을 클릭하고 'New Repository새 저장소'를 선택한다(그림 10-5).

그런 다음 저장소의 이름을 입력한다. 저장소 이름은 짧고 기억하기 쉬운 것이 좋다. 좋은 이름이 떠오르지 않는다면, 낙타 표기법camel case에 따라 여러 단어를 하나로 조합하는 방식으로 정하는 것도 좋다(예. MyProjectName). 이때 필요하다면 저장소에 대한 설명도 간략히 입력한다.

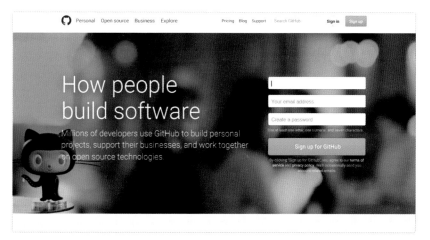

그림 10-4 깃허브 웹사이트 등록 화면

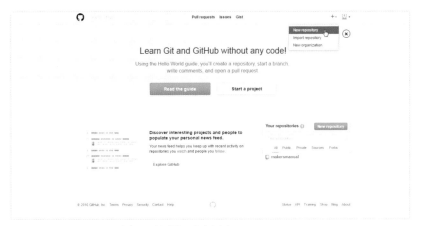

그림 10-5 깃허브 메인 페이지. '+'를 클릭하면 항목이 나타난다.

'Initialize this repository with a README^{저장소에 README 파일을 담아 초기화하기}'라고 적힌 박스에 체크한다. 이렇게 해 두면 나중에 이 저장소를 '클론^{clone}'할 수 있다. 여기서 클론이란, 프로젝트 전체를 자신의 컴퓨터에 복사하는 것을 의미한다.

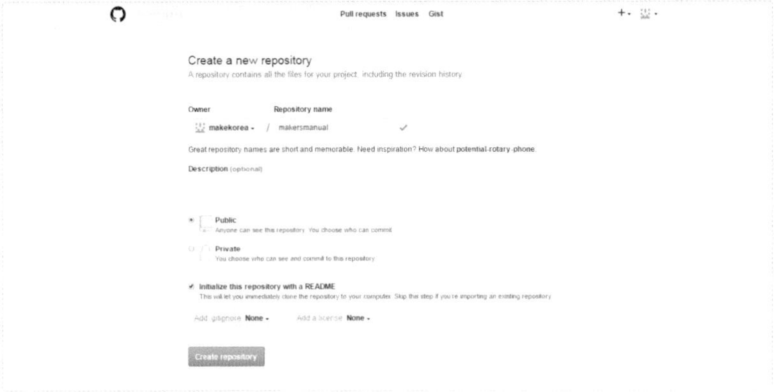

그림 10-6 프로젝트 새로 만들기

그림 10-7 프로젝트가 새로 생성되어 사용할 수 있는 상태

그다음 〈Create repository^{저장소 생성하기}〉 버튼을 클릭하면(그림 10-6), 첫 번째 저장소가 생성될 것이다. 여기까지 끝났다면 이제 본격적으로 작업을 시작해 보자(그림 10-7).

시스템의 세 가지 주요 상태

깃으로 작업하는 동안에는 그림 10-8에 나온 수정^{modified}, 스테이지^{staged}, 커밋^{commited}의 세 가지 상태 중 하나에 놓이게 된다. 단계마다 의미가 다른데 이들에 대한 차이를 잘 이해해야만 깃을 잘 사용할 수 있다.

수정 상태는 프로젝트 파일에 뭔가 수정을 가했지만, 아직 데이터베이스에 수정 사항이 반영(커밋)되지 않은 상태를 의미한다. 이렇게 수정된 파일은 프로젝트의 히스토리에 속하지도 않고 다음 버전에 반영되지 않은, 즉 이도 저도 아닌 애매한 상태에 놓이게 된다.

스테이지 상태는 수정된 파일을 나중에 커밋할 때 프로젝트 데이터베이스에 반영되도록 표시한 상태다. 이렇게 표시해 두면 이 파일이 프로젝트의 다음 버전에 포함될 것임을 알려 줄 수 있다.

커밋 상태는 스테이지 파일이 프로젝트의 데이터베이스에 최종적으로 반영 및 저장된 상태를 의미한다. 이 시점부터 (본인 또는 다른 사람이 수정하기 전까지) 그 파일은 공식 버전에 포함된다.

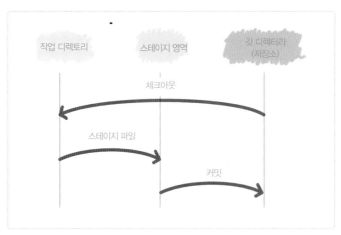

그림 10-8 *로컬 연산의 세 가지 상태*

기본적인 작업 흐름은 간단하다.

1 중앙 깃 저장소에서 원하는 문서를 사용하는 컴퓨터의 작업 디렉터리로 다운로드한다.

2 파일을 적절히 수정한다.

3 저장소에 저장할 파일을 스테이지 영역에 올려둔다.

4 스테이지 상태의 파일을 프로젝트의 히스토리에 저장하도록 커밋을 수행한다.

5 로컬 컴퓨터에 저장된 프로젝트 히스토리와 상태를 중앙 저장소에 올리기 위해 푸시를 수행한다.

깃 설치하기

최신 버전의 설치 방법은 깃 웹사이트(https://help.github.com/articles/set-up-git)에 있는 공식 가이드(http://git-scm.com)를 참고한다.

깃은 커맨드 라인 인터페이스(CLI)라 부르는 텍스트 기반의 인터페이스로 다룰 수도 있고, 그 래픽 기반 클라이언트로 조작할 수도 있다. CLI를 사용하면 깃 커맨드를 직접 사용할 수 있으 며, 전문 소프트웨어 개발자들은 대부분 이 방식을 사용한다.

그래픽 기반 깃 클라이언트도 주요 운영 체제마다 다양한 도구가 나와 있다. 여기에서는 아틀라시안^{Atlassian}에서 제공하는 소스트리^{SourceTree}라는 도구를 사용할 것이다. 이 제품은 맥도 지원한다.

먼저 http://www.sourcetreeapp.com에서 클라이언트를 다운로드한 다음 설치한다. 설정은 그냥 기본값을 사용한다. 설치가 끝났다면 애플리케이션을 구동한다.

작업 흐름

가장 먼저 할 일은 현재 사용하는 컴퓨터에 프로젝트의 복사본을 클론하는 것이다. [복제/생성] 아이콘을 클릭하거나, 메뉴에서 [파일]→[복제/생성]을 선택한다. 그다음 '소스경로/URL' 필드에 방금 생성한 저장소의 URL(그림 10-7)을 복사해 넣고, 목적지 경로 필드에 원하는 경로를 설정하면 이 경로에 프로젝트 파일이 저장된다.

〈클론〉 버튼을 클릭한 뒤(그림 10-9), 잠시 기다리면 프로젝트 파일 중앙 저장소에서 현재 컴퓨터로 복사된다. 화면 하단의 가운데 부분을 보면 프로젝트 파일이 보일 것이다. 현재는 저장소를 만들 때 생성된 README.md 파일과 깃허브에 저장소를 생성할 때 추가한 소개 문구 정도만 담겨 있을 것이다(그림 10-10).

그림 10-9 *저장소 클론하기*

그림 10-10 현재 작업 중인 컴퓨터의 저장소

여기에 있는 README.md 파일은 텍스트 에디터 프로그램을 사용하면 얼마든지 수정할 수 있다. 에디터는 아무거나 사용해도 된다. 에디터로 README.md 파일을 열고 '이 파일은 소스트리에서 수정했음'이라는 문구를 추가한 뒤, 파일을 저장하고 에디터를 닫는다. 다시 소스트리로 돌아가 보면, 소스트리에서 파일에 일어난 변화를 감지했음을 알 수 있다. 이때 화면에는 '커밋하지 않은 변경사항'이라는 알림 메시지가 표시된다. 이 메시지를 클릭하면 화면의 우측 하단에 파일 수정 내역을 확인할 수 있다(그림 10-11).

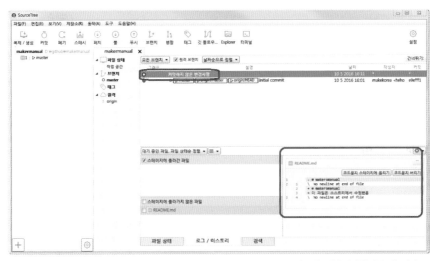

그림 10-11 깃에서는 다른 사람이 모르게 수정하는 것이 불가능하다. 누군가 수정했을 경우 위와 같이 확인이 가능하다.

수정된 문장은 초록색으로 표시되는데, 이는 이 문장이 새로 추가됐음을 의미한다. 기존에 있던 문장을 삭제해도 여기서 볼 수 있지만, 이 경우에는 빨간색으로 표시된다. 그러나 이미지나 비디오 바이너리 파일에는 이런 기능이 제공되지 않는다.

현재 시점에는 README.md 파일에 수정된 사항이 현재 작업 디렉터리에만 반영되어 있을 것이다. 이 파일을 스테이지 상태로 전환하려면 메뉴에서 [동작]→[추가]를 클릭하거나, README.md 파일 왼쪽의 박스에 체크하면 된다. 그러면 README.md 파일의 작업용 복사본이 스테이지 상태로 전환되면서 '스테이지에 올라가지 않은 파일' 항목에서 '스테이지에 올라간 파일' 항목으로 이동하게 된다.

이로써 스테이지 영역에 있는 수정된 README.md 파일을 로컬 저장소로 옮길 수 있게 됐다(그림 10-12). 먼저 메뉴의 〈커밋〉 아이콘을 클릭한 다음, 화면 하단의 입력부에 커밋 메시지를 간단하게 작성한다(그림 10-13). 커밋 메시지를 작성해 두면 프로젝트에 참여하고 있는 다른 사람도 파일을 수정한 이유를 알 수 있을 뿐만 아니라, 본인도 나중에 볼 때 기억을 되살릴 수 있다. 다만, '다섯 번째 줄에 word라는 단어를 추가했음'과 같이 지나치게 자세한 내용을 작성할 필요는 없다. 이러한 내역은 깃에서 알아서 처리한다.

이때 커밋 메시지에는 수정한 이유만 간략히 적는다. 변경한 이유에 대해 핵심만 간략히 표현하는 것이 좋다. 첫 번째 문장은 70자 내외로 작성해야 하지만, 줄을 바꿔서 더 적거나 단락을 추가할 수 있다. 이때 커밋 메시지에 주요 키워드를 적어두면, 나중에 세부 커밋 내역을 검색하기 쉬워진다. 작업 내역을 다 적었다면, 우측 하단에 있는 조그만 〈커밋〉 버튼을 클릭한다(그림 10-13).

그림 10-12 파일이 스테이지에 올라갔다. 이로써 변경사항을 로컬 저장소에 반영하기 위한 준비가 끝났다.

그림 10-13 *최초의 커밋*

이 버튼을 클릭하면, 소스트리는 수정한 파일을 로컬 저장소에 추가한다. 그런 다음 툴바를 확인하면 〈푸시〉 아이콘에 1이라는 숫자가 붙어 있을 것이다. 이는 수정한 파일이 깃허브와 같은 원격 저장소에 반영할 준비가 됐다는 것을 의미한다(그림 10-14). 아직 원격 저장소에 기록하지 않은 상태다.

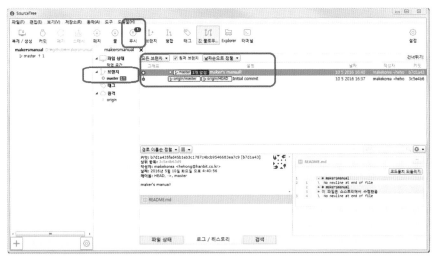

그림 10-14 *깃허브에 올리기 전 커밋을 완료하고 푸시 준비를 끝마친 화면*

〈푸시〉 아이콘을 클릭하면, 수정한 파일이 원격 저장소에 반영된다. 그러면 클론한 저장소의
주소가 나타나는데, 이름을 따로 지정하지 않았다면 'origin'이라고 표시된다(그림 10-15).
그런 다음 푸시 창에서 〈확인〉 버튼을 클릭하면 깃허브의 아이디와 패스워드를 입력하라는 메
시지가 나타난다. 내 데이터를 다른 사람이 함부로 수정하는 것을 원하는 사람은 없을 것이다.
계정 정보를 입력한 뒤 〈로그인〉 버튼을 클릭하면 지금부터 변경 내역이 본격적으로 서버에 저
장된다.

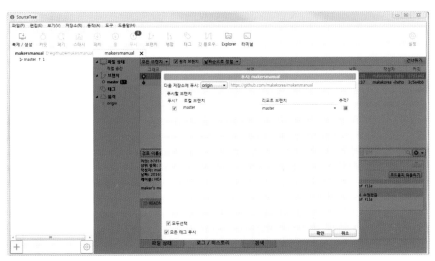

그림 10-15 *변경 사항을 원격 저장소로 보내기*

이로써 README.md에 대한 수정 작업이 끝났다. 이제 로컬 저장소와 원격 저장소가 동기화되어 서로 같은 내용을 가지고 있을 것이다(그림 10-16).

변경 사항이 제대로 반영되었는지 확인하려면, 깃허브로 가서 해당 파일을 열어 보면 된다(그림 10-17).

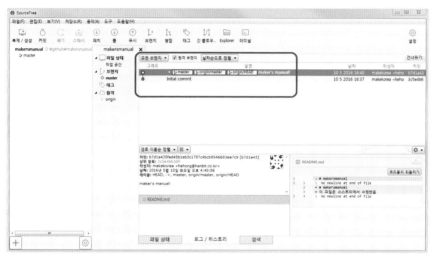

그림 10-16 깃허브와 로컬 저장소가 동기화된 상태

그림 10-17 깃허브에서 변경 내역을 확인할 수 있다.

이번에는 반대로 깃허브에서 README.md 파일을 수정하고 이 파일을 현재 작업하는 컴퓨터에 다운로드해 보자. 여러 명이 참여하는 프로젝트일 경우, 한 사람이 작업을 하는 동안에도 다른 사람도 파일을 수정할 수 있다. 단, 주의할 점이 있다. 어떤 사람은 깃허브에서 파일을 직접 수정했을 수도 있고, 또 어떤 사람은 로컬에 있는 컴퓨터를 사용하여 소스트리로 작업한 파일을 서버에 업로드했을 수도 있다. 각자의 작업 방식이 다르기 때문에 누군가 수정 중인 파일을 작업하기 전에는, 항상 원격 저장소에 있는 파일의 상태와 자신의 컴퓨터에 저장된 상태를 먼저 동기화하는 작업부터 해야 한다.

일단 깃허브에서 직접 수정하는 경우로 예를 들어보자. README.md 파일을 열고 편집 버튼을 눌러 직접 문장을 수정한다. 수정 내역은 자유롭게 작성하면 된다. 단지 이전과는 다른 상태로 바꿔 두기만 하면 된다. 수정을 완료했다면 〈Commit Changes^{커밋 변경}〉 버튼을 클릭한다. 이제 소스트리로 돌아와 툴바의 〈풀〉 아이콘을 클릭하면 '풀' 창이 뜰 것이다. 이 창에서 〈확인〉 버튼을 클릭한다(그림 10-18).

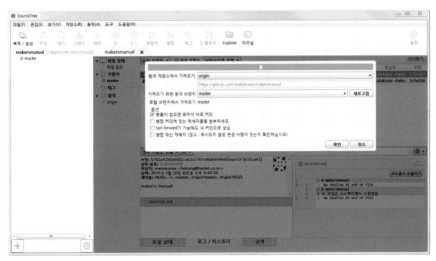

그림 10-18 깃허브에서 파일을 가져오기(풀)

이로써 로컬 저장소가 깃허브와 다시 동기화됐다. 원격 저장소에서 수정한 내역을 로컬에서도 똑같이 볼 수 있을 것이다. 수정 작업을 하기 전에 동기화를 하지 않았다 해도 큰 문제가 발생하는 것은 아니다. 다만 여러 사람이 동시에 같은 부분을 수정할 때 변경 사항이 서로 충돌할 가능성이 높아진다. 이렇게 충돌이 발생하면 깃허브에서는 각각의 버전을 모두 보여 준다. 여러 가지로 수정된 버전 중에서 어느 것을 반영할지는 깃허브가 아닌 본인의 선택에 달렸다. 따라서 작업을 시작하기 전에는 항상 동기화를 먼저 진행하는 습관을 들이자.

브랜치

프로젝트를 진행하다 보면 여러 가지 개발 방향 중 한 가지를 선택해야 하는 순간이 나타나기 마련이다. 예를 들어 스쿠터를 만드는 프로젝트를 진행하는 도중에 두 가지 모델이 떠올랐다고 가정해 보자. 하나는 가솔린으로 작동되는 스쿠터이고, 다른 하나는 전기로 작동되는 스쿠터이다. 프레임, 의자, 브레이크, 타이어와 같은 부분은 두 모델에 동일하게 적용된다. 하지만 동력을 발생시켜 전달하는 장치인 파워트레인powertrain은 두 모델의 차이점이므로 구분이 필요하다. 이처럼 깃에서는 세부적으로 모델을 나눠서 각각을 독립적인 버전으로 관리할 수 있도록 돕는 기능을 제공한다. 이것이 바로 브랜치branch이다.

깃에서 브랜치는 프로젝트의 여러 가지 대안 중 하나를 독립된 버전으로 개발해야 할 때 사용한다. 이때 기본값으로 사용되는 브랜치를 마스터master라고 부른다(그림 10-19). 예를 들어 스쿠터 프로젝트 같은 경우, 스쿠터의 차체를 마스터 브랜치로 설정하고 가솔린 엔진이나 전기 모터와 같은 파워트레인 부분은 별도의 브랜치로 관리할 수 있다.

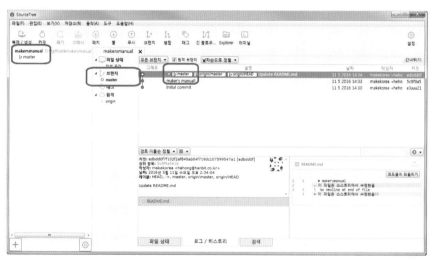

그림 10-19 **현재 속한 브랜치**

우선 스쿠터를 구성하는 각 부분에 대한 파일을 생성해야 한다. 그러면 어떤 파일이 추가되었는지 소스트리가 자동으로 알아낸다.

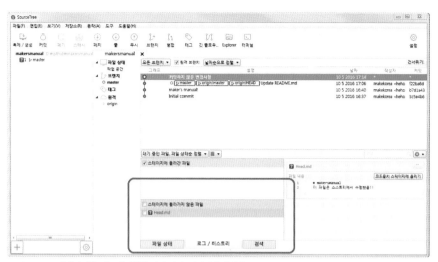

그림 10-20 깃에 파일을 새로 추가했을 때의 화면. 파일이 추가되면 소스트리는 이를 빠르게 감지한다.

앞에서 했던 것처럼 추가한 파일을 스테이지 상태로 전환한다. 추가한 파일 옆의 박스를 체크하거나, 메뉴에서 [동작]→[추가]를 클릭한 다음 커밋하면 된다. 그런 다음 〈푸시〉 버튼을 클릭해서 깃허브와 동기화하면 프로젝트에 참여한 모든 사람들이 현재 프로젝트의 최신 버전을 볼 수 있게 된다. 즉, 이로써 직접 작성한 스쿠터를 '공식' 버전으로 만든 셈이다.

이제 파워트레인의 종류에 따라 별도로 작업해 보자. 프로젝트 폴더를 그대로 복사하지 말고 별도의 브랜치를 생성하여 작업한다. 〈브랜치〉 버튼을 클릭하고 이름을 지정(여기에서는 powertrain이라고 입력했다)한 뒤, 〈브랜치생성〉 버튼을 클릭해서 별도의 브랜치를 생성한다(그림 10-21).

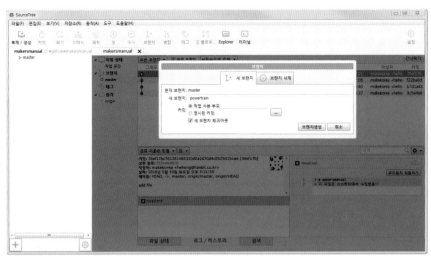

그림 10-21 브랜치 생성하기

이제 브랜치 섹션을 보면 두 가지 폴더를 확인할 수 있다. 하나는 'master'라는 폴더이고 또 하나는 방금 생성한 'powertrain'이라는 폴더이다. 여기에서는 새로 생성한 브랜치에서 작업할 것이므로, powertrain 폴더를 선택한다(그림 10-22).

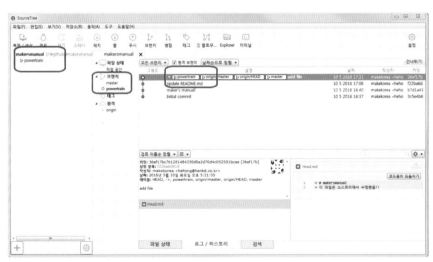

그림 10-22 새롭게 생성한 브랜치를 선택했을 때의 화면

이제 프로젝트를 수정해 보자. powertrain과 관련된 파일을 새로 생성하고, 만들고자 하는 스쿠터의 구동 방식에 따라 파일을 적합하게 수정한다. 처음에는 완전히 똑같았던 두 브랜치가

작업을 거듭할수록 점점 달라질 것이다.

참고로 화면 하단에 있는 '파일 상태' 탭을 클릭하면 현재 작업 디렉터리 내에 추가한 모든 파일을 살펴볼 수 있으며, powertrain 브랜치에 새로운 엔진 모델에 대한 파일이 추가된 것을 확인할 수 있다(그림 10-23).

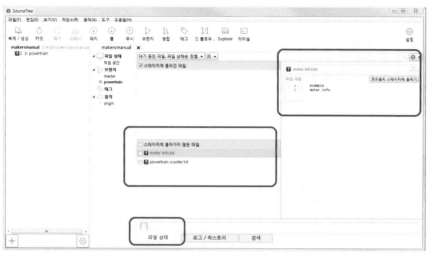

그림 10-23 파일 상태 탭을 클릭하면 추가된 파일을 확인할 수 있다.

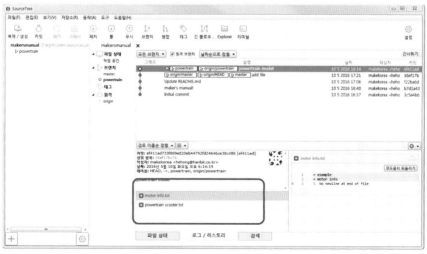

그림 10-24 powertrain 브랜치에 새로운 파일이 추가됐다.

메인 브랜치로 다시 돌아오려면 좌측 툴바의 '브랜치' 하위 항목에 있는 master를 더블 클릭하면 된다. 이는 두 브랜치가 완전히 독립적으로 존재함을 의미한다(그림 10-25).

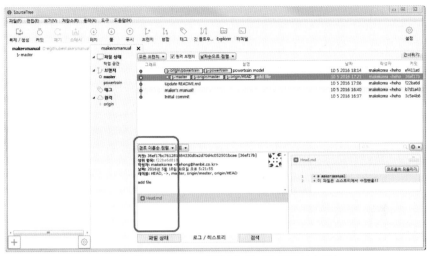

그림 10-25 메인 브랜치로 돌아올 경우, *powertrain* 브랜치에 추가한 파일 내역은 볼 수 없다.

두 브랜치를 하나로 합치려면, 〈병합〉 아이콘을 클릭한 다음, 현재 설정된 브랜치와 합칠 브랜치를 선택한 뒤, 〈OK〉 버튼을 클릭하면 된다(그림 10-26).

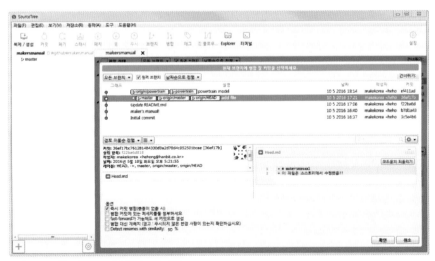

그림 10-26 두 브랜치를 하나로 합치고 있는 모습

이처럼 브랜치 기능을 활용하면 다른 종류의 버전을 관리하는 작업을 깃으로 처리할 수 있기 때문에, 직접 관리할 때보다 작업이 간편해진다. 지금까지 설명한 내용은 깃이 가진 능력의 극히 일부분에 불과하다. 하지만 가장 기본적인 기능이기 때문에, 이 정도만으로도 자신만의 프로젝트를 시작하기에는 충분하다.

이제 방법을 알았으니 본격적으로 뭔가 만들어 보자.

비트를 원자로 바꾸는 기술이 획기적으로 발전하면서, 물리적인 형태로 만드는 기계가 각 가정에 보급되고 있다. 이러한 기계는 몇 분 또는 몇 시간이면 컴퓨터에 파일로 저장되어 있던 모델을, 우리가 직접 손으로 만져볼 수 있는 3차원 물체로 출력할 수 있다. 3차원 물체를 제작할 때에는 물질을 침전시키거나, 여러 가지 블록을 조합하고, 거푸집에 특정 물질을 붓는 등의 다양한 방법이 사용된다.

이러한 물체는 자신이 직접 만들 수도 있지만, 커뮤니티를 통해서도 만들 수 있다. 커뮤니티를 활용하면 완성된 물체를 다른 사람과 공유할 수도 있고, 누군가 인터넷으로 공유한 파일을 다운로드한 다음 원하는 형태로 수정하는 방식으로 새로운 물체를 만들 수도 있다. 그리고, 바로 이 모든 것이 비트를 원자로 바꾸는 기술에 해당한다.

제조 과정

여기에서 소개하는 기술은 메이커 운동이 시작되기 이전부터 존재했던 두 가지 분야로부터 파생된 것이다. 달라진 점이라면, 최근 들어서 좀 더 사용하기 쉬워졌다는 점 정도다.

어렸을 때 블록 장난감을 가지고 놀아 본 경험이 있다면, 여러 조각을 쌓거나 겹겹이 붙여서 다양한 형태를 만들어 봤을 것이다. 제조업에서는 이러한 방식의 제조 과정을 첨삭 가공additive manufacturing(또는 적층 제조)이라고 부른다. 원하는 형태에 도달할 때까지 기존 물질에 다른 물질을 덧붙이기 때문이다. 3D 프린터 중에도 이러한 방식으로 작동하는 것이 있다. 일종의 최첨단 글루건이라고 볼 수 있는 압출기extruder 방식이 바로 그것이다. 이 방식의 3D 프린터는 플라스틱 물질을 녹인 후 침전시켜 층층이 쌓는 방식으로 컴퓨터로 설계된 모델을 만들어낸다.

조각가는 원하는 형체를 얻기 위해 끌과 같은 연장으로 대리석이나 나무를 깎아내고, 필요 없는 부분을 제거해 나간다. 많은 메이커가 즐겨 사용하는 장비인 CNC 머신의 작동 방식도 이와 비슷하다. CNC에는 치과 의사들이 사용하는 드릴처럼 회전하는 팁tip이 달려 있는데, 이 부분을 이용하면 나무나 스티로폼, 레진을 비롯하여 쇠와 같은 단단한 물체도 갈 수 있다. 이렇게 큰 덩어리로 된 재료를 잘라내는 방식으로 제작하는 제조 과정을 절삭 가공subtractive manufacturing이라고 부른다.

다이 커팅Die-cutting 머신도 재료를 잘라내는 방식을 사용하지만, CNC와는 달리 2차원으로만 작동한다. 이 머신은 날카로운 칼날이나 레이저, 고압 액체 등을 사용하여 재료를 종이 자르듯 쉽게 잘라낸다. 이를 활용하면 잘라낸 여러 부품을 결합하여 3D 물체를 만들 수 있다.

또한, 첨삭 가공 기법과 절삭 가공 기법을 결합하기도 한다. 가령 밀링 머신과 3D 프린터를 함께 사용할 경우에는 거푸집을 만든 다음 녹인 재료를 거푸집에 천천히 부을 수도 있고, 파피에 마세papier-mâché나 유리 섬유로 덮을 골격을 만들 수도 있다.

비트로 구성된 디지털 모델

먼저 제품의 설계도를 준비하자. 냅킨에 끄적거린 것이어도 좋고, 노트북으로 정교하게 그린 것이어도 좋다. 머릿속에 있던 아이디어를 설계도로 만들어야 이를 비트로 구성된 디지털 모델로 변환시킬 수 있다. 제품 설계도가 완성되면 이후의 작업은 CAD[Coputer Aided Design] 소프트웨어로 처리할 것이다. CAD 프로그램을 이용하면 자신이 그린 설계를 컴퓨터를 통해 3차원으로 표현할 수 있다. 대부분의 CAD 프로그램의 파일은 모두 자체 파일 형식으로 저장이 되는데, 기본적으로 STL[Standard Tesselation Language]과 같은 표준 파일 형식을 지원한다. STL파일 형식은 메쉬[mesh]라 부르는 일련의 삼각형 조각을 이용하여 설계한 물체에 가깝게 표현한다. 삼각형을 더 많이 사용할수록 모델이 더욱 정교하게 표현된다.

소프트웨어 준비하기

라이노세로스[Rhinoceros](일명 라이노)라는 프로그램은 디자이너들이 많이 사용하는 캐드 소프트웨어 중 하나다(그림 11-1). 이 프로그램은 배우기 쉽고 다양한 파일 형식을 지원할 뿐만 아니라, 알고리즘이 설계에 영향을 주는 파라메트릭 설계 방식[parametric design]을 지원한다. 그래스호퍼[Grasshopper] 플러그인을 이용하면 제너레티브 아트[generative art](생성 예술)도 제작할 수 있다.

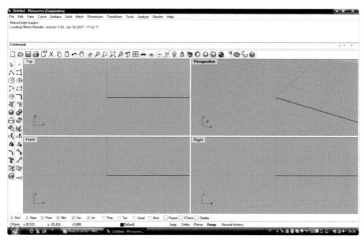

그림 11-1 *라이노의 장점은 가볍다는 것이다.*

블렌더blender(그림 11-2)라는 오픈소스 디자인 소프트웨어도 많이 사용되는 프로그램 중 하나다. 이 프로그램은 3D 모델링뿐만 아니라 유체 시뮬레이션도 제작할 수 있다. 기술 설계에 특화된 프로그램은 아니지만, STL 파일을 생성하는 기능이 굉장히 뛰어나다.

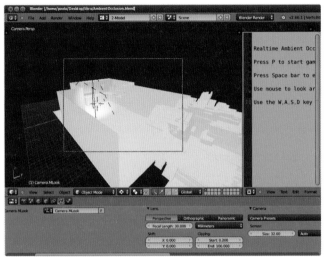

그림 11-2 블렌더는 다소 복잡하지만 강력한 기능을 제공한다.

123D 디자인123D Design이라는 프로그램도 알아두면 좋다(그림 11-3). 이 프로그램은 오토데스크Autodesk 사의 123D 제품군 중 하나이며, 온라인으로 제공된다. 주로 인쇄할 물체를 간단히 그릴 때 사용한다.

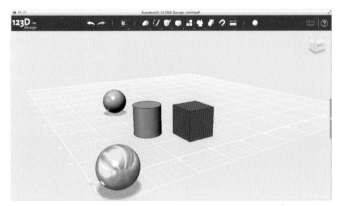

그림 11-3 오토데스크의 123D

무료로 제공되면서 사용하기도 간단한 프로그램으로는 스케치업 메이크SketchUp Make가 있다(스케치업 프로SketchUp Pro 버전도 무료로 제공된다). 다만, 이 프로그램에서는 STL 파일 형식을 직접 지원하지 않으므로, STL을 사용하려면 별도의 플러그인을 사용해야 한다. 이 때문에 사용 과정이 약간 복잡해질 수 있다(그림 11-4).

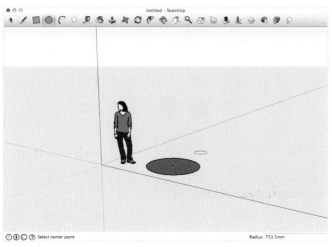

그림 11-4 트림블 사의 스케치업 메이크

3DTin(그림 11-5)은 다른 제품과 달리, 크롬이나 파이어폭스 브라우저에서 직접 실행할 수 있다. STL 파일 형식을 지원하며 무료로 제공되지만, 이 프로그램으로 제작한 모델은 반드시 크리에이티브 커먼즈 라이센스로 공개해야 한다.

그림 11-5 온라인으로 제공되는 캐드 프로그램인 3DTin

팅커캐드TinkerCAD(그림 11-6)도 온라인으로 제공된다. 기본 버전은 개인용일 경우 무료로 사용할 수 있지만, 상업용일 경우에는 구매해야 한다. 인터페이스가 깔끔하고 간결하며, 사용법과 기능이 3DTin과 비슷하다.

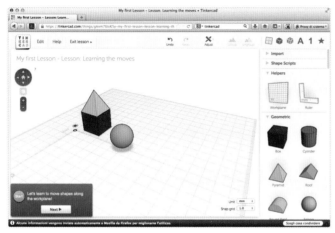

그림 11-6 팅커캐드

OpenSCAD

앞에서 소개한 소프트웨어는 대부분 마우스로 입력한다. 2차원인 마우스 패드로 3차원 물체를 모델링하는 작업에 익숙해지려면 시간이 걸리기 때문에, 초보자에게는 이 방식이 어색할 수도 있다. 블렌더는 굉장히 뛰어난 기능을 지닌 프로그램이지만, 물체를 살짝만 움직여도 방향을 못 찾고 헤매게 될 가능성이 있다. 인터페이스가 여러 버튼과 옵션과 메뉴로 구성되어 있어서 굉장히 복잡하기 때문이다. 여기에서는 이 책의 취지를 감안하여 무료로 제공되는 소프트웨어인 OpenSCAD를 사용한다. 얼핏 보면 굉장히 단순하고 딱딱하게 보이지만(그림 11-7), 막상 써보면 사용하기 쉽고 기능도 풍부하다는 것을 알 수 있다.

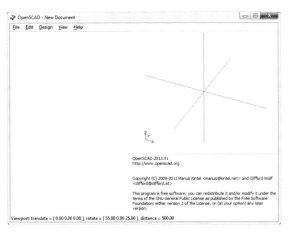

그림 11-7 *OpenSCAD의 첫 화면*

OpenSCAD에서는 다양한 버튼을 조합하거나 마우스의 움직임을 활용하는 등의 복잡한 인터 페이스를 사용하지 않으나, 다른 소프트웨어와 달리 여러 가지 명령을 나열한 '스크립트^{script}'라 는 언어를 사용한다는 점이 좀 특이하다. OpenSCAD는 명령이 포함된 스크립트를 컴파일해 서 설계한 물체를 3D 이미지로 보여 준다.

OpenSCAD의 인터페이스는 크게 세 가지 영역으로 구성되어 있다.

- 설계에 추가할 명령을 작성하는 편집기 영역
- 작업한 물체를 3D로 보여 주는 3D 뷰어 영역
- 시스템 메시지나 에러, 사용 팁 등을 보여 주는 콘솔 영역

OpenSCAD에서는 3D 뷰어 영역에서만 마우스를 사용할 수 있으며, 다음과 같은 기능을 수 행한다.

- 마우스 왼쪽 버튼을 누른 상태에서 마우스를 움직이면 화면의 물체가 회전한다.
- 마우스 오른쪽 버튼을 누른 상태에서 마우스를 움직이면 화면이 이동한다.
- 마우스의 가운데 휠을 굴리면 확대되거나 축소된다.

OpenSCAD로 작업하기 전에 전체 창의 오른쪽 끝단을 보면, 세 개의 선(x, y, z축)이 원점 origin에서 서로 수직으로 교차하고 있는 것을 볼 수 있다. 특정 지점의 위치는 바로 이 축을 기준으로 지정한다. x축 좌표는 y축과 z축이 구성하는 yz 평면까지의 거리를 지정하고, y축 좌표는 x축과 z축이 구성하는 xz 평면까지의 거리를 지정하고, z축 좌표는 x축과 y축이 구성하는 xy 평면까지의 거리를 지정한다. 원점 좌표는 (0, 0, 0)으로 표현한다.

헬로우 월드

왼쪽 박스 내에 다음과 같이 명령을 작성하여 간단히 육면체 하나를 그려 보자.

```
cube([1]);
```

키보드의 [F6] 키를 누르면 작성한 스크립트가 실행된다. 그러면 각 변의 길이가 1mm인 육면체가 나타날 것이다. 크기가 작아서 잘 보이지 않을 경우 마우스 휠을 움직이면 확대할 수 있다 (그림 11-8).

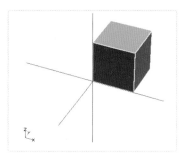

그림 11-8 *간단한 육면체*

이렇게 완성된 모델을 STL 파일 형식으로 내보내면 3D 프린터를 통해 실제로 출력이 가능하다. [Design] 메뉴에서 [Export as STL]를 선택하고 파일 이름을 지정한 후 저장하면 된다.
참고로 [View] 메뉴에서는 모델에 대한 두 가지 시점 선택이 가능하다. 하나는 투시perspective 투영이고, 또 하나는 직교orthogonal 투영이다.
이번에는 육면체를 다루는 실습을 해 보자. 다음과 같이 좌표값을 서로 다른 숫자로 지정하면 평행 육면체parallelepiped를 만들 수 있다.

```
cube([2,3,4]);
```

꺾쇠 괄호 안에 지정한 세 개의 숫자는 평행 육면체의 각 변의 길이를 나타낸다.
OpenSCAD는 항상 각 축의 원점에 있는 정점부터 그린다. 이러한 원점에 매개변수와 중심을
정확히 지정할 수도 있다.

```
cube(size = 5, center = true);
```

다양한 도형 그리기

이번에는 구를 만들어 보자. 다음과 같이 명령을 입력한다.

```
sphere(10);
```

괄호 안의 숫자는 구의 반경을 의미한다. 육면체에서는 원점이 여러 정점 중 하나로 결정되었
었지만, 구에서는 중심이 원점에 놓인다. 그림 11-9는 위의 명령으로 그린 구의 모습이다.

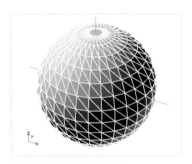

그림 11-9 *다면체로 표현된 구*

결과를 보면 구의 표면에 각이 져 있다. 이 그림을 지금 상태 그대로 출력하면 결과물이 그다지
만족스럽지 않을 것이다. 이를 해결하기 위해, 명령에 $fn 매개변수를 추가하여 해상도를 좀
더 높여 보자. 다음과 같이 입력한다.

```
sphere(10, $fn=100);
```

아직 완벽하진 않지만, 결과가 이전보다 훨씬 좋아졌다(그림 11-10).

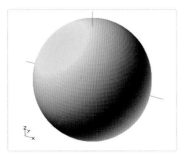

그림 11-10 *고해상도로 표현한 구*

해상도를 3이나 1,000과 같이 다양한 값으로 바꿔 보자. 이 장에서 소개하는 예제 외의 다른 프로젝트에서도 적합한 해상도를 지정할 수 있다.

구를 완성해 보았으니, 이번에는 원기둥을 그려 보자(그림 11-11).

```
cylinder(h = 10, r1 = 10, r2 = 10, center = false);
```

첫 번째 매개변수에는 높이를, 두 번째 매개변수에는 원기둥의 윗면의 반경을, 세 번째 매개변수에는 원기둥의 밑면의 반경을 지정한다(원뿔을 그리는 cone 명령을 사용하지 않고도 원뿔을 그릴 수 있으므로, 꽤 기발한 방법이다. 궁금하다면 두 번째나 세 번째 매개변수의 값을 0으로 지정해서 결과를 직접 확인해 보기 바란다).

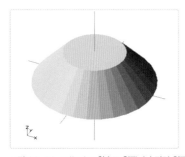

그림 11-11 *cylinder 함수로 원뿔이나 잘린 원뿔을 표현할 수 있다.*

정상적인 형태의 원기둥을 그리려면, 반경을 지정할 때 r1과 r2를 모두 사용하지 않고, 둘 중 한 변수로 양쪽 면의 반경을 지정하면 된다. 원기둥을 그릴 때도 구와 마찬가지로 $fn 매개변수로 해상도를 지정할 수 있다.

변수

OpenSCAD에서는 숫자나 단어로 된 정보를 변수에 저장해 두고 나중에 활용할 수 있다. 이러한 변수는 서로 구분할 수 있도록 별도로 이름을 지정할 수 있다. 가령 side라는 변수를 만들면, 다음과 같이 육면체의 한 변의 길이를 나타내는 숫자를 저장할 수 있다.

```
side = 7;
```

그러면 나중에 육면체를 만들 때 이 값을 활용할 수 있다.

```
cube(size = side);
```

이 변수는 다른 도형을 만들 때도 다음과 같이 활용할 수 있다.

```
circle(size);
cylinder(size, size);
```

이쯤에서 한 가지 짚고 넘어가자. 변수의 값인 7을 적지 않고, 변수를 사용한 이유는 무엇일까? 그 까닭은 size 변수의 값만 바꾸어 주면 모든 도형의 크기를 한 번에 편하게 변경할 수 있기 때문이다.

살짝 움직이기

이번에는 매개변수를 살짝 바꿔서 육면체를 하나 더 만들어 보자. OpenSCAD에 다음과 같이 세 개의 명령을 입력한다.

```
side = 5;
cube(size = side);
cube(size = side);
```

그런 다음 [F6] 키를 눌러 결과를 확인한다. 그러면 육면체가 이전처럼 하나만 보이기 때문에, 두 번째 육면체가 만들어지지 않은 것처럼 보인다. 실제로는 두 개가 있는데, 서로 똑같은 위치에 똑같은 크기로 그려졌기 때문에 하나처럼 보이는 것뿐이다(실제 물리적인 세계와는 다르다.

완전히 동일한 형태의 두 물체가 서로 같은 시간에 같은 공간을 차지해도 상관없다). 그렇다면 어떻게 해야 두 육면체를 모두 볼 수 있을까?

translate 함수를 사용하면 세 개의 축의 원점을 기준으로 떨어져 있는 거리를 지정하는 방식으로 물체를 다른 지점으로 이동할 수 있다. (두 번째 육면체를 그리는) 마지막 명령 대신, 아래에 나온 두 문장을 작성한다.

```
translate([10,0,0])
cube(5, center = true);
```

그러면 육면체의 중심이 원점에 오도록 그린 다음, 여기서 10mm 이동하게 된다(그림 11-12). 참고로, translate 명령 뒤에는 절대 세미콜론을 붙이면 안 된다. translate 명령이 뒤에 나온 오브젝트에 적용되어야 하는데, 세미콜론을 붙이면 명령이 끝나버리기 때문이다.

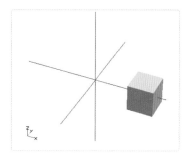

그림 11-12 *변의 길이가 5mm인 육면체는 중심이 x축으로 약간 이동한 지점에 그려진다.*

이제 육면체의 위치가 달라졌다. 그러나 아직 끝나지 않았다.

똑같이 생긴 육면체를 한 줄로 나열하고 각각의 간격을 일정하게 유지하고 싶다면, 다음과 같이 각 육면체를 그리고 나서, 원점으로부터 이동할 거리를 지정하면 된다(첫 번째 육면체는 이동할 필요가 없다).

```
cube(size = 1, center = true);
translate([0, 0, 2])
  cube(size = 1, center = true);
translate([0, 0, 4])
  cube(size = 1, center = true);
translate([0, 0, 6])
  cube(size = 1, center = true);
```

```
translate([0, 0, 8])
  cube(size = 1, center = true);
translate([0, 0, 10])
  cube(size = 1, center = true);
```

이렇게 하면 원하는 결과를 만들 수 있을 것이다. 하지만 이렇게 작업하면 스크립트가 금세 감당할 수 없을 정도로 늘어날 위험이 있다.

명령 반복하기

다행히 OpenSCAD에서는 기초적인 명령 외에도 범용 프로그래밍 언어에서 볼 수 있는 명령을 반복하는 기능도 제공한다. 이번에는 한 변의 길이가 1mm인 정육면체를 그린 다음, 이것을 2mm 이동한 뒤에 똑같이 생긴 정육면체를 그리고, 이 정육면체를 원점에서 10mm만큼 멀어질 때까지 반복하는 예제를 작성해 보자.

먼저 이 작업을 OpenSCAD 언어로 표현해 보자. 여러 연산을 임의의 회수만큼 반복하려면, 루프loop라는 구조체를 사용하면 된다.

루프를 작성하는 방법은 어렵지 않다.

```
for ( z = [0 : 2 : 10] )
{
  translate([0, 0, z])
  cube(size = 1, center = true);
}
```

이 스크립트에 담긴 뜻은 '중괄호에 담긴 모든 명령을 수행하되, 먼저 z값이 0일 때부터 시작해서 한 번 반복할 때마다 z값을 2만큼 증가시키고, z가 10에 도달할 때까지 반복하라'라는 의미이다. 또 다르게 해석하면, '첫 번째 문장은 0부터 10사이의 짝수를 생성하고, 중괄호에 담긴 문장을 수행하고 나서 z값을 새로 증가한 값으로 대체한다'로도 해석할 수 있다. 이 스크립트를 실행한 결과는 그림 11-13과 같다.

결과는 이전과 같지만 스크립트는 훨씬 간결하고 읽기 쉬워졌다. 이전 예제에서는 정육면체가 놓일 위치를 미리 계산해서 지정했기 때문에 어떤 의도로 작성했는지 쉽게 파악할 수 없었지만, 방금 작성한 스크립트를 통해 각 정육면체가 원점으로부터 2mm의 간격으로 떨어져 있게 된다는 것을 쉽게 이해할 수 있다.

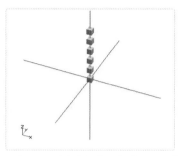

그림 11-13 *여섯 개의 정육면체를 한 줄로 나열한 모습*

또한 루프에서 값의 범위를 불규칙하게 지정할 수도 있다. 다음 스크립트를 보자.

```
for (z = [-2, 2, 6])
{
  translate([0, 0, z])
  cube(size = 1, center = false);
}
```

이 스크립트와 앞에서 작성한 루프와 무엇이 다를까? 이전 루프문에서는 값을 콜론으로 표현함으로써 값의 범위^{range}에 대해 반복하도록 작성했다. 이렇게 하면 (첫 번째로 지정한) 0부터 시작해서 (마지막으로 지정한) 10에 도달할 때까지 (두 번째로 지정한) 2만큼 증가한다. 따라서 (0,2,4,6,8,10)에 대해 반복을 수행한다.

반면 for 루프문에서 콜론 대신 콤마를 사용하면, 정확히 여기에 지정한 값만 사용하도록 지정할 수 있다. 방금 작성한 문장을 보면, 반복할 때 −2와 2, 6을 제외한 다른 값은 전혀 사용하지 않는다.

translate 함수를 사용하면 중괄호를 이용하여 한 개 이상의 오브젝트를 그룹으로 묶어서 한꺼번에 이동시킬 수 있다.

```
translate ([5,0,0]) {
  cube (1);
  translate ([0,3,0])
    sphere (1);
}
```

위 스크립트에서는 첫 번째 명령에서 x축 방향으로 이동한 다음 구를 그리기 전에 y축으로 다시 이동한 것을 볼 수 있다. 이런 식으로 여러 개의 translate 연산을 중첩[nesting]해서 표현하는 것도 좋은 방법이다(그림 11-14).

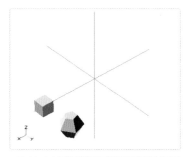

그림 11-14 *정육면체와 구를 동시에 이동시키기*

기타 변환 함수

scale 함수를 이용하면 세 축을 기준으로 오브젝트의 크기를 변경할 수 있다.

```
cube(10);
translate([15,0,0])
  scale([0.5,1,2])
    cube(10);
```

위 스크립트는 변의 길이가 10mm인 정육면체를 하나 그린 다음, x축으로 15mm만큼 이동한 지점에 같은 크기의 정육면체를 scale[0.5, 1, 2] 함수에 적용하여 그렸다. 결과를 보면 육면체의 한 변의 길이가 x축을 기준으로 절반으로 줄었으며, y축의 길이는 이전과 동일하고, z축은 두 배로 늘어났음을 확인할 수 있다(그림 11-15).

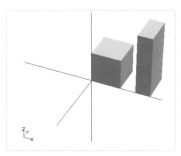

그림 11-15 *scale 함수로 물체의 모양 바꾸기*

정육면체를 그릴 때에는 적합하지 않은 함수일 수도 있지만, 구를 럭비공이나 원반 모양으로 변환할 때는 유용하다. rotate 함수를 사용하면 오브젝트를 회전할 수 있다. 작동 과정을 살펴보기 위해 아랫면의 중심이 원점에 있는 원뿔 하나를 그린 다음, 이와 똑같이 생긴 원뿔을 그리고 y축을 기준으로 180° 회전시켜 보자. 그러면 그림 11-16처럼 뒤집힌 모양의 원뿔이 나타난다.

```
cylinder(10,7,0);
translate([10,0,10])
  rotate(a=[0,180,0])
    cylinder(10,7,0);
```

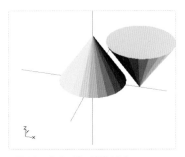

그림 11-16 *오브젝트 회전시키기*

옵션으로 지정할 수 있는 v 매개변수를 사용하면 임의의 축을 기준으로 회전시킬 수도 있다.

```
cylinder(10,7,0);
translate([10,0,10])
  rotate(a=60, v=[1,1,0])
    cylinder(10,7,0);
```

이렇게 작성하면 도형이 회전할 때 [1, 1, 0]인 벡터를 기준으로 회전한다. 이를 좀 더 쉽게 설명하면, 축의 방향은 원점과 (1,1,0)에 해당하는 지점을 잇는 선분의 방향이 된다. a라는 매개변수는 이 축을 기준으로 오브젝트를 회전할 각도를 지정한다(그림 11–17).

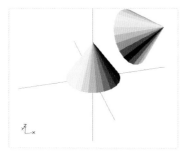

그림 11–17 *임의의 축에 대해 회전시키기*

union 명령을 사용하면 두 개 이상의 오브젝트를 하나로 합칠 수 있다. OpenSCAD 매뉴얼에서는 다음과 같은 union 예제를 소개하고 있다.

```
union() {
  cylinder (h = 4, r=1, center = true, $fn=100);
  rotate ([90,0,0])
    cylinder (h = 4, r=0.9, center = true, $fn=100);
}
```

이 예제를 입력해 보고 어떤 결과가 나오는지 살펴보자. 먼저 원기둥 하나를 만들고, 90° 꺾은 방향에 약간 작은 원기둥을 그린다. 두 원기둥 모두 중심은 원점에 있다(그림 11–18).

만약 두 오브젝트를 하나로 합치는 것과는 반대로, 한 오브젝트에서 다른 오브젝트를 빼고 싶다면 difference 명령을 사용하면 된다. 앞에서 작성한 스크립트에 쓰인 union을 difference로 바꿔 보자.

```
difference() {
  cylinder (h = 4, r=1, center = true, $fn=100);
  rotate ([90,0,0])
    cylinder (h = 4, r=0.9, center = true, $fn=100);
}
```

결과*를 확인해 보자. union 명령 예제와 마찬가지로 원기둥을 하나 만든 다음, 이보다 약간 작으면서 90° 꺾인 방향에 놓인 또 다른 원기둥을 만든다. 다만, 이번에는 두 원기둥을 하나로 합친 것이 아니라, difference 명령을 통해 첫 번째 원기둥에서 두 번째 원기둥을 뺀^{subtract} 것이다.

OpenSCAD에서는 2차원 평면에 대한 함수도 제공한다. square 명령을 사용하면 정사각형과 직사각형을 그릴 수 있다. 이 명령도 cube 함수처럼 center = true라는 매개변수를 지정할 수 있다.

```
square ([2,2], center = true);
```

circle 함수를 사용하면 원을 그릴 수 있다. circle 함수에서도 $fn 매개변수로 해상도를 지정할 수 있다.

```
circle(2, $fn=50);
```

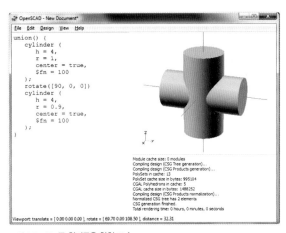

그림 11-18 두 원기둥을 합친 모습

타원을 그리는 명령은 제공되지 않지만, 원을 변형하는 방법으로 타원을 그릴 수 있다. 긴 축의 길이가 40mm이고 짧은 축의 길이가 20mm인, 즉 완전히 평면인 타원은 다음과 같이 그릴 수

* 역자주_ difference 명령의 결과는 https://en.wikibooks.org/wiki/File:Openscad_difference.jpg를 참조

있다(그림 11-19).

```
scale([2,1,0])
  circle(20);
```

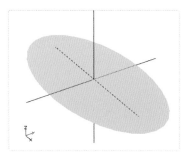

그림 11-19 *원을 변형하여 생성한 타원*

이 밖에 여러 개의 점과 이를 연결하는 경로를 지정하는 방식을 사용하면 다각형을 그릴 수도 있다.

```
polygon(points=[[0,0],[100,0],[0,100],[10,10],[80,10],[10,80]], paths=[[0,1,2],[3,4,5]]);
```

linear_extrude 명령을 사용하면 2차원 도형을 3차원 오브젝트로 쉽게 변경할 수 있다. 앞에서 그린 다각형을 그림 11-20처럼 100mm만큼 부풀리면 3차원 오브젝트가 된다. 2차원 도형은 이렇게 3차원 오브젝트로 만들지 프린터로 찍어낼 수 없다.

```
linear_extrude(height = 100)
  polygon( points= [
      [0,0],[100,0],[0,100],
      [10,10],[80,10],[10,80]],
    paths=[[0,1,2],[3,4,5]]
);
```

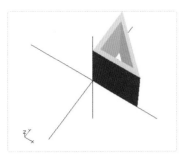

그림 11-20 *다각형 부풀리기*

linear_extrude 명령에 다른 매개변수를 지정할 수도 있다. 예를 들어 center 옵션을 사용하면 3차원 오브젝트로 부풀리는 동안 적용할 오브젝트의 중심을 지정할 수 있다.

```
linear_extrude(height = 20, center = true)
  circle(r = 10);
```

OpenSCAD에서는 rotate_extrude라는 함수도 제공한다. 이 함수를 이용하면 물체를 z축을 기준으로 회전하여 도넛 모양의 환상면체[toroidal]를 만들 수 있다(그림 11-21).

```
rotate_extrude()
  translate([20,0,0])
  circle(r = 10);
```

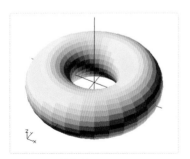

그림 11-21 **환상면체**

여기서 소개하지 않은 extrude 명령에 대한 기타 자세한 사항은 OpenSCAD 온라인 매뉴얼(http://www.openscad.org/cheatsheet/index.html)을 참조하기 바란다.

OpenSCAD 기능 추가하기

아쉽게도 OpenSCAD에서는 텍스트 생성 기능이 제공되지 않는다. 하지만 소프트웨어 패키지인 라이브러리^{library}를 설치하면 원래 버전에는 포함되어 있지 않은 다양한 기능을 사용할 수 있다. 이 라이브러리는 필 그린랜드가 제작하였으며, 싱기버스를 통해 다운로드할 수 있다 (http://www.thingiverse.com/thing:59817). 라이브러리를 사용하면 텍스트를 3차원 물체로 변환할 수 있다. TextGenerator.scad 파일을 다운로드한 다음, 올바른 경로에 붙여 넣는다. 경로는 컴퓨터의 운영 체제에 따라 달라진다. 다음을 확인한다.

- 윈도우: Programs₩OpenSCAD₩libraries
- 리눅스: $HOME/.local/share/OpenSCAD/libraries
- 맥 OS X: $HOME/Documents/OpenSCAD/libraries

만약 특정 프로젝트에서만 이 라이브러리를 사용하고 싶다면 OpenSCAD 프로젝트 파일이 저장된 폴더에 이 파일을 복사해 넣으면 된다.

스크립트에서 이 라이브러리를 사용하고 싶다면, 우선 use 명령으로 라이브러리를 불러온 다음, drawtext 명령으로 표현하려는 텍스트를 다음과 같이 작성하면 된다(그림 11-22).

```
use <TextGenerator.scad>
drawtext("Hello World");
```

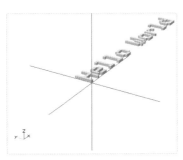

그림 11-22 *Hello World*

3D 프린팅

저명한 공상 과학 소설가인 아서 C. 클라크는 "고도로 발달한 기술은 마술과 구분하기 어렵다"라고 말했다. 이 말의 의미는 3D 프린터가 작동하는 과정을 들여다보면 실감할 수 있다(그림 12-1). 3D 프린터의 재료가 층층이 쌓이면서 모양이 완성되어 가거나 레진resin, 합성수지에 담긴 물체가 처음으로 형체를 드러내기 시작하면 마치 마술 공연을 볼 때처럼 신기한 기분이 들 것이다.

이제는 개인 및 각 가정에서도 합리적인 비용으로 3D 프린터를 쉽게 접할 수 있다. 사용하기 적당한 사양의 모델부터 전문가를 위한 고급 모델에 이르기까지 다양하게 출시되어 있다. 가격 또한 저렴하다. 레이저 프린터 한 대 정도의 비용(600~2,500달러)만 지불하면 구입할 수 있으며, 이로써 상상할 수 있는 모든 형태의 물체를 만들 수 있다. 즉, 어떤 제조사도 만들지 않는 제품을 만들거나 더 이상 생산되지 않는 제품을 자신이 직접 수리할 수 있게 된 것이다.

3D 프린터의 작동 방법은 간단하다. 최근 출시된 3D 프린터는 대부분 (열가소성 수지로 된) 재료를 채우고, 디자인이 끝난 모델링 파일이 담긴 SD 카드를 꽂은 뒤 버튼을 누르기만 하면 된다. 그러면 3D 프린터는 파일을 읽고 재료를 녹인 후, 디자인된 형태를 갖출 때까지 층층이 재료를 쌓아나가기 시작한다.

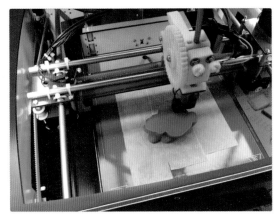

그림 12-1 *세어봇 키위(Sharebot Kiwi) 프린터가 물체를 층층이 쌓아나가는 모습*

이렇게 재료를 첨가하는 방식으로 제작하는 기술을 FDM^{fused deposition modeling}이라고 부른다. 현재 가장 많이 사용되고 있는 경제적인 방식이기 때문에 이번 장에서는 FDM 방식을 중심으로 설명한다. 이 외에도 분말로 된 재료를 레이저로 응고하는 소결^{sintering} 방식, 레진을 광원에 노출시켜 중합^{polymerization}시키는 스테레오리소그래피^{stereolithography} 방식, 레이저 커터나 밀링 머신으로 모양을 만든 판을 쌓아 나가는 방식 등 다양한 제작 방식이 있다.

3D 프린터의 작동

FDM 방식의 3D 프린터는 수직(z축 방향)으로 움직이는 플랫폼에서 물체를 만든다. 이때 압출기^{extruder}(노즐과 가열 장치가 달린 핫 글루 건과 유사한 장치)가 x축과 y축을 기준으로 움직이면서 플라스틱 물질을 녹여 플랫폼에 겹겹이 쌓는다(그림 12-2). FDM 프린터는 대부분 고성능 스테퍼 모터^{stepper motor}를 이용하여 x축과 y축을 기준으로 몇 십 마이크론^{micron}(기호 μ)

단위로, z축을 기준으로 2.5μ(대략 0.0001") 단위로 세밀하게 움직인다. 다만, 압출기의 크기에 한계가 있어서 해상도는 출력된 레이어당 100~350μ(0.004~0.014") 정도가 일반적이다. 각 축과 압출기마다 최소 1개의 모터가 필요하며, 경우에 따라 한 축에 2개의 모터를 사용하기도 한다. 이처럼 스테퍼 모터를 제어하는 회로를 드라이버^{driver}라 부른다.

그림 12–2 **도쿄의 팹카페(FabCafe)에 있는 어느 프린터의 압출기가 작동하는 모습**

압출기의 노즐은 쇠로 된 깔때기처럼 생겼으며, 끝에 조그만 구멍이 뚫려 있다. 저항에 연결되어 있어서 최대 250℃까지 가열된다(온도가 300℃ 넘게 올라가는 제품도 있다). 압출기의 온도가 재료의 녹는 점보다 높아지면, 재료가 적당히 흘러내리는 상태가 되기 때문에 플랫폼 여기저기에 흘리지 않고 원하는 형태로 층층이 쌓을 수 있다.

프린팅 영역은 프린터의 크기 및 구조에 따라 결정된다. 초기 모델은 몇 cm 정도의 공간에서 작업했는데, 최근 출시된 프린터 중에는 20×20×20cm 정도로 넓은 프린팅 영역을 지닌 모델도 있다. 데스크톱 프린터로서의 최적의 크기는 이 정도이지만, 일부 모델은 이보다 큰 공간을 사용하기도 한다. 프린팅 공간이 다소 좁아 보일 수도 있지만, 여러 조각을 따로 제작한 후 이를 하나로 합치는 방식을 사용하면 얼마든지 큰 물체를 만들 수 있다. 어떤 프린터는 잡다한 기능을 제외한 최소한의 기능만을 제공하기 때문에, 가격이 굉장히 저렴한 데다가 조립하기도 쉽다. 어떤 모델은 외부 장식을 장착하여 오래된 TV 또는 전자렌지처럼 꾸밀 수도 있다.

재료

3D 프린터의 재료로 사용되는 필라멘트는 다양한 두께와 색상을 가지고 있다. 그중 3D 프린터에서 가장 흔히 사용되는 두 가지 재료로는 ABS^{acrylonitrile butadiene styrene}와 PLA^{polylactic acid}가 있다. 두 재료는 서로 비슷하지만, 속성이 약간 다르다. 지지대는 주로 PVA^{polyvinyl alcohol}를 사용한다.

ABS는 열가소성 수지로서 쉽게 구할 수 있으며 사출 성형에 널리 사용된다. ABS라는 이름이 생소할 수도 있지만, 우리가 잘 아는 레고 블록도 이 재료로 만든 것이다. ABS는 105℃에서 녹지만, 3D 프린터에서 사출될 때는 215~250℃까지 가열해야 한다. 프린팅 과정에서 플라스틱 타는 냄새가 나지만, 해롭지는 않다. 플라스틱 자체는 인체에 무해하다. 다만, 이 과정에서 발생하는 연기가 굉장히 거북하기 때문에, 대부분의 메이커들은 환기가 잘 되는 공간, 또는 연기 배출 장치를 갖춘 공간에서만 ABS를 사용한다.

ABS는 식는 온도의 변화, 그리고 출력을 진행하는 공간의 형태 등의 요건에 따라 변형이 발생할 수도 있다. 이러한 현상을 방지하려면 프린팅한 물체의 온도를 천천히 낮추는 오븐과 같은 장치가 필요하다. 아쉽게도 이 기술은 아직 특허가 걸려 있다.

PLA는 옥수수나 감자에서 추출한 식물의 전분으로 만든 생 분해성 천연 열가소성 수지다. PLA는 160°에서 220° 사이에서 압출되는데, 식은 뒤에는 ABS보다 단단하지만 깨지기 쉽다. 가열 방식을 사용하지 않는 플랫폼으로 출력할 수 있으며, ABS와 달리 식는 동안 변형되는 일은 발생하지 않는다. 하지만 출력한 결과의 품질은 ABS보다 약간 떨어진다. PLA가 자연 분해된다는 장점은 단점으로도 작용하기도 한다. 습도가 90% 이상이거나 온도가 60° 이상인 환경에서 사용하거나 저장하게 되면, 자연 분해되기 시작해서 서서히 반죽처럼 무르게 변한다.

PVA는 ABS나 PLA보다 낮은 온도에서 녹기 때문에 가열 방식을 사용하지 않는 플랫폼에서도 쉽게 프린팅할 수 있다. 게다가 물에도 녹기 때문에 훨씬 쉽게 제거할 수 있다. 필라멘트를 보관할 때 주의해야 할 점은 PLA와 동일하다.

이 외의 다른 재료는 맷 스툴츠^{Matt Stulz}가 메이크진에 게재한 글(http://makezine.com/author/matt-stultz/) 중 3D 프린팅 재료에 대해 작성한 리뷰를 참조한다(예. http://makezine.com/projects/make-42/fun-with-flexibles/).

3D 프린터의 활용 분야

최근에는 데스크톱용 3D 프린터가 등장했다. 이러한 3D 프린터의 활용 분야는 무척 다양하다.

- 로봇의 부품을 제작하는 데 활용할 수 있다. 밀라노 폴리테크니코 대학의 로보틱스 및 인공지능 연구실이나, 로봇 메이커인 마이클 오버스트릿Michael Overstreet(http://makezine.com/2014/09/01/cheaper-robotics-through-3d-printing/)이 그 예다.
- 추가로 제공되지 않는 부품을 3D 프린터를 사용하여 제작하면, 제품을 새로 구매할 필요 없이 수리해서 사용할 수 있다. 가령 책꽂이의 연결 부위나 세탁기의 세제 투입구 등을 직접 제작해서 사용하기도 한다.
- 다양한 제품의 포장 케이스를 자신이 원하는 형태와 크기로 제작할 수 있다. 메이커 프로젝트로 제작한 제품을 포장할 때에도 활용할 수 있다.
- 짧은 반복 주기로 제품을 개발할 때 유용하다. 메이커가 설계한 부품을 프린트해서 다른 부품과 연결하여 잘 작동하는지 테스트해 보고, 마음에 들지 않으면 파일을 수정해서 다시 인쇄하는 반복적인 개발 과정에 활용할 수 있다.
- 어린 시절 가지고 놀았던 장난감과 같이 시중에 더 이상 판매하지 않는 물건의 복제품을 만드는 데 활용할 수 있다.
- 장난감이나 프라모델, 군인 피규어, 디오라마 등과 같은 취미용 모형의 제작에 활용할 수 있다.
- 친구의 얼굴을 조그만 흉상으로 제작할 수 있다. 디즈니에서는 스톰트루퍼*나 카보나이트된 모형**에 자신의 얼굴을 인쇄한 모델을 판매하고 있다.
- 건축 설계 시 건물 모형을 제작해 볼 수 있다. 실제로 집을 지을 때 3D 프린팅 기술을 활용하는 방법을 연구하는 사람들도 있다.
- 예술 작품 제작에 활용 가능하다.

3D 프린터

3D 프린팅 기술이 처음으로 제조업에 등장한 시기는 1980년대이며, 데스크톱용 3D 프린터가 등장한 것은 2010년대에 이르렀을 무렵이다. 과연 3D 프린터는 어떻게 해서 등장하게 된 것일까?

※ 역자주_ 영화 〈스타워즈〉 시리즈에서 제국군으로 등장한다.

※※ 역자주_ 영화 〈스타워즈〉의 다섯 번째 시리즈와 여섯 번째 시리즈에 등장하는 인물인 '한 솔로'가 탄소 냉동으로 얼어붙은 모습을 나타낸 모형이다.

데스크톱용 3D 프린터의 선구자는 영국 배스^{Bath} 대학의 기계공학과 교수였던 에이드리언 보이어^{Adrian Bowyer} 박사로 알려져 있다. 2005년 보이어 박사가 저렴한 비용으로 제작한 프로토타입인 렙랩^{RepRap, replicating rapid prototyper}을 오픈소스로 공개했던 것이 시작이었다. 렙랩의 목적은 원하는 물체를 복제하는 데 필요한 모든 부품을 제작하는 것이었다. 이 기계는 막대 형태의 구조물과 주변에서 쉽게 구할 수 있는 부품으로 구성된, 굉장히 간단한 구조로 되어 있었으며, 최초의 프로토타입은 키트 형태로 판매됐다.

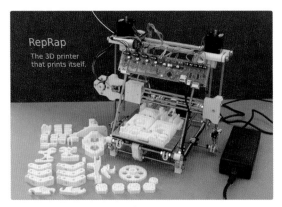

그림 12-3 렙랩 헉슬리 3D 프린터(사진 출처: RepRapPro Ltd, http://reprapprocom)

보이어 박사의 렙랩 프로젝트를 시작으로, 여러 사람이 렙랩의 구조와 작동 방식을 약간 수정하여 자신만의 3D 프린터를 제작하기 시작했다. 이에 대해서는 뒤에서 자세히 설명할 것이다.

메이커봇

렙랩 프로젝트가 등장한 지 얼마 되지 않은 2009년경 브리 페티스^{Bre Pettis}와 아담 메이어^{Adam Mayer}, 잭 호컨 스미스^{Zack "Hoeken" Smith}는 오픈소스 3D 프린터를 제조하는 회사인 메이커봇^{MakerBot}(http://www.makerbot.com)을 설립했다. 첫 번째 모델로 출시한 컵케이크^{Cubcake}가 큰 성공을 거두면서 명성을 얻었고, 그 뒤를 이어 리플리케이터^{Replicator}와 리플리케이터2를 출시했다. 메이커봇은 현재 3D 프린터를 더 이상 오픈소스로 제작하지 않는다.

켄트스트래퍼

이탈리아 플로렌스 지방에 사는 칸티니Cantini 집안의 삼 대가 모여 설립한 켄트스트래퍼 Kentstrapper(http://www.kentstrapper.com)는 렙랩의 파생 모델을 개발하고 판매하는 스타트업이다. 이들은 이탈리아에서 3D 프린터의 선구자로 손꼽히고 있다. 대표적인 모델로 켄트스트래퍼 볼타Kentstrapper Volta와 멘델 맥스Mendel Max(그림 12-4)와 렙랩 갈릴레오RepRap Galileo 등이 있다.

그림 12-4 큰 모델의 출력이 가능한 대형 플랫폼을 갖춘 멘델 맥스(사진 출처: 켄트스트래퍼)

WASP

WASPWorld's Advanced Saving Project(http://www.wasproject.it)는 구멍벌의 집짓기에 매료된 마시모 모레티Massimo Moretti가 ISIA 디자인 대학에 다녔던 어느 학생의 도움을 받아 시작한 프로젝트였다. WASP의 목적은 하루 만에 집을 짓는다고 알려진 구멍벌처럼 하루 만에 주택을 지을 수 있는 기술을 개발하는 것이었다. 그는 플라스틱과 점토로 된 모형을 출력하거나, 간단한 밀링 작업을 수행할 수 있는 데스크톱 개인 공장인 PowerWASP를 제작했다(그림 12-5).

그림 12-5 *점토 모형을 출력할 수 있고, 밀링 작업도 수행할 수 있는 PowerWASP 프린터(사진 출처: WASP)*

대부분의 3D 프린터 제조사는 3D 프린터를 키트 형태로 판매하고 있다. 이렇게 하면 가격을 낮출 수 있는 데다가, 사용자가 직접 조립을 하는 데서 흥미를 느낄 수 있다. 직접 제작해야 하는 데다가 조립에 하루 이상의 긴 시간이 걸리기도 한다. 그러나 최종적으로는 자신만의 프린터를 제작할 수 있고, 제품의 세세한 부분까지 빠삭하게 파악할 수 있기 때문에 나름대로 의미 있는 작업이다. 프린터봇Printrbot과 얼티메이커Ultimaker에서 나온 프린터도 메이커 사이에서는 굉장히 유명한 제품이다. 프린터봇의 심플 메이커 키트Simple Maker's Kit(http://printrbot.com/project/simple-makers/)과 얼티메이커의 얼티메이커 오리지널+Ultimaker Original+(http://bit.ly/1NyQcVu)는 키트 형태로 판매되고 있다.

좀 더 다양한 3D 프린터를 보고 싶다면 렙랩 가계도(http://bit.ly/1NyQjAp)를 참조하면 도움이 될 것이다. 또한, 메이크 매거진에서는 최신 및 최고의 3D 프린터를 선별해서 소개하는 특집호(http://makezine.com/3d-printing)를 발간하고 있는데, 이 역시 도움이 될 것이다.

작업 과정

3D 프린팅에서 가장 먼저 할 일은 출력할 대상을 설계하는 것이다. 쉽게 말하면, 3D 모델을 만들어야 한다는 뜻이다. 11장에서 소개한 소프트웨어 중 하나를 사용하여 직접 설계해도 좋고, 누군가 이미 만들어서 공개한 설계도를 인터넷에서 찾아서 활용해도 좋다. 이러한 3D 모

델링 데이터를 구할 수 있는 대표적인 웹사이트로는 싱기버스(그림 12-6)와 유매진 등이 있다. 이 두 사이트에서는 다양한 3D 데이터가 오픈소스로 공유되어 있으며, 적당한 데이터를 다운로드한 다음 필요한 부분을 수정해서 직접 출력하기만 하면 된다. 3D 프린팅을 처음 시작하는 초보자라면 누군가 미리 만들어 둔 3D 데이터로 우선 출력해 보는 것이 좋다. 그들이 설계한 모델을 통해 간접적으로나마 배울 수 있기 때문이다.

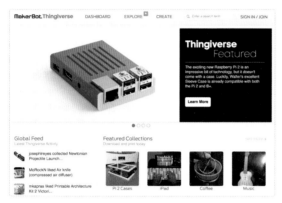

그림 12-6 싱기버스

움직이는 부품을 만들 때는 반드시 결함이나 불완전한 부분에 대처할 수 있는 내성tolerance이 있도록 설계해야 한다. 정밀한 기어를 제작하는 제조사들도 이러한 내성을 감안하여 움직이는 공간에 여유를 둔다.

움직이는 물체를 제작할 때는 모든 부품이 완벽하게 맞물리도록 설계하지 않는 것이 좋다. 실제로는 컴퓨터 화면에서 보는 것처럼 매끄럽게 연결되지 않기 때문이다. 항상 기계적인 특성과 프린팅 공간, 프린터의 해상도를 염두에 두고 물체를 제작해야 한다. 비유하자면 전기톱이나 끌로 다듬는 것만큼 정밀하게 만들 수는 없는 것과 비슷하다.

이미 존재하는 대상을 똑같이 만들 경우 3D 스캐너로 대상을 스캔하고, 모델링하여 이를 출력하면 된다. 전용 3D 스캐너를 사용해도 되고 마이크로소프트 키넥트Microsoft Kinect, 또는 구조스캐너Structure Scanner(http://structure.io)와 같은 3D 스캐닝 앱을 이용해도 된다. 3D 스캐닝 앱 중 하나인 '오토데스크 123D 캐치Autodesk 123D Catch'는 스캔할 대상을 다양한 각도로 촬영한 뒤 3D 모델을 만들 수 있어서 편리하다. 단, 3D 스캐닝을 하기 위해서는 전문 지식이 필요하다. 스캐너에서 생성한 파일에 간혹 오류가 발생하는데, 이를 보정하려면 전문 프로그램을 이용해야 하기 때문이다. 물론 3D 스캐닝을 이용하는 것이 처음부터 모델을 설계하는 것보다 훨씬 빠른 방법이긴 하다.

보정

모델링 작업을 진행하는 동안에는 2차원으로 된 화면과 도구로 3D 모델을 조작하고 관찰하기 때문에, 컴퓨터 화면에서는 완벽하게 보일 수도 있다. 그러나 화면으로 볼 때는 완벽했던 모델에, 프린팅이 불가능할 정도의 심각한 결함이 포함되어 있을 수도 있다.

평면에 수직인 부분

앞서 설명한 바와 같이, 3D 모형은 여러 개의 다각형으로 근사치를 구하는 방식으로 그린다. 가령 STL 포맷에서는 삼각형의 메쉬 구조를 사용한다. 모델을 구성하는 각각의 다각형은 모두 안쪽 면과 바깥쪽 면을 갖고 있다. 이를 구분하려면 바깥쪽 면의 표면에 수직인 화살표를 붙이면 된다. 좀 더 정확하게 구분하려면 표면에 수직으로 그려진 법선 벡터normal vector를 사용한다 (그림 12-7).

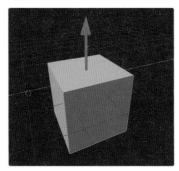

그림 12-7 **육면체의 법선 벡터**

모델을 정확히 구성했다면 모든 법선 벡터가 밖을 향하게 된다. 당장은 중요하지 않다고 생각할지 모르겠지만, 프린팅 프로그램에서는 모델의 안쪽 면과 바깥쪽 면을 구분해야 하기 때문에 이러한 속성이 굉장히 중요하다.

빈틈없는 모델

발생 가능한 또 다른 문제는 표면에 닫히지 않은 부분 또는 유격이 있을 수도 있다는 점이다. 설계한 모델은 빈틈이 없어야 한다. 이 문제는 3D 스캐너로 모델을 만들 때 주로 발생한다.

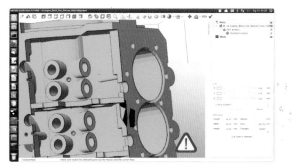

그림 12-8 *이 모델에서 빨갛게 표시된 표면에 빈틈이 있다.*

이를 확인하려면 프린팅을 시작하기 전에 모델에 문제가 없는지 소프트웨어로 검사해 보는 것이 좋다. 이러한 소프트웨어는 기본적인 뷰어 기능을 비롯하여, 모델을 프린팅하기 좋도록 크기나 위치를 조절하는 간단한 편집 기능을 갖추고 있다. CAD 프로그램만큼 풍부한 기능을 제공하진 않지만, 간격이 있는 부분을 메우거나 연결되지 않은 부분을 합치는 것처럼, 흔히 발생하는 오류나 실수를 찾아서 수정하는 작업을 수행하기에는 충분하다.

넷팹 스튜디오 베이식^{Netfabb Studio Basic}(https://www.netfabb.com, 그림 12-9)은 무료로 제공되는 프로그램으로서 윈도우와 리눅스, 맥 운영체제에서 사용할 수 있다. STL 파일을 화면에 표시하거나 분석하고, 오류의 수정하고 편집하는 기능을 제공한다. 이 프로그램을 사용하면 모델에 있는 빈틈을 찾아낼 수 있다.

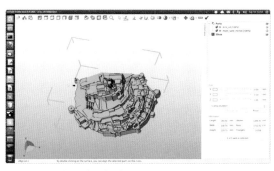

그림 12-9 **넷팹 스튜디오 베이식**

Pleasant3D(http://www.pleasantsoftware.com/developer/pleasant3d/, 그림 12-10)는 맥에서만 구동이 가능하며, 최상의 프린팅 결과를 도출할 수 있도록 회전하거나 크기를 조절하거나 중심을 조정하는 디테일한 작업 처리가 가능하다. 이 프로그램에서는 실제 프린팅에 사용되는 파일 포맷을 읽어들인 다음, 압출기가 재료를 층층이 뿌려서 만드는 과정을 미리볼 수 있다.

그림 12-10 *Pleasant3D*

오픈소스는 아니지만, 프리웨어로 제공되는 프로그램으로는 오토데스크 사의 메쉬믹서 MeshMixer(http://www.meshmixer.com, 그림 12-11)가 있다. 이 프로그램은 STL 파일을 수정하고 3D 모델을 생성하는 기능뿐만 아니라, 파일에서 빈틈이 있는 부분을 찾아내기도 한다.

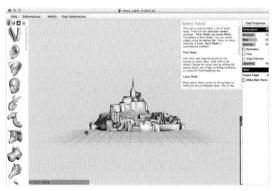

그림 12-11 *메쉬믹서*

오픈소스로 제공되는 소프트웨어로는 메쉬랩^{MeshLab}(http://meshlab.sourceforge.net, 그림 12-12)이 있다. 이 프로그램은 STL 파일을 시각화하거나 수정할 수 있으며, 윈도우와 리눅스, 맥 환경을 지원한다.

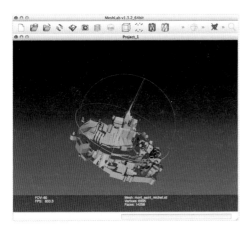

그림 12-12 *메쉬랩*

얇게 썰기

3D 모델을 제작할 때는 STL 포맷을 가장 많이 사용하지만, 3D 프린터에서는 이 포맷을 직접 사용할 수 없다. 따라서 STL 포맷을 좌표 이동과 연산에 대한 여러 개의 명령으로 먼저 변환해야 한다. 이 과정에서 표준 언어로 G-code를 사용한다.

G-code로 변환할 때는 압출기가 재료를 충별로 쌓는다는 사실을 염두에 둬야 한다. 이 말은 3D 모델을 수평으로 얇게 썰어야 한다는 것을 의미한다. 실제로도 썬다는 의미로 '슬라이싱^{slicing}'이라는 용어를 사용한다. 이러한 작업을 처리하는 슬라이싱 소프트웨어가 몇 가지 있으며, 그중에서는 알레산드로 라넬루치^{Alessandro Ranellucci}가 개발한 오픈소스 프로그램인 Slic3r(http://slic3r.org)가 가장 유명하다(그림 12-13). 이 프로그램은 사용하기 쉽고, 구조가 간단하면서도 복잡한 작업을 처리할 수 있다. 그리고 여러 가지 수학적인 알고리즘을 이용하여 물체를 출력하기 위한 최상의 경로를 계산한다. Slic3r에서 가장 돋보이는 부분은 압출 작업에 필요한 재료의 양을 계산하고, 온도를 검사하고, 팬과 냉각 시간을 검사하는 기능을 제공한다는 것이다.

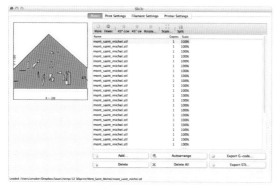

그림 12-13 *Slic3r*

프린터 설정하기

3D 프린터는 움직이는 부품을 사용해서 충격에 약하다. 여기에 달린 압출기도 굉장히 높은 온도로 가열되기 때문에 테이블이나 책상처럼 평평한 곳에 놓고 애완동물이나 어린이가 함부로 건드리지 못하도록 안전한 곳에 두고 사용해야 한다. 컴퓨터에 연결하는 USB 케이블 전력선의 위치도 항상 확인해야 하며, 플라스틱 필라멘트 스풀을 사용할 경우에는 정상적으로 연결되어 있는지 확인하는 것이 좋다.

보정

프린팅을 시작하기 전에 해야 할 가장 중요한 작업은 프린팅 플랫폼의 보정 작업이다. 노즐이 너무 멀거나 가깝지 않은 적당한 거리를 유지해야 한다. 노즐이 너무 멀리 있으면 압출기에서 나온 실타래가 제 위치에 놓이지 않게 된다. 반대로 너무 가까이 있으면 압출기가 막힐 수도 있다. 최근에 출시된 프린터는 이러한 보정 작업을 굉장히 쉽게 처리할 수 있다. 원하는 기능을 선택하고 화면에 나온 지시 사항을 잘 따라 하기만 하면 끝이다. 그러나 이전에 출시된 구형 프린터는 모든 절차가 수동으로 이루어지기 때문에, 압출기가 플랫폼에 놓이는 위치와 압출기 사이 거리도 직접 조절해야 하는 어려움이 있다.

완제품 형태의 3D 프린터를 새로 구입하여 작업할 때도 이 과정을 거치는 것이 좋다. 운반 과정에서 받은 충격으로 공장 출하 상태의 설정이 뒤틀릴 수도 있기 때문이다.

PLA, 또는 ABS 스풀에 필라멘트 선의 끝이 풀려 있지 않은지 확인한다. 필라멘트 선의 끝이 말끔하게 잘려 있지 않으면 압출기가 막히거나, 압출기와 제대로 연결되지 않는다. 필라멘트 선과 러너 튜브runner tube가 제 위치에 놓여 있는지, 스풀도 잘 회전할 수 있는 상태에 있는지도 살펴본다. 체크가 끝나면 필라멘트 선을 러너 튜브를 거쳐 압출기에 밀어 넣는다. 압출기의 온도는 적정 온도에 도달해 있어야 한다. 이때의 압출기 온도는 180℃ 이상으로 높기 때문에, 이를 다룰 때는 특히 조심해야 한다.

구형 3D 프린터에서 사용하던 압출기는 3D 프린터로 제작한 부품을 사용했으며, 필라멘트를 노즐에 밀어 넣을 수 있게 조그만 톱니바퀴로 필라멘트를 눌러 주는 트리거 장치가 달려 있었다. 이러한 방식의 모델은 내부 구조가 공개되어 있기 때문에 필라멘트가 잘 들어갔는지, 어디서 막히지 않았는지 직접 확인할 수 있다. 이 방식의 압출기는 그림 12-14에서 볼 수 있다.

그림 12-14 *세어봇 키위의 압출기*

최신형 3D 프린터에 들어 있는 압출기는 이보다 크기가 작고, 플라스틱 필라멘트를 집어넣을 수 있는 조그만 구멍이 달려 있다(그림 12-15). 필라멘트를 제대로 집어넣었을 때 노즐에서 플라스틱이 가늘게 흐르기 시작하면, 압출기가 출력할 준비를 완료했음을 뜻한다.

그림 12–15 **최신 압출기**

3D 프린터 작동시키기

프린팅 작업 시 SD 카드를 이용하지 않을 경우에는 컴퓨터에 설치된 프린터 제어용 프로그램을 사용하면 된다. 이러한 프로그램을 통해 출력에 필요한 정보를 직접 입력할 수 있으며, 프린터가 진단한 정보를 기반으로 온도와 작업 공간이 정상인지 확인하고, 프린트에 걸리는 시간과 모형을 만드는 데 소모되는 재료의 양을 예측할 수 있다. 이러한 대표적인 프로그램으로는 Printrun(http://www.pronterface.com, 그림 12–16)과 Repetier–Host(http://www.repetier.com, 그림 12–17)가 있다.

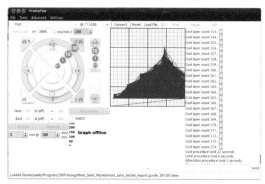

그림 12–16 *Printrun*

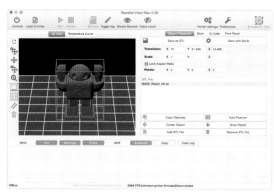

그림 12-17 *Repetier-Host*

이미 테스트가 완료되었고 프린팅 설정값도 모두 완료된 3D 데이터를 출력해야 할 경우나 노트북을 가지고 다니기 번거로울 경우, 또는 여러 대의 프린터로 동시에 작업해야 할 경우에는 SD 카드를 이용하는 것이 간편하다. 물론 가장 좋은 방법은 컴퓨터에 설치된 프로그램을 사용하는 것이다.

여기서 잠시 슬라이싱 소프트웨어로 설정할 때 선택할 수 있는 옵션에 대해 살펴보자.

껍질

출력할 3D 모델을 구성하고 있는 각 레이어는 바깥쪽의 껍질^{shell}에 해당하는 부분과 (뒤에서 설명할) 안쪽의 충전재^{infill}로 구성되어 있다. 껍질의 두께는 경계선에 대한 숫자를 지정하는 방식으로 조절할 수 있다. 이때 경계선은 모형의 크기가 일정하게 유지되도록 동심원 형태로 안쪽부터 채워나간다. 따라서 경계선의 값을 높일수록(대체로 3이 적당하다) 충전재가 적게 들어간다. 껍질이 두꺼우면 모형이 좀 더 견고해진다.

충전재

3D 프린터로 출력한 모형은 대부분 속이 비어 있다. 그렇다고 해서 완전히 비어 있는 것은 아니다. 떨어뜨릴 때 깨지지 않도록 내부를 지지하는 구조물, 즉 충전재를 넣기 때문이다. 충전재는 모형의 내부가 어느 정도 채워질지를 결정하며, 구체적인 값은 모델을 슬라이싱하는 알고리즘에 의해 결정된다. 일반적으로 10% 정도로 지정하여, 껍질 속의 공간을 10% 정도만 재료로

채우고 90%는 비워두게 된다. 충전재를 100%로 채우면 내부에 공간이 전혀 남지 않기 때문에 무겁고 단단해진다. 또한 재료도 많이 들고 출력하는 데 걸리는 시간도 길어진다. 충전재의 양이 많으면 모형이 더 단단하고 잘 손상되지 않게 된다. 슬라이싱 소프트웨어에 따라 충전재의 패턴을 직사각형이나 육각형 등으로 선택할 수 있는 옵션을 제공하기도 하는데, 어느 패턴이 가장 튼튼한지는 직접 실험해 봐야 한다.

브리징

프린팅 작업을 할 때 빈 공간에 매달린 형태로 돌출된 오버행overhang에 모형을 출력할 수도 있다. 단, 최대 45°까지만 가능하다. 이렇게 빈 공간에 출력하는 작업은 세부적인 보정 작업을 처리하는 브리징bridging 알고리즘으로 직접 관리하기도 한다. 최종 결과는 대부분 그림 12-18처럼 끝이 헤진 형태로 나오게 된다. 끝이 날카롭거나 두 부분을 연결하는 구조물도 출력할 수 있다. 대신 지지대 역할을 하는 얇은 벽과 같은 구조물을 만들어서 모형에 집어넣어야 한다. 그리고 작업이 끝난 뒤에는 지지대 역할을 하는 구조물을 제거해야 한다. 지지대를 함께 출력해도 되지만, 마지막에 구조물을 제거하는 과정에서 모형에 자국이 남을 수도 있다.

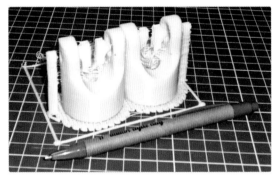

그림 12-18 유니버설 조인트를 구성하는 두 개의 부품을 출력한 결과. 부품마다 매달린 형태의 부분으로 구성되어 있으며, 자세히 보면 지저분한 자국이 남아 있다.

프린터에 압출기가 두 개나 달려 있다면, 지지대 역할을 하는 구조물을 출력하는 압출기에 (물에 녹는 PVA와 같이) 모형을 출력하는 압출기와 다른 재료를 사용해도 된다.

모서리가 휘어지지 않게 하려면, 프린팅 플랫폼에 래프트raft라 부르는 얇은 레이어를 깔고 그 위에 모형을 출력하면 된다. 래프트를 사용하면 모형이 프린팅 플랫폼과 더욱 잘 붙어 있어서 굉장히 유용하다. 접착력을 높이기 위한 또 다른 기법으로 유리로 된 플랫폼에 헤어 스프레이나 글루 스틱을 뿌리는 방법도 있다. 단, 헤어 스프레이를 사용할 경우 절대로 프린터에 직접 뿌리면 안 된다. 프린터에 있는 기어가 굳어버릴 수가 있다. 또한 쉴드shield나 배플baffle, 마우스 이어mouse ear 등과 같은 구조물을 적절한 위치에 놓으면 프린팅 과정에서 모형이 변형되지 않도록 방지할 수 있다.

표면 마감하기

간혹 출력된 결과물의 표면이 의도하지 않은 재질로 나오기도 한다. 이럴 때는 사포나 광택제로 표면을 매끄럽게 다듬어 주면 된다. 사포를 사용할 때는 갈아낸 가루를 들이마시지 않도록 주의한다. 가장 좋은 방법은 거친 사포로 먼저 다듬은 뒤에, 좀 더 가는 사포로 다듬어 나가는 것이다. 얼핏 생각하면 가는 사포부터 사용하는 것이 작업의 효율성이 높을 것 같지만, 이렇게 하면 최상의 결과물을 만들어낼 수 없다.

마지막으로 케이크를 만들 때 초콜렛을 녹이듯이, 히트 건heat gun으로 표면을 살짝 가열하여 매끄럽게 다듬는 방법이 있다.

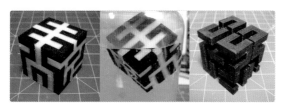

그림 12-19 *지지대로 사용할 부분에 다른 재료를 사용하여 복잡한 모형을 만드는 과정(사진 출처: 맷 슐츠, 3dppvd.org)*

프린터를 가지고 있지 않다면?

3D 프린터를 가지고 있지 않더라도 걱정할 필요 없다. 프로토타이핑 작업을 제공하는 온라인 서비스를 활용하면 된다. 포노코^{Ponoko}(https://www.ponoko.com), 3D 허브^{3D Hubs}(https://www.3dhubs.com), 아이 머터리얼라이즈^{i.materialise}(http://i.materialise.com), 셰이프웨이즈^{Shapeways}(http://www.shapeways.com), 스컬프티오^{Sculpteo}(http://www.sculpteo.com/en/) 등이 유명하다.

서비스를 제공하는 사이트에 회원으로 가입한 다음 3D 데이터를 업로드하고, 해당 서비스에서 제공하는 카탈로그에서 원하는 재료를 선택하면 된다. 출력할 모형에 따라 금속 재료를 추가할 수도 있다. 몇 번의 클릭을 거치면 구매가 완료된다. 그러면 며칠 또는 몇 주 후에 고해상도로 출력된 모형이 집 앞에 배달될 것이다.

제작 비용은 대부분 선택한 재료의 종류와 모형의 크기, 충전재 관련 옵션에 따라 달라진다. 이러한 서비스를 제공하는 사이트에서는 대부분 출력할 모형을 주문하는 과정에서 이에 관련된 조언을 제공한다. 어떤 서비스는 여러분이 작성한 모델의 오류나 문제점을 찾아주기도 한다.

위대한 예술가이자 차감 기법의 대가인 미켈란젤로는 자신의 작품에 대해 설명할 때 "대리석에 갇혀 있던 것을 해방시켜 줬다"라고 표현했다. 오늘날에는 기계의 발달 덕분에 예술가처럼 직접 끌을 다루지 않아도 폼 블록에 갇힌 모형을 손쉽게 해방시켜 줄 수 있게 되었다.

이처럼 거친 재료로부터 원하는 모형이 드러나게 하는 기계를 CNC 밀링 머신이라 부르며, 이름 그대로 컴퓨터를 사용하여 분쇄기나 선반, 그라인더, 드릴과 같은 다른 도구를 제어한다.

CNC 머신

CNC 머신도 3D 프린터처럼 예전부터 존재해 온 것으로 이미 수십 년 전부터 정밀 기계 부품을 제조하는 데 활용되어 왔으며, 대체로 크기가 아주 크고 가격이 비싼 편이다. 머신의 골격은 주철로 만들어지며, 진동을 최소화하기 위해 내부는 자갈로 채워진다. 일반적으로 보안이 생명이기 때문에 아무나 함부로 접근하지 못하도록 공장에 고정해 둔다.

CNC 머신은 본질적으로는 고정된 공간에서 공구를 움직여 모형을 제작하는 로봇이라고 볼 수 있다. 공구를 움직여 재료를 절삭 가공하는 기계로는 레이저 빔과 블레이드, 초음속 워터젯, 로테이팅 기구rotating instrument 등이 있으며, 재료를 깎아내는 기능을 가지고 있는 공구라면 무엇이든 적용할 수 있다.

CNC 머신도 디지털 혁명을 비켜 갈 수는 없었다. 몇 년 전부터는 CNC 머신 제작을 위한 오픈소스 프로젝트가 메이커들에 의해 인터넷에 조금씩 등장하기 시작했다. 물론 이렇게 직접 제작한 머신(그림 13-1 참조)은 공장에서 사용되는 모델만큼 정밀하지 않지만, 필수적인 기능은 제대로 갖추고 있다. 일부 제조사에서는 4ft^2 정도의 크기로 된 저렴한 데스크톱 모델을 개발하기도 했다.

그림 13-1 *산업용 샵봇 5축 CNC*

이번 장에서는 바로 이 CNC 밀링 머신에 대해 살펴볼 것이다. CNC 밀링 머신에는 재료를 뚫을 수 있는 드릴 형태의 커팅 헤드cutting head가 달려 있다. 대개 목재, 플렉시글라스Plexiglas, 플라스틱, 카드보드, 인쇄회로기판, 폼, 금속 등을 비롯한 다양한 재료를 가공할 수 있다. 물론 금속 가공이 가능한 밀링 머신의 경우, 목재 가공이 가능한 가정용 밀링 머신과 구조나 무게, 기능 면에서 크게 다르다.

간단한 형태의 밀링 머신은 x와 y, z축을 기준으로 움직인다. 그래서 3축 머신3-axis machine이라 부른다. 이보다 가격이 비싼 고성능 머신은 네 개나 다섯 개 이상의 축을 기준으로 움직이기도 한다. 어떤 것은 주축에 대해 회전하는 기능도 갖추고 있다. x축에 대해 회전하는 축을 A축이라 부르며, 마찬가지로 y축과 z축을 기준으로 회전하는 축을 각각 B축과 C축이라 부른다. 어떤 머신은 복잡한 형태로 움직일 수 있는 로봇 팔이 장착되어 있어서, 팔이 닿는 거의 모든 부분을 머신으로 가공할 수 있다. 다행히도 이러한 머신의 작동 과정은 사용자가 아닌 별도의 소프트웨어를 통해 처리된다.

한편, 가공 작업을 처리하는 공구가 움직일 수 있는 범위가 곧 머신의 작업 공간이 된다. 특수한 형태의 가구에 들어가는 부품이나 조립식 건물을 제조하지 않는 이상, 일반적으로는 작업 공간이 넓지 않아도 충분히 작업이 가능하다. 가령 그림 13-2에 나온 메보틱스 마이크로팩토리Mebotics Microfactory(http://www.mebotics.com/microfactory.html)의 경우 작업 공간이 12×12×6" 정도이다.

이 정도의 공간은 프로토타입을 제작하기에도 충분하다. 작업 공간이 다소 좁아 보이겠지만, 3D 프린팅 작업을 할 때와 마찬가지로 큰 모형을 여러 개의 조그만 조각으로 나눠서 처리하면 된다. 이 경우 전체 모형을 모듈로 구성해서 여러 부품을 하나로 합치거나 쐐기를 박아 연결하는 방식으로 설계하면 된다. 인터넷에 검색해 보면 멋진 스냅핏 조인트snap-fit joint를 만드는 다양한 예제를 쉽게 찾을 수 있다.

그림 13-2 메보틱스 마이크로팩토리가 작동하는 모습

밀링 머신(엔드밀endmill)은 드릴과 거의 비슷하게 생겼기 때문에, 초보 메이커들은 쉽게 구분하지 못할 수도 있다. 드릴은 구멍을 뚫기 위해 수직으로 작동하는 데 반해, 밀링 머신은 모서리를 잘라내기 위해 수평으로 이동하여 재료를 한 겹씩 제거하는 방식으로 작동한다.

밀링 머신은 가공할 대상의 종류에 따라 다양한 형태를 가진 헤드를 골라서 장착할 수 있다(그림 13-3).

- 포인트 팁pointed-tip 헤드: 끝이 볼펜처럼 생겼다. 주로 재료를 깎거나 무늬를 새길 때 사용한다.
- 볼 노즈 엔드밀ball-nose endmill 헤드: 둥근 유기organic 표면을 만드는 데 적합하다.
- 사각형 헤드: 한 개 이상의 세로 홈이 패여 있다. 형 평면과 곡면 모두 가공할 수 있다.

일반적으로 밀링 헤드의 길이는 6~10mm 사이로 고정되어 있으며, 끝단으로 갈 수록 폭이 좁아지는 막대가 달려 있다. 이 막대는 스핀들spindle이라는 고정 장치에 단단히 고정된다. 드릴에 심을 장착하는 과정을 떠올리면 이해가 쉬울 것이다. 스핀들이 좋을수록 헤드가 정확히 정렬된 상태로 장착된다. 밀링 머신의 작업 단위는 밀리미터 이하이기 때문에 굉장히 중요한 기능이다. 헤드가 정확히 장착되지 않았을 경우, 정밀도가 떨어질 뿐만 아니라 도구의 내구성이 50% 이하로 떨어지게 된다.

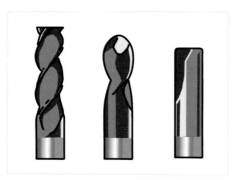

그림 13-3 (왼쪽부터 오른쪽 순서로) 멀티 플루트, 볼 노즈, 싱글 플루트 엔드밀

산업용 밀링 머신의 경우 도구가 완벽하게 결합될 수 있게끔 엔드밀 자동 교체 기능을 제공한다. 또한, 작업의 성격에 적합한 도구를 선택할 수 있도록, 자동화된 랙에 여러 가지 도구를 보관할 수도 있다.

What's the Use?

밀링 머신의 용도

CNC 밀링 머신은 반복적인 작업을 빠르고 정확하게 처리한다. 거의 모든 종류의 가공에 활용되지만, 첨삭 가공보다는 무늬를 새기거나 얕은 양각bas-relief으로 조각하거나, 틀을 만들거나 구멍을 뚫는 등의 절삭 가공에 적합하며, 플라스틱보다는 목재나 금속과 같은 기계적 저항이 강한 대상을 가공하는 데 적합하다.
CNC 밀링 머신을 활용하는 예를 몇 가지 나열하면 다음과 같다.

- 기타에 로고나 이름을 새기거나, 모든 부품을 처음부터 직접 제작한 커스터마이즈 기타를 만들 때 활용할 수 있다.
- 유명한 조각가이자 그래픽 디자이너인 에셔M. C. Escher의 작품을 3D 버전으로 만드는 것과 같은 예술 작품을 만드는 데 적합하다.
- 초콜릿 바를 만드는 몰드 같은 것을 만들 수 있다.
- 나무 상자나 다양한 모양과 크기를 가진 그릇에 무늬나 글자를 새길 때 사용할 수 있다.
- 비행기 모델과 같은 모형을 제작하기 위한 형틀을 제작할 때 사용한다.
- 다양한 종류의 금속 기어 부속을 만들 때 활용할 수 있다.
- 인쇄 회로 기판을 제작할 때 사진 제판photoengraving 방식이나, 산성 재료로 모양을 만드는 방식을 사용하는 대신, 밀링 머신으로 플라스틱 또는 구리 샌드위치에 회로를 새기는 방식을 사용할 수 있다.

CNC 머신의 제어 유닛은 드라이버^{driver}라 부르는 회로를 통해 모터의 움직임을 제어한다. 정확도를 높이기 위해 모든 움직임은 인코더^{encoder}라 부르는 특수한 센서로 측정한다.

CNC로 디자인하기

CNC 밀링 머신으로 만들 수 있는 창작물의 범위를 파악하기 위해, 어떤 작업이 가능한지에 대해서 알아보자.

3축 밀링 머신은 다음과 같은 세 가지 절삭 작업을 수행할 수 있다.

- 2D 절삭: 일정한 깊이로 직선 형태의 경계선을 정확히 파내는 작업으로, x축과 y축 평면에서만 움직인다(그림 13–4).
- 2.5D 절삭: 머신이 xy 평면에서 작업하지만, 깊이를 다르게 지정할 수 있다. 윤곽을 잘라내거나 구멍을 파낼 수 있다. 이렇게 작업한 표면은 수평 또는 수직 방향으로만 생성된다(그림 13–5).
- 3D 절삭: 밀링 머신은 세 축을 기준으로 동시에 작업할 수 있어서, 거의 모든 방향으로 표면을 생성할 수 있다.

그림 13–4 *2D 절삭 작업을 마친 후 쉬고 있는 샵봇 핸디봇(ShopBot Handibot)*

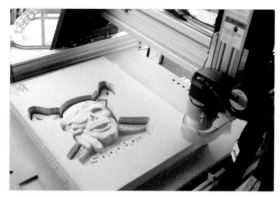

그림 13-5 샵봇(ShopBot)으로 2.5D 절삭 가공을 수행하는 모습

제작할 대상을 디자인하고 그리는 단계에서는 이를 실제로 제작할 때 사용할 머신의 특성을 염두에 두는 것이 중요하다.

제작할 대상의 해상도는 재료의 속성뿐만 아니라, 이를 제작한 헤드의 크기로부터 영향을 받는다. 6mm 헤드로는 작고 섬세한 부분을 표현하기 힘들다. 절삭 과정에서 세부적인 부분이 깎여 나갈 수도 있다. 그림 13-6처럼 헤드가 움직일 공간이 충분하지 않은 경우에도 비슷한 문제가 발생한다. 헤드가 움직이면서 모형 일부분이 잘려 나가버릴 수 있다.

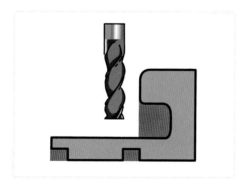

그림 13-6 도구의 이동 경로를 계산하는 소프트웨어(CAM)는 빨간색 부분을 제외한다. 이 부분은 3축 밀링 머신으로는 작업할 수 없는 부분이기 때문이다.

3축 밀링 머신은 재료를 회전시킬 수 없다. 그래서 작업 표면에 지지되어 있는 면은 처리할 수 없다. 따라서 제어 소프트웨어는 결과물이 손상되지 않도록 작업할 수 없는 부분은 제외하고 처리한다.

한 번에 닿을 수 없는 영역도 처리해야 한다면, 물체의 방향을 수동으로 바꾸는 참조 시스템을 만들어서, 작업을 이어서 수행할 수 있도록 머신을 다시 정렬해야 한다. 이를 위해 피봇 및 정렬용 펙으로 만든 구멍이나 조인트를 활용하면 된다. 필요할 경우 '실제로' 작업할 대상의 바깥면에도 추가한다.

여기서 한 가지 더 고려해야 할 점은 밀링 머신이 닿을 수 있는 거리에 한계가 있으며(그림 13-7), 스핀들이 상당히 많은 공간을 차지한다는 것이다. 그래서 스핀들이 경계선이나 벽에 닿아서 원하는 깊이만큼 파낼 수 없을 수도 있다.

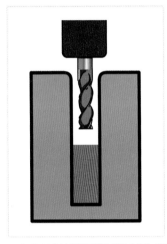

그림 13-7 *홈이 너무 깊어서 파낼 수 없는 경우*

소프트웨어

3D 프린터와 마찬가지로, 밀링 머신에서도 소프트웨어가 사용된다. 여기에서는 다음과 같은 세 종류의 소프트웨어가 필요하다.

- CADComputer Aided Design: 모델 그리기 및 특정 파일 확장자(STL, EPS, DXF 등)로 내보내는 기능을 가진 소프트웨어
- CAMComputer Aided Manufacturing: G-code를 만드는 데 필요한 소프트웨어이다.
- 머신 제어용 소프트웨어

CNC 소프트웨어

시중에는 3D 프린터와 마찬가지로 여러 가지 소프트웨어가 나와 있으니 자신의 작업에 가장 적합한 것을 선택하면 된다. 11장에서 소개한 3D CAD 소프트웨어 중에서 선택해도 좋고 다른 프로그램을 사용해도 좋다. 예를 들어, 잉크스케이프^{Inkscape}(https://inkscape.org)는 오픈소스 형태의 프리웨어로 2D CAD 작업에 적합하다. 또 다른 소프트웨어인 오토데스크 퓨전 360^{Autodesk Fusion 360}(http://fusion360.autodesk.com/features)은 학생, 교사, 스타트업 분야 종사자 등의 일부 사용자에게 무료로 제공된다.

CAM 소프트웨어

2D나 3D 모델을 일련의 CNC 밀링 머신용 명령으로 변환하려면 CAM 소프트웨어가 필요하다. 이 소프트웨어는 머신이 모델을 제작하는 데 필요한 공구의 이동 경로를 생성하는 역할을 한다. 뛰어난 CAM 소프트웨어는 최적의 경로를 찾아내고, 정교한 가공 전략을 통해 작업 시간을 단축시킴으로써 더 좋은 결과를 만들어낸다. CNC 밀링 머신용 CAM 소프트웨어는 대부분 유료로, 가격도 굉장히 비싼 반면 복잡하고 오래된 형태의 사용자 인터페이스를 제공한다는 단점이 있다. 다행히도 직접 제작 가능한 밀링 머신이 많이 등장하면서 이를 위한 소프트웨어도 가격과 복잡도 측면에서 메이커에 적합한 제품이 많이 나왔다. 그중에서도 멕소프트^{MecSoft}에서 나온 프리밀^{FreeMill}(http://mecsoft.com/freemil, 그림 13-8 참조)이라는 제품을 추천할 만하다. 프리밀은 CNC를 위한 고품질의 CAM 소프트웨어로서, 무료로 제공되며 굉장히 간단한 알고리즘을 사용하기 때문에 복잡한 최적화 전략은 제공하지 않지만 필요한 기능이 완벽하게 제공되며, 보다 완전한 형태의 제품인 비주얼밀^{VisualMill}의 기반이 되는 소프트웨어다.

프리밀

프리밀^{FreeMill}의 사용법에 대해 간략히 소개한다.

설계도 업로드가 끝난 뒤에는 작업에 관련된 매개변수를 설정해야 한다. 창의 왼쪽을 보면 카드 형태로 구성된 마법사^{wizard}가 있는데, 여기에 주요 정보를 입력하면 된다. 가장 먼저 머신의 축 방향을 입력한 다음, 작업할 블록의 크기와 여백의 크기를 입력한다(그림 13-9).

CNC 머신이 세 축으로 움직이며 작업하므로 참조 지점이나 축의 원점을 지정해야 한다. 이 값을 지정하는 방식은 머신마다 다르기 때문에 자신이 사용하는 머신에 적합한 정보를 이 단계에서 입력한다(그림 13-10).

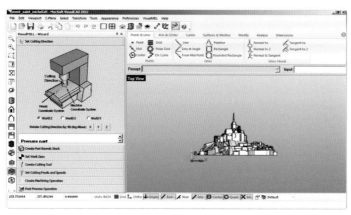

그림 13-8 멕소프트 사의 무료 CAM 소프트웨어 프리밀

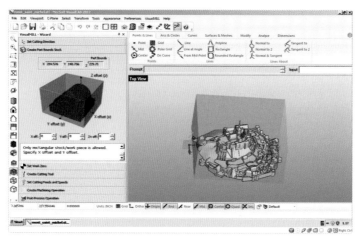

그림 13-9 작업 영역과 여백을 설정하는 모습

그림 13-10 참조 지점을 설정하는 모습

다음 단계로 (납작하거나, 둥글거나, 뭉툭한 헤드 형태 등과 같은) 도구의 종류와 크기, 그리고 스핀들의 길이와 특징을 설정한다(그림 13-11).

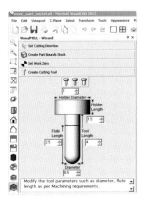

그림 13-11 도구의 크기를 지정하는 모습

그런 다음 머신이 움직이는(feed) 속도와 도구가 회전하는 속도를 지정한다(그림 13-12).

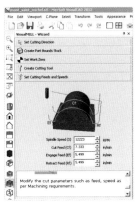

그림 13-12 도구의 움직이고 회전하는 속도를 설정하는 모습

이제 G-code를 생성하고 작업 경로를 시각적으로 표현하기 위한 매개변수를 설정한다. 패널에서 주축이 x나 y축 중에서 어느 축인지 지정할 수 있다(그림 13-13).

그림 13-13 *작업 경로 설정하기*

마지막으로 [Post-Process Operation^{후처리 연산}]으로 파일을 생성한다. 그러면 여러 이름이 담긴 긴 리스트가 생성되는데, 그중에서 제어 소프트웨어를 선택해야 한다. 여기에 자신이 사용하는 제어 소프트웨어가 나와 있지 않으면 [General Postprocessor] 옵션을 선택한다.

제어 소프트웨어

전문가용 밀링 머신을 구매하면 이를 작동하기 위한 제어 소프트웨어도 함께 제공된다. 그러나 머신을 직접 제작할 경우에는 이를 제어할 소프트웨어를 직접 구해야 한다. 추천할 만한 것으로는 다음과 같은 것이 있다.

MACH3 for Windows

MACH3 for Windows(http://www.machsupport.com/software)는ArtSoft USA에서 제작한 소프트웨어로, 무료 버전은 G-code를 500줄까지만 생성할 수 있다(그림 13-14). 상용 버전도 200달러 정도면 구매할 수 있다.

EMC2 LinuxCNC(http://www.linuxcnc.org)는 오픈소스로 제공되는 소프트웨어다.

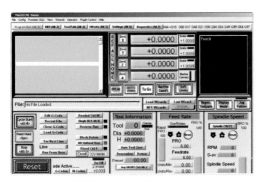

그림 13-14 *MACH3 제어 소프트웨어*

한 가지 기억할 것은 어떤 소프트웨어를 사용하더라도 설치한 후에는 반드시 적절한 값으로 설정해야 한다는 점이다. 작업 영역 크기나 작업 속도, 도구의 회전 속도 등과 같은 설정값은 머신마다 다르다. 이렇게 설정한 뒤에는 신호를 제대로 보내고 받을 수 있는지 확인하고, 몇 가지 테스트 작업을 수행해서 시스템의 기능과 성능을 좀 더 세밀하게 조율한다. 이 과정은 몇 시간에 걸쳐 진행되기 때문에 상당한 인내심을 필요로 한다.

지금까지 설명한 내용이 어렵게 느껴질 수도 있는데, 원래 밀링 머신 자체가 복잡하기 때문에 어쩔 수 없다.

어디서 작업해야 할까?

밀링 머신은 3D 프린터만큼 큰 인기를 끌지 못했다. 3D 프린터보다 구조와 사용법이 복잡하기 때문이기도 하다. 게다가 공간도 훨씬 많이 차지하고, 관리하기도 까다롭다. 그렇지만 밀링 머신을 통해 훨씬 다양한 작업을 처리할 수 있을 뿐만 아니라, 어떤 작업은 밀링 머신으로만 할 수 있다.

전기 회로와 같이 조그만 모형만 제작한다면, (작업 공간의 크기가 10×10cm 이하인) 소형 데스크탑용 밀링 머신을 구매해서 사용해도 충분하다.

이보다 큰 물체를 제작해야 한다면 팹랩, 메이커스페이스, 해커스페이스 등과 같이 장비를 제대로 갖추고 있는 공간을 활용하는 것이 좋다. 여기에서는 원하는 제품을 제작하는 데 필요한 도움을 줄 수 있는 사람도 상주하고 있다.

만약 밀링 머신을 직접 제작할 거라면 인터넷을 통해 다양한 정보를 찾을 수 있다. 만약 초보자라면 'Build Your CNC^{CNC 직접 만들기}(http://www.buildyourcnc.com)' 웹사이트를 추천한다. 이 사이트에서는 조립하기만 하면 되는 키트 형태의 제품도 판매하고 있다.

정확한 크기로 작업해야 하는 경우나, 또는 금속 재질의 물체를 가공해야 하는 경우에는 전문 프로토타이핑 스튜디오나 전문 미케닉이 운영하는 작업장을 방문하는 것이 좋다. 정확도를 떨어뜨리는 진동을 억제하려면 커다랗고 무거운 머신을 사용해야 하기 때문이다. 또한 세 개 이상의 축으로 작동하는 머신을 사용하려고 해도 전문 작업장에 가야 한다. 이러한 머신은 공간을 상당히 차지할 뿐만 아니라 가격도 상당히 비싸기 때문에 아무나 이런 장비를 갖추고 있을 수 없다.

레이저 절단

이번 장에서는 3부에서 마지막으로 소개할 디지털 제조 기술인 레이저 절단laser cutting에 대해 살펴본다. 최근에는 레이저 절단기를 사용할 줄 모르는 사람은 메이커라고 부를 수 없을 정도로 기계가 보편화되었다. 이러한 기준에 동의하지 않을 수도 있지만, 메이커가 사용하는 도구 가운데 레이저 절단기가 차지하는 비중이 상당히 크다는 점은 부인할 수 없을 것이다.

레이저

레이저laser는 light amplification by stimulated emission of radiation를 짧게 줄인 말로서 다소 어렵게 들릴 수도 있지만, 한 마디로 표현하면 '뜨거우니 조심하시오'라는 뜻이다. 레이저는 굉장히 좁은 영역에 많은 양의 에너지를 쏴서 작업할 재료(또는 적군 로봇을) 녹이거나, 태우거나, 증발하게 만들 수 있다. 레이저 절단기는 레이저의 이러한 특성을 활용하여 다양한 재료를 작업할 수 있도록 만든 도구다.

레이저 절단기

레이저 절단기에는 레이저에서 방출하는 적외선 광선의 방향과 초점을 제어하는 광학 시스템을 비롯해 재료를 레이저로 절단하는 과정에서 발생한 파편을 공기나 가스로 불어내는 장치가 갖춰져 있다. 물론 시중에는 다양한 종류의 레이저 절단기가 출시되어 있고, 이러한 성능이나 기능은 제품에 따라 천차만별이다. 구조 및 성능, 작업 가능한 재료, 광학적인 특성, 레이저의 종류 등 제품에 따라 다양한 속성을 지니고 있다. 그중 가장 많이 사용되는 것은 가스를 자극하는 방식의 레이저 절단기이다(가스는 주로 이산화탄소를 사용한다).

이 외에도 다양한 방식의 레이저 절단기가 있다. 어떤 절단기는 레이저 빔을 고정시킨 채로 재료를 움직이는 방식으로 가공하고, 또 어떤 절단기는 재료를 고정시킨 채로 레이저를 움직이는 방식으로 가공한다. 이러한 방식의 절단기는 레이저 튜브tube를 고정시키고 여러 개의 이동 가능한 거울로 레이저 빔beam의 방향을 원하는 곳으로 바꾼다. 이때 사용되는 거울은 잉크젯 프린터의 헤드처럼 움직인다. 물론 축을 하나만 사용하는 잉크넷 프린터와 달리, 두 개의 축을 사용하기 때문에 평면 전체를 다룰 수 있다. 레이저 절단기를 직접 사용해 보면 이것도 명령을 읽어서 도구를 작동하는, 일종의 CNC 머신이라는 것을 알 수 있다.

앞서 말했듯 레이저 절단기에 사용할 수 있는 재료 또한 무척 다양하다. 아크릴, 종이, 카드보드, 나무, 펠트, 천, 고무, 가죽, 플렉시글라스 등을 사용할 수 있다. 고성능 모델의 경우는 몇 가지 금속 재료도 가공할 수 있다. 작동 과정도 제품마다 다르다. 파워와 초점을 조절하여 재료를 자르고, 레이저로 잘라낼 부분에 선을 그을 수도 있으며, 글씨나 그림 등을 새겨 넣을 수도 있다. 그림 14-1, 14-2, 14-3은 레이저 절단기로 작업하고 있는 모습을 예로 든 것이다.

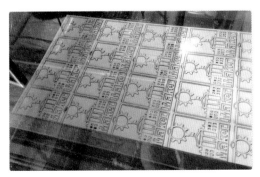

그림 14-1 백악관에서 최초로 개최된 메이커 페어를 기념하기 위하여 참석자용 뱃지를 레이저 절단기로 작업하는 모습

그림 14-2 로드 아일랜드의 프로비던스에 위치한 AS220 랩 소속 메이커인 래리 자고르스키(Larry Zagorsky)가 레이저 절단기로 작업한 작품

가공 가능한 두께는 일반적으로 몇 mm 정도지만, 절단기 성능에 따라 수십 mm까지도 잘라 낼 수 있다. 가공할 수 있는 두께가 제한적이라고 해서 반드시 평면으로 된 물체만 만들 수 있는 것은 아니다. 만들 대상을 여러 개의 조각으로 구성한 다음, 각 조각을 조립하는 방식을 사용하면 단순한 박스부터 복잡한 모델까지 다양한 3차원 물체도 만들 수 있다.

오토데스크 123D 메이크Autodesk 123D Make와 같은 소프트웨어는 여러 부분을 연결하여 3차원 조각을 만들 수 있도록, 3D 모델을 여러 개의 평면 도형으로 분해하여 생성하는 기능도 제공한다.

레이저 절단기는 시중에서 판매되기도 하지만 인터넷 커뮤니티를 통해 제공되기도 한다. 대표적인 예가 레이저소어Lasersaur(http://www.lasersaur.com)이다. 이러한 절단기는 가격이 저렴하고 안전하며, 메이커가 작업하기에 충분한 기능을 제공한다. 모든 기능에 대한 상세한 설명이 문서로 제공되므로, 원한다면 인터넷 커뮤니티에서 제공하는 프로젝트에서 가지를 치고 프로젝트의 문서 저장소를 복제하여 자신이 원하는 형태의 레이저 절단기로 새롭게 개조하는 것도 가능하다.

물론 누구나 레이저 절단기를 갖출 수는 없다. 오픈소스로도 제공된다 할지라도 기본적으로 비용이 많이 들기 때문이다. 다행히 한 번의 클릭으로 고성능 레이저 절단기를 사용할 수 있는 여러 가지 서비스가 합리적인 가격으로 제공되고 있다. 이 책을 집필하고 있는 시점인 2015년 초반에만 해도 'laser cutting service'라는 키워드를 구글 검색창에 입력하면, 해당 서비스를 제공하는 회사가 엄청나게 많았다. 이러한 서비스 가운데 상당수는 고품질의 전문가를 위한 서비스를 제공하기 위한 목적으로 모델링 단계부터 도움을 주기도 한다.

레이저 절단기는 팹랩을 비롯한 여러 메이커스페이스와 해커스페이스의 표준 장비로 자리 잡았다. 만약 가까운 곳에 이러한 공간이 있다면, 한 번 정도 방문해 보자. 약간의 비용만 지불하면 레이저 절단기를 사용하는 방법을 배울 수 있고 자신의 프로젝트에 활용할 수도 있다.

그림 14-3 메이커 페어 노스캐롤라이나에서 마크 플라가(Mark Plaga)가 명작 보드 게임인 모노폴리를 메이커 버전으로 패러디한 메이커폴리(Makerpoly)를 레이저 절단기로 만든 모습

레이저 절단기의 활용 분야

레이저 절단기를 사용하면 다음과 같이 다양한 작업을 할 수 있다.

- 3D 프린터로 만든 부품, 볼 베어링, 운동 기구용 무게추, 자전거 핸들을 사용하여 완성한 스테디캠
- 원하는 모양과 무늬를 새긴 조립식 박스
- 사람의 키와 비슷한 높이의 합판
- 큰 힘을 많이 받지 않으며 높은 마모도를 가지지 않아도 되는 톱니와 기어
- 시트를 평행으로 쌓거나 수직으로 결합하는 방식으로 만드는 3D 모형
- 책으로 만든 조각 작품
- 명함
- 목걸이, 귀걸이, 펜던트, 버튼, 뱃지
- 다양한 재료에 글씨나 무늬를 새기는 작업
- 예술 작품

모델

레이저 절단에 사용되는 모델은 기본적으로 2차원 벡터^{vector} 그래픽으로 구성되며, 처리 작업의 종류는 선의 색깔로 나타낸다. 레이저 절단 소프트웨어는 이러한 벡터 모델을 머신이 실제로 처리할 수 있는 명령으로 변환한다.

벡터 그래픽

우리가 스마트폰으로 보는 사진은 비트맵^{bitmap} 또는 래스터^{raster} 이미지로 구성된다. 이러한 이미지는 픽셀^{pixel}이라 부르는 수백만 개의 조그만 점으로 구성되어 있으며, 점마다 색깔을 지정할 수 있다.

벡터 그래픽 소프트웨어를 사용하면 복잡한 도형을 수학적인 관계로 표현할 수 있다. 가령 중심점과 반경만 알면 원을 그릴 수 있다. 벡터 방식으로 그림을 표현하려면 소프트웨어를 통해 이미지 파일에 담긴 공식에 따라 각각의 픽셀에 대한 위치를 계산해야 한다. 벡터 그래픽 방식은 비트맵보다 처리 과정이 복잡하지만, 좀 더 정확하게 표현할 수 있다는 장점이 있다.

벡터 그래픽을 처리할 수 있는 소프트웨어라면 어떤 것으로도 레이저 절단용 모델을 만들 수 있다. 가령 어도비 일러스트레이터^{Adobe Illustrator}나 코렐 드로우^{CorelDRAW}와 같은 도구를 사용해도 된다. 이보다 훨씬 저렴한(무료로 제공되는) 잉크스케이프로도 작업할 수 있다. 다음 절에서는 이 도구로 모델을 만드는 방법을 소개한다.

잉크스케이프

잉크스케이프는 공식 웹사이트(http://inkscape.org)에서 다운로드할 수 있다[※]. 자신이 사용하는 OS 환경에 적합한 버전을 골라 설치하고 구동한다. 잉크스케이프의 장점은 쉽게 사용할 수 있도록 인터페이스가 구성되어 있다는 점이다. 또한, 단계별로 따라 할 수 있는 지침서, 즉 튜토리얼이 제공되기 때문에 이 소프트웨어를 처음 사용하는 사람뿐만 아니라 벡터 그래픽을 한 번도 만들어 본 적이 없는 사용자도 쉽게 따라 할 수 있다. 잉크스케이프의 튜토리얼은 직접 따라 할 수 있도록 구성되어 있기 때문에, 사용자는 복잡하거나 지루한 설명 없이도 곧바로 잉크스케이프 파일을 수정하면서 소프트웨어의 사용법을 익힐 수 있다.

튜토리얼을 보려면 메인 메뉴의 [도움말^{Help}]→[지침서^{Tutorials}]를 선택한다. 여기서 첫 번째 항목인 'Inkscape: 기본'을 클릭하면 새로운 창이 뜬다. 이 지침서에서는 문서 안에서 이동하는 방법 문서를 확대 또는 축소하는 방법, 새로운 파일을 생성하거나 기존 파일을 수정하는 방법 등에 대해 설명한다.

※ 편집자주_ 잉크스케이프는 한국어 버전을 지원한다. 해당 링크를 통해 프로그램을 다운로드하면 한국어 버전 프로그램이 자동으로 설치된다. 이에 이번 장에 나오는 프로그램 내부 메뉴 명칭들은 잉크스케이프 한국어 버전을 기준으로 수록했다. 다만, 그림으로 수록된 스크린샷은 원서의 내용을 그대로 보존하기 위하여 영문 버전의 스크린샷을 그대로 수록하였다.

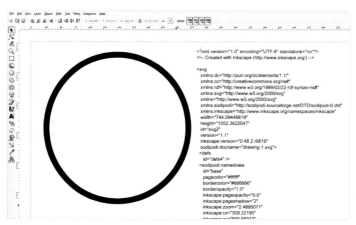

그림 14-4 *SVG 파일 형식으로 표현한 원*

잉크스케이프 파일의 파일 형식은 그림 14-4과 같이 벡터 그래픽에 대한 공개 표준인 SVG
Scalable Vector Graphics 파일 형식으로 되어 있다. SVG 파일 형식은 텍스트 파일 확장자인 XML을
응용한 것이다. 깃(10장 참고)을 이용하면 이 파일에 대해 작업한 변경 내역을 추적할 수 있다.
원을 정의하는 코드는 다음과 같다.

```
<path
    sodipodi:type="arc"
    style="fill:#fe5b58;fill-opacity:1;stroke:none"
    id="path2985"
    sodipodi:cx="151.42857"
    sodipodi:cy="295.21933"
    sodipodi:rx="271.42856"
    sodipodi:ry="277.14285" >
```

튜토리얼을 따라 하다 보면 직사각형, 별, 나선형 등과 같은 다양한 도형도 만들 수 있다. 튜토
리얼을 충분히 숙지한 후(최소한 앞에 나온 두 개 정도는 직접 해보기 바란다), 본격적인 작업
을 시작한다. 지금부터는 몇 가지 로고와 텍스트가 담긴 간단한 기호를 만들어 볼 것이다.
먼저 문서를 새로 생성하고 '새 폴더/디렉터리'에 저장한다. 이 디렉터리를 작업 디렉터리
working directory라 부를 것이다. 깃으로 변경 사항을 쉽게 추적할 수 있도록 압축하지 않은 형태
로 SVG 파일을 저장한다.

우리가 제작할 로고(그림 14-5)는 두 개의 이미지와 두 종류의 텍스트로 구성되어 있다. 먼저 텍스트부터 만들어 보자. 좌측 툴바에 있는 〈문자열 생성 및 편집〉 버튼을 클릭하거나 키보드의 [F8] 키를 누른 다음 문서의 임의의 지점에 클릭한다. 글자를 입력할 정확한 위치는 나중에 다시 지정할 것이다. 일단 그림 14-6처럼 글자를 입력한다.

그림 14-5 *우리가 제작할 로고*

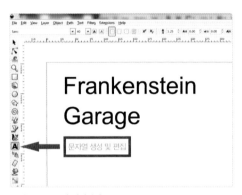

그림 14-6 *글자 입력하기*

폰트를 변경하려면 그림 14-7과 같이 텍스트를 선택한 상태에서 좌측 상단의 드롭 다운 메뉴를 클릭한 뒤, 원하는 폰트를 선택한다.

그림 14-7 텍스트에 적용할 폰트 선택하기

툴바에 있는 여러 가지 버튼(그림 14-8)을 클릭하면 글자 크기, 간격 등을 조절하여 텍스트의
스타일을 다양하게 지정할 수 있다.

그림 14-8 텍스트 편집하기

문서에 작성한 글자의 위치를 가운데로 이동하려면 텍스트를 선택한 상태에서 단축키인
[Shift]+[Ctrl]+[A] 키를 눌러 '배열/정렬Align and Distribute' 패널을 띄운 다음, '페이지Relative to
Page' 옵션을 선택한 뒤 '수직 축 중앙Center on vertical axis'이라는 툴팁이 표시된 버튼을 클릭한다
(그림 14-9).※

◇◇◇◇◇◇◇◇◇◇◇◇◇◇◇◇◇◇◇◇◇◇◇◇◇◇◇◇◇◇◇◇◇◇◇◇

※ 역자주_ 0.91 버전 프로그램에서는 툴팁이 '수평 축 중앙'이라고 되어 있는데 이는 오타이다. 아이콘 모양을 잘 보고 선택하기
  바란다.

그림 14-9 **오브젝트 정렬하기**

이렇게 작성한 텍스트를 레이저 절단기로 작업하려면 정확한 작업이 가능하도록 벡터 경로로 변환해야 한다. 변환 과정은 되돌릴 수 없으며 한 번 변환된 텍스트는 수정하기 어려우니 주의하는 것이 좋다. 텍스트가 담긴 레이어를 복사해서 미리 백업해 두고 복사본으로 작업하는 것도 좋은 방법이다. 그러면 작업 과정에서 실수를 하더라도 언제든지 파일을 삭제하고 원본 파일에서 복사본을 만들어서 이전 상태에서 다시 시작할 수 있다.

작업이 다 끝났다면 원본 레이어를 가린다. 단축키 [Shift]+[Ctrl]+[L] 키를 눌러서 '레이어 목록Layers' 패널을 열고 레이어 이름(Layer 1)을 더블 클릭하면 레이어 이름을 바꿀 수 있다. 좀 더 대상을 잘 나타내주는 이름으로 수정한다(그림 14-10).

그림 14-10 *레이어 이름 바꾸기*

이름을 바꿨다면, 다시 레이어 이름에 마우스 포인터를 대고 오른쪽 버튼을 클릭한 뒤 'Duplicate Current Layer' 항목을 선택하여 레이어를 복사한 다음, 새로 복사한 레이어의 이름도 적절히 변경한다. 레이어 이름을 반드시 변경할 필요는 없지만, 작업하는 대상을 쉽게 파악하기 위해서 가급적이면 이름을 새로 짓는 것이 좋다. 레이어 옆의 눈동자 모양 아이콘을 클릭하면 원본 텍스트 레이어를 숨길 수 있다.

복사한 레이어에 있는 텍스트를 클릭한 다음 메뉴에서 [경로^{Path}]→[객체를 경로로^{Object to Path}]를 선택한다. 제대로 변환이 되었는지 확인하려면 [F2] 키를 누르면 된다. 이 키는 경로를 직접 편집할 수 있게 해 준다(그림 14-11).

그림 14-11 **절단할 텍스트**

레이저 절단기는 벡터 라인의 색상을 레이저 강도로 변환한다. 가령 완전히 까만 선은 최대 강도로 레이저 절단을 하는 것을 의미한다. 레이저로 물체를 잘라내지 않고 약간의 쉐이딩 효과만 주려면, 선의 색상을 옅게 표현해야 한다. 텍스트를 모두 선택했는지 다시 한 번 확인한 다음 [Shift]+[Ctrl]+[F] 키를 눌러 '채움/윤곽선^{Fill and Stroke}' 패널을 연다. Fill 탭에서 '평면 색상 ^{Flat Color RGB}'의 값을 중간 정도의 회색을 가리키는 [128, 128, 128]로 선택한다(그림 14-12).

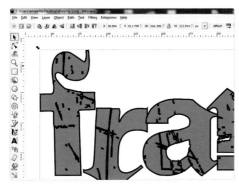

그림 14-12 **텍스트의 속이 다르게 채워질 것이다.**

이제 텍스트의 안쪽 부분을 변경했다. 글자를 모두 잘라내지 않게 하려면 외곽선을 수정해야 한다. '윤곽선 칠하기Stroke Paint' 탭으로 가서, '평면 색상Flat Color'을 선택하고, 스트로크를 RGB [128, 128, 128]로 지정한다. 그리고 '윤곽선 스타일Stroke Style' 탭으로 가서 Width폭을 0.010mm로 선택한다. 그러면 그림 14-13과 같은 결과를 얻을 수 있다.

그림 14-13 *처리할 준비가 끝난 텍스트*

이제 기호의 외곽선을 그린다. 화면 왼쪽의 아이콘 중 〈사각형 생성Rectangle tool〉 아이콘을 클릭하거나 [F4] 키를 누른다(잉크스케이프에서는 거의 모든 기능에 대한 단축키가 정의되어 있다. 따라서 이러한 키의 사용법을 익히면 작업 속도를 더욱 높일 수 있다). 그런 다음 속을 채우지 않은 상태로 검은 색의 외곽선만 표시하도록 설정을 변경하고, 텍스트를 둘러싸는 직사각형을 그린다. 좀 더 간결하고 명확하게 표현하고 싶다면 다른 레이어에서 이 작업을 처리해도 된다. 직사각형의 가장자리에 있는 표시를 드래그해서 모서리를 수정한다(튜토리얼을 따라하면 배울 수 있다). 또는 그림 14-14에 나온 툴바에서 값을 직접 지정해도 된다.

그림 14-14 *외곽선 그리기*

여기까지 모두 완료했다면 이미지 작업으로 넘어가자. 먼저 왼쪽에 넣을 이미지부터 작업한다 (그림 14-15). 이 이미지는 http://bit.ly/1NyYQDo에서 다운로드할 수 있다. 이 이미지를 자신의 컴퓨터로 다운로드한 뒤, 메인 메뉴에서 [파일File]→[불러오기Import]를 클릭하면 이미지를 잉크스케이프에 추가할 수 있다. 그러면 이 이미지를 문서에 삽입할 것인지 아니면 링크만 추가할지를 물어 보는 다이얼로그 창이 하나 뜬다. 옵션에서 '삽입embed'을 선택하고, 설정은 기본값으로 적용한 상태로 〈확인confirm〉 버튼을 누른다. 그리고 삽입된 이미지의 크기와 위치를 조절한다.

그림 14-15 *로고를 추가한 모습*

이미지의 위치를 정했다면, 앞에서 텍스트를 작업할 때처럼 경로(벡터)로 변환해야 한다. 이번에는 이미지 트레이싱image tracing이라는 새로운 기법을 소개한다. 로고 이미지를 선택한 상태에서 메인 메뉴에서 [경로Path]→[비트맵 따오기Trace Bitmap]를 선택한다. 참고로, 설정은 이미지마다 달라진다. 예제에서는 이 이미지의 외곽선만 사용할 것이므로 그림 14-16에 있는 설정을 그대로 복사해서 사용해도 된다. 〈확인OK〉 버튼을 누르고 비트맵 따오기 창을 닫는다.

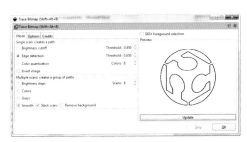

그림 14-16 *이미지를 경로로 변환하기*

그러면 컬러로 채워진 로고와, 검은 선으로 되어 있는 로고 두 개가 서로 겹쳐져 있는 형태로 나타날 것이다. 컬러 로고는 더 이상 필요 없기 때문에 제거한다. 잘못 지우지 않도록 그림 14-17처럼 컬러 로고를 드래그해서 옆으로 치운 뒤 키보드의 [Del] 키를 누른다.

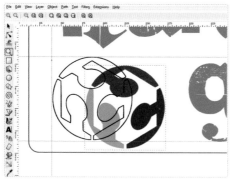

그림 14-17 *컬러 로고 제거하기*

외곽선의 경로가 하나가 아닌 두 개인 경우에는 안쪽 것을 선택해서 제거한다.

이제 두 개의 경로를 별도로 따라간다. 이미지의 각 면마다 속을 채우는 방식이 다르기 때문이다. 메뉴에서 [경로Path]→[경로 분리Break Apart]를 선택한다(그림 14-18).

그림 14-18 *로고의 경로를 분리한 모습*

세 부분에 대해 각각을 선택한 다음 메뉴에서 [객체^{Object}]→[채움/윤곽선]을 선택한다. 그리고 Fill값을 지정한다. 첫 번째 것은 [101, 101, 101]로, 두 번째 것은 [53, 53, 53]으로, 세 번째 것은 [93, 93, 93]으로 지정한다. 여기까지 왔다면 이제 다 됐다. 생각보다 어렵지 않다. 그림 14-19는 지금까지 작업한 결과를 보여 주고 있다.

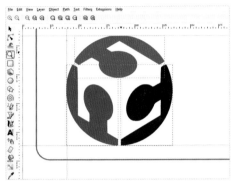

그림 14-19 *지금까지 작업한 로고. 절단할 준비가 됐을까?*

이제 마지막 이미지만 작업하면 된다. 방금 한 작업을 똑같이 반복해도 되지만, 사용법을 숙지해야 하므로 모든 과정을 직접 처리해 보자. 원본 이미지의 검은색 부분은 잘라낸다. 이 부분은 벡터 그래픽의 검은색 부분에 해당한다. 모서리가 둥근 직사각형을 두 개 만들어서, 프랑켄슈타인의 얼굴을 만들어 보자. fill은 '칠하기 없음^{none}'으로 지정하고, 윤곽선 스타일은 4px 굵기의 실선^{solid line}으로 지정한다(그림 14-20).

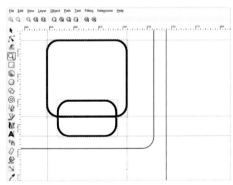

그림 14-20 *색칠할 로고*

물론 이렇게 두 개의 직사각형이 겹쳐진 상태로 사용하지는 않을 것이다. 두 직사각형을 모두 선택한 상태에서 메인 메뉴의 [경로^{Path}]→[합^{Union}]을 선택하면 그림 14-21과 같이 하나의 도형으로 만들 수 있다.

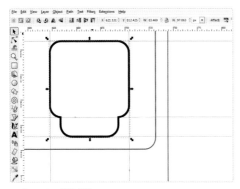

그림 14-21 **얼굴 윤곽**

머리카락을 표현하기 위한 직선과 곡선은 '베지어^{Bézier}'도구로 만든다. 단축키인 [Shift]+[F6] 키를 누르고, 머리 모양에 너무 신경 쓰지 말고 마음껏 윤곽선을 그린다(그림 14-22).

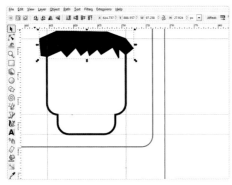

그림 14-22 *머리를 손질하기 전 상태*

머리와 머리카락을 선택한 다음, 메인 메뉴에서 [경로^{Path}]→[나누기^{Division}]을 선택한다. 그리고 그림 14-23처럼 머리카락을 선택한 상태에서 채움^{filling}값을 수정하면 헤어 스타일을 다듬을 수 있다.

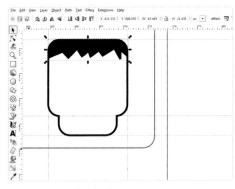

그림 14-23 *이발사 피가로처럼*

눈은 그리기 쉽다. 검정색으로 원을 하나 그린 다음 속을 흰색으로 채우고, 그 안에 다른 검정색 원을 넣으면 된다. 이렇게 그린 두 개의 원을 복사해서 바깥쪽 원의 크기를 작게 만든다. 콧구멍은 흰색 원 두 개로 표현한다. 흉터는 수평선 하나에 가로지르는 수직선을 하나 그린 다음 이를 여러 번 복사해서 고르게 펼쳐 놓으면 된다. 이 작업도 배열/정렬Align and Distribute 패널에서 처리한다.

입을 그리기 위해 모서리가 둥근 직사각형 하나를 만들고, 여기에 다른 직사각형을 겹친다. 그리고 메뉴에서 [경로Path]→[차Difference]를 선택하고, 입을 표현하는 직사각형의 위쪽 모서리를 선택한 다음, '선택 노드에서 경로를 나누기Break path at selected nodes'를 클릭한 뒤에, 수평선을 삭제하면 된다. 이제 절단할 준비가 다 됐다(그림 14-24).

이제 잉크스케이프를 다루는 방법은 어느 정도 배웠으니 원하는 형태를 마음껏 그릴 수 있게 되었다. 단, 새로운 작업을 하기 전에 다음 절을 한 번 읽고 넘어가기 바란다.

파일 최적화하기

레이저 절단 작업에 드는 비용은 재료나 절단에 소요되는 시간과 같은 다양한 요인에 따라 결정된다. 전체 비용을 최소화하려면 사용하지 않는 공간을 최소화해서 절단 작업을 최적화하는 네스팅nesting 기법을 적용하면 된다. 이 기법을 적용할 때 두 개의 도형이 서로 겹쳐진 탓에 하나의 선으로 표현된 부분을 두 번 자르게 될 수도 있으므로 주의해야 한다. 이런 부분을 두 번 자르게 되면 재료에 좋지 않은 영향을 미칠 뿐만 아니라 불필요한 작업을 수행하기 때문에 에너지도 낭비하게 된다. 중첩되어 있는 선을 제거하려면 프랑켄슈타인의 입을 그릴 때 사용했던 방법을 적용하면 된다.

목재로 된 판을 톱으로 자를 때 흔히 톱을 사용하는데, 이때 경계선이 몇 밀리미터 정도 깎여 나갈 수 있으므로 어느 정도 여유를 두고 작업해야 한다. 레이저 절단도 마찬가지다. 깎여 나가는 양이 좀 더 적을 뿐이다. 이렇게 잘려나가는 재료를 커프kerf라고 부른다. 레이저 절단 작업에서 커프의 양은 재료의 특성과 두께, 레이저와 렌즈의 종류, 포커스의 상태에 가장 큰 영향을 받는다. 이렇게 발생하는 커프는 대략 1/10mm 정도다. 물론 예전부터 내려오던 "두 번 측정하고 한 번 자른다"라는 원칙은 레이저 절단 작업에도 그대로 적용된다. 프로젝트를 디자인할 때 이러한 점을 항상 명심해야 한다. 특히 관절처럼 정확성이 중요한 부분을 작업할 때 더욱 그렇다.

그림 14-24 *절단할 준비가 된 모델*

레이저 절단 과정에서 곡면을 처리할 때 속도가 느려지고, 직선은 좀 더 빠르게 처리한다. 또한 가장 긴 직선을 레이저 절단기의 축과 평행으로 배치하면 하나의 모터로 잘라낼 수 있다.

다른 메이커 작업과 마찬가지로 레이저 절단 작업도 순환식 접근 방식을 적용하는 것이 중요하다. 재료를 절단하기 전에 비용을 좀 더 투자하여 원래 대상보다 크기가 작더라도 카드보드나 종이로 프로토타입을 만들어서, 절단 작업 중 발생할 수 있는 오류를 미리 수정하는 것이 좋다. 약간 재료를 낭비하는 것 같지만 결코 후회하지 않을 것이다.

3D 작업 관련 팁

앞에서 언급한 바와 같이, 레이저 절단기로 가공한 평면 도형을 조합하면 3D 물체를 만들 수 있다. 몇 가지 테크닉을 적용하면 각 평면이 접합하는 부분을 깔끔하게 가공할 수 있음은 물론,

커프의 양을 줄이거나 재료가 울퉁불퉁해지는 현상을 줄일 수 있다.

각각의 재료마다 나름대로 특성을 갖고 있다. 가령 플라스틱으로 접합 부분을 제작할 때는 모서리 부분에 완화 홈relief groove이라는 조그만 원을 넣어 주면 힘을 분산해서 재료가 부러지지 않게 할 수 있다. 그림 14-25는 포노코Ponoko의 레이저 절단 튜토리얼(http://support.ponoko.com/forums/345641-Laser-Cutting-Tutorials-Tips)에 소개된 다이어그램 중 하나이다. 이 튜토리얼은 레이저 절단을 비롯한 다양한 서비스를 제공하고 있다.

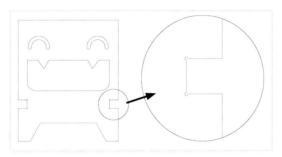

그림 14-25 *포노코의 레이저 절단 튜토리얼 중 하나. 모서리 처리에 특히 주의한다.*

좀 더 다양한 예제는 인터넷 검색을 통해 찾아 볼 수 있으며, 작업에 대한 영감을 얻을 수도 있을 것이다. 이제 멋진 작품을 만드는 데 필요한 모든 부품을 갖추었다. 이렇게 조립한 대상을 살아 움직이게 만들기만 하면 된다.

오브젝트에 숨결 불어넣기

생명이여, 나의 말이 들리는가?
나의 피조물에 생명을 불어넣어다오!

_ 닥터 프레데릭 프랑켄슈타인 Dr. Frederic Frankenstein

전자부품과 마법의 가루

피터 팬은 팅커 벨이 준 마법의 가루와 행복한 상상 덕분에 하늘을 날 수 있었다. 우리가 만든 프로젝트도 원자보다 작은 입자인 전자라는 일종의 마법의 가루를 통해 살아 움직이게 할 수 있다. 전자는 전자공학 분야의 가장 기본적인 구성 요소이며, 전자의 움직임을 통해 전기가 흐르게 된다. 초보자들은 전자공학을 작고 복잡한 회로를 다루는, 어렵고 난해한 분야라고 막연히 두려워하기 쉽다. 실제로 관련 교재를 살짝 들춰 보면 공학자나 좋아할 법한 복잡한 수학 및 물리 공식으로 가득 차 있어서 마법의 가루처럼 아름답거나 환상적이라는 생각은 전혀 들지 않는다.

흔히 전선과 전류는 파이프와 물로, 트랜지스터와 포텐셔미터는 벨브와 탭으로 비유한다. 이처럼 전자공학 지식을 예술가의 관점에서 적절한 비유를 통해 설명하면, 의외로 직관적이고 재미있는 분야라는 것을 알게 될 것이다.

헬로우 월드

프로그래머가 새로운 언어를 처음 배울 때 가장 먼저 하는 일은, 프로그래밍 작업에 필요한 환경이 제대로 갖추어졌는지 살피고, 해당 언어로 작성한 프로그램이 제대로 컴파일되는지 확인하는 방법을 배우는 것이다. 이 때문에 관례로 정착된 것이 헬로우 월드^{Hello World}이다. 헬로우 월드는 어떤 언어를 배울 때 가장 최초로 작성하게 되는 프로그램이다. 이 프로그램이 하는 일은 화면에 "Hello World"라는 문장을 출력하는 것뿐이다. 굉장히 간단하지만, 이것만으로도 현재 구축한 개발 환경에서 프로그램을 작성하거나 컴파일하고 실행하는 모든 과정에 문제가 없는지를 확인할 수 있다.

그러나 전자회로를 만드는 것은 프로그래밍 작업과는 달라서 무언가를 출력할 디스플레이 장치가 없는 경우가 많다. 그래서 하드웨어 해커들이 전자회로 버전 헬로우 월드로 고안한 것이 회로에 달린 LED를 활용하는 방식이다. 즉, LED가 의도한 형태로 깜박이면, 회로가 정상적으로 작동한다고 판단한다.

준비물

> 저항에 다섯 개의 띠가 표시되어 있다면 390Ω이거나 1KΩ 둘 중 하나일 것이다. 390Ω 저항의 경우 첫 번째부터 네 번째 띠는 각각 주황색, 흰색, 검은색, 검은색으로 표시되어 있을 것이고, 1KΩ 저항이라면 첫 번째부터 네 번째 띠는 각각 갈색, 검은색, 검은색, 갈색으로 구성되어 있을 것이다.

회로에 전원을 공급하려면 특정한 형태의 에너지 소스가 필요하다. 가장 쉬운 방법은 스냅 커넥터가 달린 9V 배터리에 전선을 연결한 다음, 저항과 LED에 연결하는 것이다. 마지막으로 각각의 부품을 연결할 얇은 전선과, 이를 부품에 연결하는 과정에 사용할 절연 테이프도 필요하다.

메이커 셰드Maker Shed에서 판매하는 '민트로닉스: 서바이벌 팩Mintronics: Survival Pack' 하나만 있으면 배터리와 절연 테이브를 제외한 모든 준비물을 갖출 수 있다. 이 팩에는 작업에 필요한 LED와 배터리 스냅, 저항을 비롯한 모든 부품이 제공된다.

처음 만드는 회로

먼저 배터리 스냅snap부터 만들어 보자. 메이커 셰드나 전자부품 전문 쇼핑몰 같은 온라인 스토어에서 구입하였다면 배터리 스냅에 달린 전선의 끝 부분이 이미 벗겨져 있을 것이다. 만약 새 제품을 구매하지 않고 망가진 장난감이나 전자 제품에 달려 있던 것을 재활용하는 경우에는 전선의 끝을 직접 벗겨내야 한다. 벗겨낼 때에는 전용 와이어 스트리퍼wire stripper*를 사용하는 것이 좋다.

배터리 클립에 달린 빨간 선을 저항 핀 중 하나에 감고(저항은 다이오드가 아니기 때문에, 양쪽으로 흐를 수 있다. 따라서 어느 핀에 연결해도 상관없다), 전선이 안정적으로 연결되도록 절연 테이프로 연결 부위를 적절히 감싼다. 전선을 몇 인치 정도 잘라내고, 양쪽 끝부분의 절연 고무 부분을 0.5"(1.27cm) 정도 벗겨낸다. 그리고 이 선을 저항의 다른 핀에 묶고 절연 테이프로 고정한다. 이렇게 하면 배터리 팩의 단자를 전선으로 길게 연장되고, 빨간 선에는 저항 한 개가 연결될 것이다. 마지막으로 LED에 달린 두 개의 다리 중에서 짧은 핀을 배터리 클립에 연결된 검은색 전선에 연결한다. 그림 15-1은 이렇게 구성한 회로를 보여 주고 있다.

* 역자주_ 전선 심을 손상 시키지 않고 피복을 벗기는 집게처럼 생긴 도구

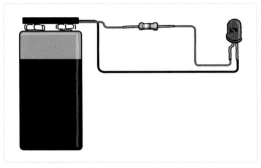

그림 15-1 *처음으로 만든 회로*

이제 배터리만 연결하면 '헬로우 월드' 회로가 완성된다.

Did You Burn Out Your LED?

LED를 태워 먹은 경우

LED가 환하게 빛나지 않고, 전원을 연결하는 순간 퍽 소리가 나면서 연기가 피어오르고 불쾌한 냄새가 난다면 중요한 교훈을 깨닫게 될 것이다. 항상 회로에 전원을 연결하기 전에 저항이 제대로 연결되어 있는지를 반드시 확인해야 한다는 점이다. 저항을 빼놓고 선을 연결거나, 전선이 복잡하게 연결되어 있는 상황에서 본의 아니게 저항을 거치지 않고 전류가 흐르도록 구성했다면, LED가 감당할 수 있는 수준을 넘어서는 전류를 받게 되어 LED가 타버리게 된다. 일부러 LED를 태우는 실험을 해 보고 싶다면, 환기가 잘 되는 장소에서 실험용 장갑 및 고글을 낀 상태로 실험을 진행한다.

전류, 전압, 저항

물과 전류를 비교해 보면, 놀라울 정도로 많은 공통점이 있다는 것을 알게 된다. 흔히 전기의 작동 방식을 물의 속성에 비유하여 설명한다. 이 비유는 이 책에서 처음 고안한 것이 아니라, 전자 공학을 가르칠 때 흔히 사용하는 방식이다.

먼저 전기가 어디에서 흘러나오는지부터 살펴보자. 원자의 내부를 들여다보면(그림 15-2), 양성자와 중성자가 원자핵을 구성하고 있고 전자electron는 이 주위를 돌고 있다. 전기적 현상은 이러한 전자의 속성에 따라 나타난다. 양성자는 양극을 띠고, 전자는 음극을 띠며, 중성자는 극성을 갖고 있지 않다. 금속 물질에서는 전자가 원자핵에 구속되지 않고 자유롭게 돌아다닐 수 있다. 이러한 금속 물질에서 양쪽 끝의 전기적 위치 에너지에 차이가 나게 되면, 전자가 흐르게 된다. 이때 전자는 빛의 속도로 이동한다. 만약 배터리를 금속 조각에 직접 연결하면, 전자는 굉장히 빠른 속도로 이동하며, 이 때문에 금속 물질의 온도가 빠른 속도로 상승하게 된다. 이와 같은 현상은 배터리가 다 닳을 때까지 지속되는데, 경우에 따라 배터리나 금속 물질에서 불이 나기도 한다.

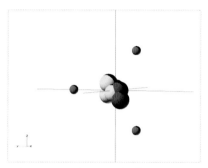

그림 15-2 OpenSCAD로 리튬 원자를 그린 모습. 원자핵은 세 개의 양성자(빨간색 공)와 세 개의 중성자(노란색 공)로 구성되고, 세 개의 전자(파란색 공)가 이 주위를 돈다.

일반적으로 전기 현상을 표현할 때, 전류current(흐르는 속도), 저항resistance(흐름을 막는 힘), 전압voltage(뒤에서 자세히 설명한다)이라는 세 가지 물리량을 주로 사용한다.

전류

강둑에 앉아 흐르는 물을 바라보면, 강물이 산꼭대기에서 내려와 바다를 향해 흘러가는 것을 볼 수 있다. 이러한 흐름을 전류에 비유할 수 있다. 또한 수도꼭지에 호스를 연결하면 물이 호스를 타고 지나가면서 일종의 물의 흐름을 형성하게 된다.

이러한 물의 흐름과 완전히 똑같지는 않지만, 전기회로도 거의 비슷하게 작동한다. 차이가 있다면 물 분자는 호스를 타고 흐르지만, 전기회로에서는 전자라는 원자보다 작은(아원자subatomic) 입자가 전선을 타고 흐른다는 점이다. 전선은 금속 성분의 물질로 구성되어 있어서 전자가 한 원자에서 다른 원자로 이동할 수 있다. 이러한 특성을 가진 물질을 도체conductor라 부르고, 이와 반대로 전자가 흐르지 못하는 물질을 절연체insulator라 부른다.

이러한 전류의 세기는 강물이 흐르는 속도에 비유할 수 있다. 나일 강에서 일정한 시간 동안 흐르는 물의 양은 작은 지류나 관개 수로에서 흐르는 양에 비해 엄청나게 많다. 마찬가지로 전자레인지에 흐르는 전류는 스마트폰에 흐르는 전류보다 훨씬 높다.

전류의 측정 단위는 암페어^{ampere}(줄여서 A, 또는 amp)으로서, 이 이름은 전자기학의 대표적인 선구자 중 한 명인 앙드레−마리 앙페르^{André-Marie Ampère}의 이름을 딴 것이다. 전류의 세기를 측정하는 도구를 전류계^{ammeter}라 부르며, 그림 15−3처럼 생겼다.

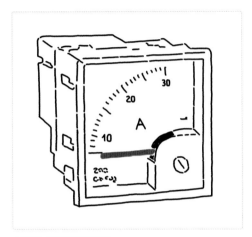

그림 15-3 *아날로그 전류계*

표 15−1은 여러 가지 장치에 흐르는 전류의 세기를 정리한 것이다.

표 15-1 *여러 가지 기계에 사용되는 전류의 세기*

장치	전류(A, 암페어)
기차 또는 트램	100−500
오븐	10−20
라디오	1
MP3 플레이어	0.1

다시 물의 비유로 돌아오자. 물은 경사가 있어야 흐른다. 이때 물이 흐르는 속도는 경사의 기울기에 따라 달라진다. 극단적인 예를 들면, 경사가 완만한 냇물과 나이아가라 폭포를 떠올려 보면 된다. 전압도 이와 마찬가지로 흐르는 물의 경사도나 물이 흐르는 파이프 속의 압력에 비유할 수 있다.

긴 파이프를 물로 채우고 평평한 바닥에 두면, 파이프의 끝으로 물이 느린 속도로 흘러나온다. 그러나 파이프의 한쪽 끝을 들어 올리면, 물이 쏟아지는 속도가 훨씬 빨라지는데, 이는 기울기가 커질수록 더 높은 압력을 받기 때문이다.

이러한 전기적인 압력, 즉 전압의 측정 단위는 볼트^{volt}(V)이다. 이 명칭은 최초로 배터리를 발명하고 전류의 현상에 대한 연구를 개척한 알레산드로 볼타^{Alessandro Volta}의 이름을 딴 것이다. 일반적으로 전압을 측정하는 장치를 전압계^{voltmeter}라 부르며, 그림 15-4처럼 생겼다. 표 15-2는 여러 가지 장치에 사용되는 전압을 정리한 것이다.

그림 15-4 아날로그 전압계. 전류계와 거의 비슷하게 생겼다.

전기를 조심하자

전기는 사람의 생명을 해칠 수도 있다. 물론 메이커들이 프로젝트에서 사용하는 전압과 전류는 대부분의 경우 사람에게 해를 끼칠 정도로 높지 않아서 안전하다. 일반적으로 전기가 우리 몸을 타고 흐를 때 다음과 같은 현상이 일어난다.

* 근육 수축 또는 마비
* 호흡 곤란
* 질식(사망에 이를 수 있음)
* 심장세동(사망에 이를 수 있음)

최근 미국의 직업 안전 위생 관리국OSHA, Occupational Safety and Health Administration에서 발표한 '전류가 인체에 미치는 영향How Electrical Current Affects the Human Body'이라는 자료에는 위험 정도가 여러 단계로 나누어져 있으며, 치명적인 결과를 초래할 수 있는 조건(습도와 전압, 감전 시간 등)에 대한 자세한 설명이 수록되어 있다.

표 15-2 *다양한 전기 장치에서 사용하는 전압*

장치	전압(V, 볼트)
기차 또는 트램	3,000
오븐	220
라디어	12
MP3 플레이어	3

저항

수도꼭지에 호스를 연결하여 화분에 물을 주다 보면, 갑자기 물이 천천히 흐르는 때가 있다(그림 15-5). 누군가 호스를 밟았을 때 이런 현상이 나타날 수 있다. 호스의 단면의 넓이가 줄어들어 물이 흐르는 것을 방해하기 때문이다. 전기저항도 마찬가지다. 누군가 호스를 밟는 것처럼 전자가 이동하는 것을 방해하는 물질로 인해 나타나는 현상이다. 즉, 저항은 전류의 흐름을 방해하는 정도를 측정한 양이라고 볼 수 있다. 전자의 움직임을 방해하는 물질이 많을수록 저항의 값도 커진다. 도체는 저항이 낮은 반면, 절연체는 저항값이 아주 높다.

그림 15-5 **호스를 밟으면 물 줄기가 약해진다.**

저항의 단위는 옴^{ohm}(기호 Ω)이며, 게오르그 시몬 옴^{Georg Simon Ohm}의 이름을 딴 것이다. 그는 도체에서의 저항과 전류의 관계를 최초로 발견하였으며, 이 관계를 옴의 법칙^{Ohm's law}이라 부른다.

호스를 밟는 사람의 몸무게가 무거울수록 저항이 커진다. 마찬가지로 전자가 흐르는 물질의 길이가 길수록 전류가 증가한다. 저항의 값은 물질마다 다르다. 표 15-3은 물질에 따라 달라지는 저항값의 몇 가지 예를 정리한 것이다. 이 표에서는 단면의 넓이가 1mm²인 물질의 길이가 1m일 때 전자의 이동을 방해하는 정도를 값으로 표시하였으며, 단위는 Ω/m다. 금속 물질은 전자가 잘 흐르게 한다. 이 말은 저항이 낮다는 것을 의미한다. 반면 공기나 유리는 전기의 흐름을 방해하는, 뛰어난 절연 물질이다.

표 15-3 **물질에 따른 저항값의 예**

물질	저항(Ω/m)
구리	0.0000000169
철	0.0000000968
인체	2,000
유리	10,000,000,000

회로와 부품

여러 가지 전자부품을 연결하여 지속적으로 전류가 흐르도록 하나의 폐쇄 경로를 구성한 것을
회로라고 부른다.

회로

회로에서 전기가 흐르는 원리는 다소 복잡하지만, 수도 배관의 유압 회로(그림 15-6)와 비슷
한 점이 많다. 따라서 회로의 작동을 수도 배관을 이용하여 좀 더 간단히 표현할 수 있다.

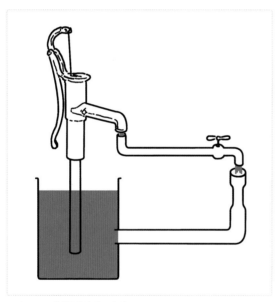

그림 15-6 *간단한 유압 회로의 예*

전기 회로에서 가장 중요한 법칙은 키르히호프의 전류 법칙Kirchhoff's current law이다. 이 법칙을
한 마디로 표현하면, 회로로 들어오는 전류의 합은 회로를 나가는 전류의 합과 같다는 것이다
(수도 배관에 비유하면, 수도꼭지로부터 들어온 물의 양은 밖으로 나가는 물의 양과 같다는 의
미다). 이 때문에 끝이 하나만 있는 전자부품은 존재할 수 없다. 다시 말해, 부품으로 들어온 전
기는 반드시 나가야 한다. 그렇지 않으면 회로가 작동할 수 없다.

그렇다면 안테나는?

얼핏 보면 안테나는 끝이 하나만 존재해서 키르히호프 법칙에 적용되지 않는 것처럼 보인다. 하지만 안테나는 특수한 경우로 볼 수 있다. 안테나가 신호를 받으면, 전류가 안테나의 몸통을 타고 흘러서 안테나의 끝점으로 이동하는데, 이는 하늘에서 내린 비가 지붕을 타고 빗물을 받는 통으로 흘러가는 것과 비슷하다.

부품

전자부품은 종류마다 전 세계적으로 통용되는 숫자가 정해져 있다. 가령 트랜지스터의 타입이 2N2222라면, 전 세계 어디를 가더라도 항상 2N2222 타입의 트랜지스터로 인식한다. 부품의 형태가 특이하지 않은 한, 대부분의 경우 이 숫자가 부품의 몸통에 인쇄되어 있다. 인쇄하기 힘들거나 관례에 따라 몸통에 붙여두지 않을 때는 부품에 특수한 표식을 남기거나 색깔을 띤 띠를 표시해 둔다.

대다수의 부품 제조사는 데이터시트datasheet라고 부르는 부품 설명서를 무료로 제공한다(그림 15-7). 데이터시트에는 해당 부품을 사용하는 데 필요한 정보와 주의사항이 모두 담겨 있다. 또한 전기적인 매개변수와 측정값, 크기 등과 같은 값뿐만 아니라, 회로를 구성하는 방법에 대한 간단한 예제를 제공하기도 한다.

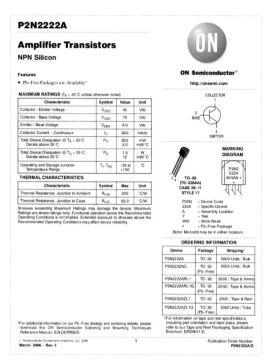

그림 15-7 SCILLC 사의 2N2222/D 트랜지스터에 대한 매뉴얼 중 일부분(사진 출처: SCILLC dba ON Semiconductor)

부품은 어디서 구할 수 있을까?

1980년대 중반까지만 하더라도, 동네마다 개인이 운영하는 전기 및 전자 제품 수리점인 전파사가 많았다. 지금은 고장 나면 버리고 새로 사는 것이 낫지만, 당시만 해도 라디오, TV, 하이파이 오디오와 같은 가전 제품이 고장 나면 수리해서 사용하는 것이 훨씬 경제적이었다. 이러한 개인 수리점에서는 새 전자 제품뿐만 아니라 중고 제품도 판매기도 했으며, 매장마다 이러한 기기의 사용법에 대해 정통한 사람이 상주하고 있었다. 미국의 경우, 1950년대 말부터 라디오쉑RadioShack과 같은 전자 제품 전문 체인점이 급격히 늘어나면서 예전보다 전자부품을 훨씬 쉽게 구할 수 있게 됐으며, 이러한 상점에서 일하는 직원도 다이오드나 트랜지스터와 같은 부품에 대해 잘 아는 사람들만 채용했다. 1960년대와 1970년대 초까지는 취미로 즐기는 전자공학의 황금기였다.

그러나 1980년대 초부터 상황은 급격히 변하게 됐다. 고장 난 제품을 고치는 것보다, 그냥 버리고 새로 사는 것이 훨씬 저렴해졌다. 동네 전파사는 서서히 사라져 갔고, 전자 제품을 수리하는 풍조도 자취를 감추었다. 직접 납땜을 할 수 있는 사람도 찾기 힘들어졌다. 전파사는 완제품 형태의 전자제품을 판매하는 숍으로 탈바꿈했으며, 저항이나 커패시터와 같은 세부적인 기술에 대해서는 잘 모르는 사람들도 직원으로 채용이 되었고, 오로지 제품의 판매에만 신경을 쓰게 됐다.

다행히 인터넷의 발달 덕분에 궁금한 사항이나 필요한 정보는 대부분 인터넷에서 알아낼 수 있게 됐다. 파넬Farnell, 엘레먼트 14Element 14, 에이다프루트Adafruit, 스파크펀SparkFun, 자메코Jameco, 마우서Mouser, 디지키DigiKey 등과 같이 전자부품을 구매할 수 있는 웹스토어가 전 세계적으로 많이 늘어났으며, 이러한 사이트에서는 구매한 부품에 대한 데이터시트를 함께 제공하고 있다. 메이커 셰드나 에이다프루트, 스파크펀 등과 같은 사이트에서는 여러 개의 부품을 하나의 패키지로 묶은 키트 형태의 제품도 판매하고 있다. 처음 시작할 때는 이렇게 여러 부품을 하나로 모아 둔 키트 제품을 사용하는 것이 훨씬 편하다. 이러한 키트는 대부분 특정한 용도나 프로젝트 성격에 맞게 부품을 구성해두고 있기 때문이다.

물론 진정한 메이커라면 아이들이 망가뜨린 장난감이나 사용하지 않는 전자제품에 있는 부품을 재활용할 수 있을 것이다. 이러한 제품에서 실제로 쓸만한 것들을 얼마나 건질 수 있는지는 예측할 수는 없지만, 운이 좋다면 이러한 재료만으로도 충분히 유용한 도구를 만들어낼 수 있다.

그림 15-8과 15-9는 전자 회로에서 중요한 역할을 하는 대표적인 부품이다.

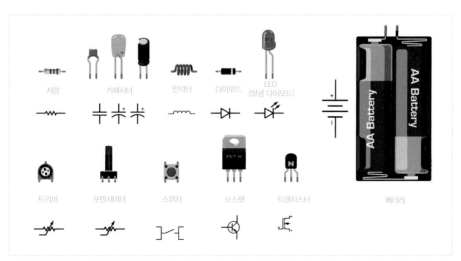

그림 15-8 주요 전자부품과 기호

5mm LED   3mm LED   RGB LED

그림 15-9 *여러 가지 종류의 LED와 각각에 대한 전기 기호*

LED

앞에서 설명한 바와 같이, LED는 다이오드의 한 종류로서 빛을 내는 기능을 갖고 있다. LED는 특정한 물질에 전류가 흐르면 빛을 내는 전기 발광electroluminescence 현상을 활용한다. 이러한 전기 발광 현상이 일어날 때는 전구와 달리 열이 발생하지 않기 때문에, 전류나 전압이 아주 높지 않은 한 열기를 거의 느낄 수 없다.

LED는 일반적으로 1.6V에서 3.6V 사이의 전압을 사용하며, 사용하는 모델에 따라 20mA에서 50mA 사이의 전류를 필요로 한다. 다른 전자부품과 달리 표면에 코드를 찍어 두지 않는다. 이는 LED의 몸체가 대부분 투명하게 구성되어 있기 때문이기도 하다.

표준 5mm LED를 자세히 들여다보면, 한쪽 끝이 곡선이 아닌 납작하고 뭉툭하게 마무리되어 있는 것을 볼 수 있다. 이렇게 납작하게 마무리된 부분이 음극, 캐소드cathode이다. 이처럼 음극 단자는 다른 단자보다 짧게 만들어져 있다. 그래서 다른 단자보다 좀 더 빠져(-, minus) 있어서 음극이라고 이해하면 기억하기 쉽다.

LED의 색상은 여러 가지다. 컬러 LED 중에서 어떤 것은 단자가 세 개가 달려 있어서 빨간색, 초록색, 심지어는 빨간색과 초록색을 동시에 켜서 노란색을 띨 수도 있다. 네 개의 단자를 가진 RGB LED도 있는데, 이것은 세 개의 LED가 하나의 캡슐에 담겨 있어서 여러 가지 색상을 표현하는 것이 가능하다.

저항

이 책에서 가장 처음 회로를 구성할 때 전류의 흐름을 줄이기 위해 특수한 부품을 사용했다. 이 부품을 저항이라고 부른다(그림 15-10). 몸통은 원통 모양으로 생겼으며, 크기는 쌀 한 톨 정도로 작다.

그림 15-10 *저항*

저항의 몸통에는 색 띠가 입혀져 있다. 이것은 저항의 값을 나타내는 것으로 띠의 색깔과 띠가 그려진 순서로 구분한다. 초보자들에게는 이러한 규칙이 복잡하게 느껴지겠지만, 자세히 따져보면 그리 어렵지 않다. 저항의 한쪽 끝에는 저항의 내구성, 즉 저항값의 정확도를 표시하는 띠가 그려져 있다. 이 띠가 금색이면 5%를, 은색이면 10%를 의미한다. 저항에 그려진 띠를 읽을 때는 왼쪽부터 오른쪽 순서로 읽는다. 방금 설명한 정확도를 표현하는 띠는 가장 오른쪽에 그려져 있다. 띠의 색깔마다 표 15-4와 같이 숫자가 할당되어 있다.

먼저 가장 왼쪽부터 첫 번째와 두 번째에 있는 띠를 보고 숫자 코드를 알아낸다. 세 번째 띠는 이 숫자에 0을 몇 개 붙여야 하는지를 표시한다. 이와 같은 방법으로 세 개의 띠를 통해 저항값을 알아낼 수 있다. 첫 번째 예제에서는(그림 15-1) 주황색과 흰색, 갈색 띠가 그려진 저항을 사용했다. 이때 마지막 띠가 금색인지 아니면 은색인지는 저항값을 계산하는 데 큰 영향을 미치지 않는다. 주황색은 3이고, 흰색은 9, 갈색은 1에 해당하므로 저항값을 표현하는 숫자는 39에 0을 1개 붙인 390이 되며, 이는 이 저항이 390Ω의 저항값을 가진다는 것을 의미한다.

표 15-4 *저항 색상표*

색깔	숫자
검은색	0
갈색	1
빨간색	2
주황색	3

노란색	4
초록색	5
파란색	6
보라색	7
회색	8
흰색	9

그렇다면 두 개의 저항을 서로 연결하면 저항값은 어떻게 될까? 앞에서 언급한 수도꼭지에 연결된 호스를 밟는 것에 비유하면, 호스를 두 발로 밟게 되면 한 발로 밟을 때보다 저항이 훨씬 커지게 되는 것을 알 수 있다. 전자부품에서도 이와 같은 법칙이 적용되어 전체 저항값은 두 저항을 합한 값이 되며, 이를 직렬 연결이라 부른다.

$$R_{total} = R_1 + R_2$$

그림 15-11을 보면 두 개의 저항이 연결되어 있다. 왼쪽의 저항에는 두 개의 빨간색 띠와 한 개의 갈색 띠가 순서대로 그려져 있다. 빨간색 띠는 2를 가리키고, 갈색 띠는 1을 가리키므로 앞의 숫자에 0을 한 개 붙인다. 그러면 저항값은 220Ω이라는 것을 알 수 있다. 오른쪽의 저항도 마찬가지다. 첫 번째와 두 번째 띠는 갈색(1)과 검은색(0)으로 표시했고, 세 번째 띠가 빨간색(2)이므로 0을 두 개 붙여서 1,000Ω(1KΩ)이 된다. 따라서 두 저항값을 위 공식에 적용하면, 두 저항을 직렬로 연결한 저항값은 1,220Ω이 된다.

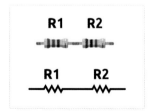

그림 15-11 두 개의 저항을 직렬로 연결한 경우

두 저항을 연달아 연결하지 않고, 각 저항의 끝을 하나로 합쳐서 병렬로 연결할 수도 있다. 이때는 두 저항의 값을 다음과 같은 공식에 따라 계산한다.

$$R_{total} = (R_1 * R_2) / (R_1 + R_2)$$

수식만 놓고 봐도 직렬로 연결할 때보다 저항값이 줄어든다는 것을 알 수 있다. 특히 두 저항(R_1과 R_2)의 값이 서로 같다면, 최종 저항값은 한 저항값의 1/2이 된다. 그래서 저항을 더 추가하면, 최종 저항값은 오히려 줄어들게 된다. 따라서 두 저항(R_1과 R_2)이 모두 1,000Ω일 때, 그림 15-12와 같이 연결하면 최종 저항값은 500Ω 된다.

$$(1,000 * 1,000) / (1,000 + 1,000) = 1,000,000 / 2,000 = 500$$

왜 이렇게 될까? 이해를 돕기 위해 다시 호스에 비유해 보자. 저항의 개수는 두 개로 늘어났지만, 호스가 두 개로 늘어난 효과를 가져와서, 전체적으로 물이 더 많이 흐를 수 있게 된다.

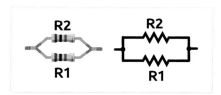

그림 15-12 두 개의 저항을 병렬로 연결한 경우

전기 회로에서 사용하는 저항의 범위는 수십 옴에서 수백만 옴에 이르기까지 굉장히 다양하다. 저항값이 높을 수록 전류의 흐름을 더 방해한다.

밧줄을 손으로 잡고 있는 도중에, 밧줄이 빠른 속도로 이동하면 손과 밧줄 사이의 마찰력이 크게 증가하여 화상을 입을 수도 있다. 마찬가지로 전류가 너무 빠르게 흐르면 저항을 지나칠 때 열이 발생하여 회로가 타버릴 수 있다. 따라서 회로를 구성할 때 아무 저항이나 함부로 꽂으면 안 된다. 항상 회로에 적합한 저항값을 가진 저항을 연결해야 한다. 구체적인 방법에 대해서는 254페이지의 '옴의 법칙' 절에서 자세히 설명한다.

트리머와 포텐셔미터

저항 중에는 손잡이를 돌려서 저항값을 변경할 수 있는 가변 저항variable resistor이라는 것이 있다. 이는 마치 수도꼭지의 손잡이를 돌려서 물이 통과하는 면적을 늘이거나 줄여서 물의 흐르는 속도를 조절하는 것과 같다. 가변 저항에는 다음과 같은 두 가지 종류가 있다(그림 15-13).

- 포텐셔미터potentiometer: 손잡이가 달려 있다. 저항값을 자주 변경하는 경우에 편리하다. 오디오의 볼륨을 높이거나 줄일 때 사용하는 단자가 포텐셔미터의 대표적인 예다.
- 트리머trimmer: 손잡이가 달려 있지 않고, 드라이버를 이용하여 저항값을 조절한다. 라이트 센서처럼 저항값을 변경하는 일이 거의 없을 때 이 방식을 사용한다.

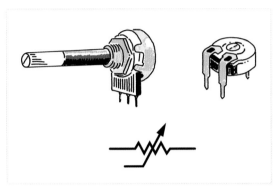

그림 15-13 포텐셔미터와 트리머의 예와 이에 대한 전기 기호

포텐셔미터와 트리머는 두 개 또는 세 개의 단자를 사용하며 용도에 따라 다음과 같이 두 가지로 나뉜다(그림 15-14).

- 가변 저항으로 사용할 경우에는 두 개의 핀만 사용하도록 연결한다.
- 전압 분배기voltage divider로 사용할 경우에는 세 개의 핀을 모두 사용하며, 두 번째 핀의 전압은 손잡이 또는 나사를 돌린 위치에 따라 달라진다. 자세한 내용은 아래의 박스에서 설명한다.

Voltage Divider

전압 분배기

포텐셔미터나 트리머를 전압 분배기로 사용할 때에는 앞에서 병렬 저항값을 계산할 때와는 다른 공식을 적용해야 한다. 전압 분배기에서 나오는 전압을 계산하려면 입력된 전압(V_{cc})과 양극 단자에 가장 가까운 저항값(R_1), 그리고 음극에 가장 가까운 저항값(R_2)을 알아야 한다. 손잡이나 나사를 돌려서 R_1의 저항값을 높이면, R_2의 저항값은 낮아진다. 그림 15-14에서는 입력 전압이 들어오는 단자를 V_{cc}로, 출력 전압은 V_a로 표시했다. GND라고 적힌 단자는 그라운드(음극)에 연결한다.

$$V_a = V_{cc} * (R_2 / (R_1 + R_2))$$

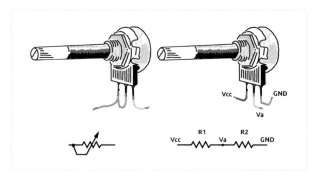

그림 15-14 포텐셔미터의 두 가지 용도

커패시터

커패시터capacitor는 저장 용량이 작은 물탱크와 같다. 커패시터의 용량에 대한 단위는 패럿farad(F)이다. 충전기나 라디오 앰프에서 사용하는 마이크로패럿(μF, 0.000001F)부터, 라디오나 컴퓨터 부품에서 사용하는 피코패럿(pF, 0.000000000001F) 사이의 값을 주로 사용한다. 커패시터의 용도는 샌드위치를 만들 때처럼 두 개의 전도성 물체 사이에 절연 물질을 끼워 넣어서 전류가 이 부분을 통과하기 힘들게 만드는 것이다. 절연 물질로는 세라믹, 플라스틱, 종이, 액체, 특수한 금속 등을 사용하며, 그 모양과 크기도 종류에 따라 굉장히 다양하다(그림 15-15). 커패시터를 제작하는 데 사용한 재료가 무엇인가에 따라 양 끝이 양극과 음극을 띠는 전해 커패시터electrolytic capacitor처럼 극성을 가지기도 한다.

그림 15-15 커패시터의 종류와 각각에 대한 전기 기호

그렇다면 앞에서 만든 헬로우 월드 회로에 그림 15-16처럼 수백 μF 용량의 커패시터를 추가하면 어떻게 될까?

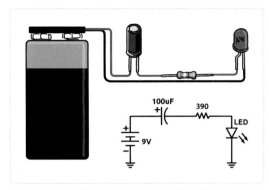

그림 15-16 헬로우 월드 회로에 커패시터 한 개를 추가한 모습

LED에 불이 1초 정도 들어왔다가 바로 꺼질 것이다. 왜 이런 현상이 나타날까? 커패시터는 전환되는 전류만 통과시키기 때문이다. 이번에는 커패시터를 분리해서 이전과는 반대 방향으로 연결해 보자. 그림 15-17처럼 커패시터를 LED에 곧바로 연결하면 커패시터에 저장되어 있던 에너지 덕분에 LED가 잠깐 켜지게 된다.

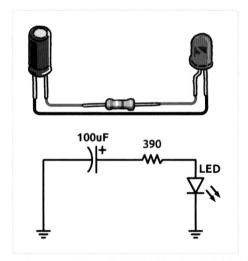

그림 15-17 배터리를 분리한 다음 커패시터를 반대로 연결하면 방전된다.

다이오드

전선과 저항은 전류를 양방향으로 흐르게 할 수 있기 때문에 회로에서의 연결 방향은 크게 신경 쓰지 않아도 된다. 그러나 앞에서 설명한 바와 같이 다이오드diode는 전류를 한 방향으로만 흐르게 하는 부품이다. 그래서 전류가 반대 방향으로 흘러서 다른 부품이 손상되는 것을 막는다. 이를 흐르는 물에 비유하면, 다이오드는 물이 한 방향으로만 흐르게 하는 역류 방지 밸브와 같은 역할을 한다.

그림 15-18 *다이오드의 형태와 전기 기호*

버튼과 스위치

직접 제작한 프로토타입에 누구나 쉽게 조작할 수 있는 인터페이스를 장착하고 싶다면, 가장 간단한 방법은 버튼을 활용하는 것이다. 버튼은 일종의 스위치로서, 회로에 전류를 흐르게 하거나 반대로 전류의 흐름을 끊는 역할을 한다. 버튼의 작동 방식은 다음과 같은 두 가지로 나눌 수 있다.

- NO(Normally Open, 상시열림형) 버튼: 누르지 않은 상태에서는 전류가 흐르지 않게 하다가, 버튼을 누르면 회로를 닫아서 전류가 흐르게 한다.
- NC(Normally Closed, 상시닫힘형) 버튼: 누르지 않은 상태에서는 전류가 흐르게 하다가, 버튼을 누르면 회로를 열어서 전류가 흐르지 않게 한다.

스위치도 이와 같은 방식으로 작동하지만, 버튼과 달리 손잡이를 누르거나 이동한 위치에 머물게 된다. 버튼의 한 종류인 푸쉬버튼pushbutton은 누르는 동안에만 일시적으로 작동하게 되어 있다. 토글 스위치는 스위치의 한 종류로서 손잡이를 한쪽으로 전환하면 회로를 연결한 상태를 유지하다가 다시 반대 방향으로 전환하면 회로를 끊는 방식으로 작동한다(그림 15-19). 우리 주변에는 이 밖에도 수많은 스위치가 사용되고 있다. 우리가 방안의 전등을 켜거나 끌 때 사용하는 것도 스위치다.

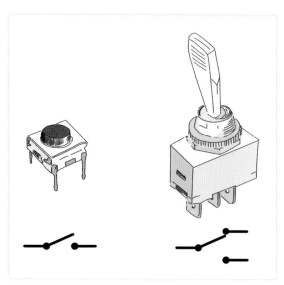

그림 15-19 *버튼과 토글 스위치의 형태와 전기 기호*

회로 작업에 필요한 공구

회로 작업을 시작하기 전에 가장 먼저 확보해야 하는 것은 조명을 충분히 갖춘 작업 환경이다. 테이블에서 작업할 경우 테이블 표면을 보호하기 위해 합판 등을 미리 깔아두는 것이 좋다. 간단한 회로라면 몇 가지 공구만으로도 쉽게 제작할 수 있고, 비용도 많이 들지 않는다. 휴대용 칼과 가위, 드라이버만 가지고도 회로를 제작할 수 있다. 그러나 회로가 복잡해지면, 그림 15-20에 나온 도구를 사용하는 것이 좋다. 기능과 품질이 뛰어난 공구를 사용할수록 작업을 더 편하게 할 수 있으며 결과물의 완성도도 높아진다.

그림 15-20 *최소한 갖춰야 하는 공구*

회로의 제작에 기본적으로 필요한 공구는 드라이버, 핀셋, 전기 기술자용 가위, 클리퍼, 와이어 스트리퍼(전선 피복 제거기), 멀티미터(252페이지의 '측정' 절 참조)를 갖춰야 한다. 필요하다면 확대경(돋보기)도 준비한다. 좀 더 본격적인 작업을 하려면 납땜 도구가 필요하다. 납땜 도구로는 납땜 인두기soldering iron, 땜납solder, 납 흡입기desoldering pump, 인두 끝을 닦을 스펀지, 그리고 납땜할 부품을 고정할 작업용 거치대 등이 있다(그림 15-21).

그림 15-21 **납땜에 필요한 공구**

회로의 전원 공급은 배터리만으로도 충분하지만, 안정적인 전압을 제공하려면 별도의 전원 공급 장치power supply를 사용하는 것이 좋다. 전문 작업장에는 거의 모든 종류의 회로를 제작할 수 있도록 다양한 전압과 전류를 제공하는 전원 공급 장치를 갖추고 있다. 처음 시작하는 입장에서 최소한의 환경으로 작업하려면, 오래된 휴대폰 충전기와 같이 집 안에서 쉽게 발견할 수 있는 전원 공급 장치를 활용해도 무방하다.

회로 만들기

그림 15-22는 회로도를 그릴 때 전선의 연결 관계를 나타내는 방법을 보여 주고 있다. 왼쪽에서 첫 번째와 두 번째 그림은 두 선이 교차하지만 서로 연결되지 않은 상태를 나타낸다. 회로도를 그리다 보면 선이 겹칠 수밖에 없는 경우가 생기는데, 이때 이렇게 표현한다. 마지막 오른쪽 끝에 있는 그림은 두 선이 연결이 되어 있는 상태를 나타낸 것이다.

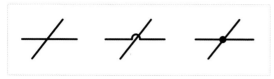

그림 15-22 회로에서 서로 겹쳐 있는 선을 나타내는 방법. 오른쪽 끝에 있는 그림만 두 선이 서로 연결된다.

회로를 그림으로 나타낸 회로도는 실제 회로와 몇 가지 차이점을 가진다. 부품에 연결된 핀이 나열된 순서가 기호와 다르다는 점, 회로도에서는 부품의 실제 크기를 반영하지 않는다는 점 등이다.

이렇게 그린 회로도를 실제 회로로 구성하기 위해서는 어떻게 해야 할까? 가장 쉽고 빠르면서 안전한 방법은 프로토타이핑용 브레드보드breadboard를 사용하는 것이다(그림 15-23). 본래 브레드보드는 빵을 자를 때 사용하던 도마를 가리키는 용어로서, 이 도마는 빵을 자를 때 생기는 부스러기를 접시에 쉽게 모을 수 있게끔 격자 형태로 구멍이 뚫려 있었으며, 형태가 이 도마와 닮았다고 하여 브레드보드라고 부르게 됐다. 흔히 빵판이라고도 부른다.

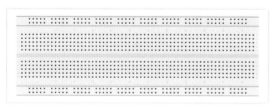

그림 15-23 브레드보드

브레드보드를 활용하면 레고를 다루듯이 회로를 구성할 수 있다. 회로에 필요한 부품을 브레드보드에 꽂기만 하면 된다. 레고와 다른 점은 이렇게 부품을 끼워 넣은 구멍이 각각 전선으로 연결되어 있다는 점이다. 단심선solid-core wire*이나 끝에 간단한 커넥터가 달린 점퍼선만 있으면 각 지점을 연결할 수 있다(그림 15-24).

※ 역자주_ 하나의 철심으로만 구성된 전선

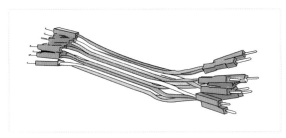

그림 15-24 브레드보드용 점퍼선

일반적으로 브레드보드는 가운데를 중심으로 왼쪽과 오른쪽 영역이 서로 구분되어 있다. 브레드보드의 가운데 영역은 기다랗게 패여 있는데 왼쪽과 오른쪽의 사이를 절연체로 분리시키고 있으며, 이를 제외한 양쪽의 모든 구멍은 각 행마다 전선으로 연결되어 있다(그림 15-25와 15-26).

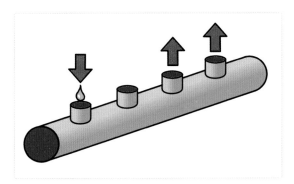

그림 15-25 브레드보드의 왼쪽 또는 오른쪽 영역의 가로줄 안에는 이와 같은 T-조인트 형태의 전선이 들어 있다.

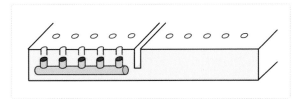

그림 15-26 브레드보드 가로줄 내부는 이와 같이 T-조인트 형태의 전선으로 연결되어 있다.

브레드보드는 회로를 빠르게 제작하기 위한 유용한 도구지만, 여기에도 단점이 있다. 아주 간단한 회로가 아닌 이상 어쩔 수 없이 전선이 엉키게 된다는 점이다. 따라서 항상 선을 잘 정리하고, 부품을 끼울 때도 선이 꼬이지 않도록 최적의 위치를 잘 선정해야 한다.

브레드보드 깔끔하게 정리하기

크기가 큰 브레드보드는 일반적으로 레일rail이라 부르는 두 개의 선이 양쪽의 가장자리에 한 쌍을 이루고 있으며, 브레드보드에 전기를 공급하는 역할을 한다. 레일은 각 지점에 연결된 부품과 거의 비슷한 거리를 유지하기 때문에, 이를 활용하면 작업 과정에서 선이 엉키는 일을 줄일 수 있다. 그림 15-27처럼 점퍼선으로 양쪽 레일을 연결하면 두 레일이 같은 전압을 유지하게 할 수 있다.

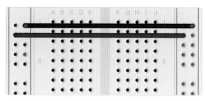

그림 15-27 *양쪽 레일을 서로 연결한 모습*

회로에서 5V와 12V와 같이 두 종류의 전원을 사용하려면, 한쪽 레일을 5V로 설정하고 다른쪽은 12V로 설정하면 된다. 전원의 음극(그라운드, GND)에 연결한 선은 반드시 반대쪽 레일에 연결해야 한다. 그림 15-28처럼 100nF 커패시터를 레일에 직접 연결하면 전기적인 간섭을 최소화할 수 있다.

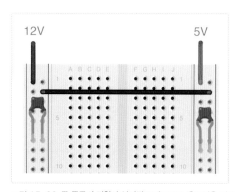

그림 15-28 *두 종류의 전원이 연결된 브레드보드. 음극선을 서로 연결하고, 간섭을 최소화하기 위해 커패시터를 달았다.*

> 브레드보드 중에는 레일이 반으로 나눠져 있는 것도 있다. 이런 경우에는 작은 U자 형태의 전선을 사용하여 연결하면 된다.

전선이 원이나 나선형으로 연결되지 않도록 주의해야 한다. 회로는 굉장히 약하기 때문에 이렇게 루프를 형성하게 되면 라디오 안테나처럼 전파를 발산하여 회로가 예상치 못한 방식으로 작동하게 된다. 선을 연결할 때에는 필요한 길이만큼만 잘라서 사용하는 것이 좋고, 회로를 구성하는 동안 최대한 연결 선이 겹치지 않도록 주의한다.

또 한 가지 주의할 점은 브레드보드에 부품을 연결할 때 아무 데나 꽂으면 안 된다는 것이다. 회로에 설계된 방식대로 적절한 위치에 연결되도록 해야 한다. 부품의 단자에 납땜을 하거나 선을 연결하여 포텐셔미터나 스피커, 릴레이, 충전 플러그 등을 연결할 수도 있다.

회로를 보다 견고하게 만들고 싶다면 매트릭스 보드matrix board를 사용해도 되고, PCB를 제작한 다음 납땜 인두로 부품을 고정하는 것도 좋은 방법이다(그림 15-29, 그림 15-30).

그림 15-29 *매트릭스 보드로 구성한 회로*

그림 15-30 *PCB로 구성한 회로*

측정

앞에서 전압과 전류를 측정하는 장치를 소개할 때 두 장치가 서로 비슷하게 생겼다고 설명한 바 있다. 이 때문에 등장한 것이 바로 멀티미터multimeter라는 장치다. 두 장치를 서로 혼동하지 않도록 하나로 합치고 여기에 전기에 관련된 다른 종류의 값도 함께 측정할 수 있도록 했다. 멀티미터는 크게 아날로그 멀티미터와 디지털 멀티미터로 나뉜다. 아날로그 멀티미터는 측정한 값을 바늘로 표시하는 방식을 사용하는데, 신호가 변하는 과정을 직접 표현할 수 있어서 현재까지도 널리 사용되는 방식이다. 반면 디지털 멀티미터는 측정한 값을 LCD 디스플레이를 통해 숫자로 표시한다. 신호가 급격히 변하는 현상은 화면에 나온 숫자가 급격하게 변하는 방식으로 표현된다.

멀티미터는 한 쌍의 입력 단자로 구성되어 있는데, 대부분 끝 부분이 볼펜의 심처럼 생긴 막대가 달려 있고, 각각 빨간색 선과 검은색 선에 연결되어 있다. 검은색 막대는 그라운드(GND)나 공통 신호(COM)를 측정할 때 사용하고, 빨간색 막대는 전압, 저항, 전류 등과 같이 측정할 양을 읽을 때 사용한다. 보통 멀티미터에는 그림 15-31처럼 측정할 값의 종류를 선택하는 스위치가 달려 있다.

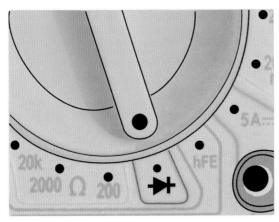

그림 15-31 멀티미터로 다이오드를 측정하기 위해 스위치를 설정한 모습

전압 측정 방법은 굉장히 쉽다. 먼저 멀티미터에 달린 막대기(COM 소켓에 연결된 검은색 막대와 V 또는 DCV 소켓에 연결된 빨간색 막대)를 적절한 위치에 연결한 다음, 멀티미터 스위치를 적절한 DCV 위치로 돌린다. 이때 측정하려는 전압의 범위가 스위치에 적힌 값을 넘지 않도록 적절히 선택한다. 예를 들어 7V 수준의 전압을 측정한다면, 스위치를 10V나 20V로 설정한다. 전압의 범위를 잘 모를 경우에는 가장 높은 값으로 설정한 다음, 작업을 진행하며 적절히 낮춘다. 만약 회로의 두 지점 사이의 전압을 측정하려면, 그림 15-23처럼 두 막대를 해당 지점의 도체 부분(전선이라면 피복이 벗겨진 철심, 부품이라면 단자)에 갖다 대기만 하면 된다.

AC/DC

AC/DC

측정하려는 전압이 교류(AC) 전압인지, 아니면 직류(DC) 전압인지 알아야 한다. 교류를 측정할 때는 멀티미터와 막대를 연결하는 단자가 다르다. 우리가 접하는 거의 모든 교류 전압은 인체에 치명적이다. 교류와 직류를 혼동하면 멀티미터만 고장나는 것이 아니다. 사용자의 목숨까지도 위협할 수 있다.

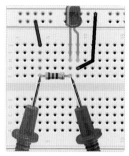
그림 15-32 *저항의 양쪽 끝 사이의 전압을 측정하는 모습*

회로의 특정 구간을 흐르는 전류도 측정이 가능하다. 전압을 측정할 때와 마찬가지로, 멀티미터의 스위치를 측정하려는 전류의 범위에 적절한 값을 설정한다. 단, 전압을 측정할 때와 달리 그림 15-33처럼 측정하려는 구간의 회로를 끊고 그 부분에 멀티미터 막대를 가져다 대야 한다. 그러면 회로에서 측정하는 구간에 흐르는 전류의 세기에 해당하는 값이 멀티미터에 표시된다.

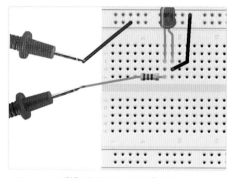
그림 15-33 *저항을 거쳐 흐르는 전류를 측정하는 모습*

옴의 법칙

회로에서 사용하는 부품은 대부분 전압을 정확하게 공급해야만 제대로 작동한다. 전압을 물에 비유하면, 수압이라고 할 수 있다. 수압은 물레방아를 돌리게 하는 힘과 같은 역할을 한다. 물레방아를 나이아가라 폭포 아래 두면 강한 수압 때문에 물레방아가 즉시 망가져 버릴 것이다. 반대로 집에 있는 수도꼭지에서 나오는 물을 물레방아에 흘리면 꼼짝도 하지 않을 것이다.

전류와 전압과 저항은 서로 관련되어 있다. 이러한 관계를 나타낸 것이 바로 옴의 법칙이다.

V = R * I

여기서 V는 전압을, I는 전류의 세기를, R은 저항을 가리킨다. 이 법칙은 회로를 보호하기 위해 각각의 값을 계산하는 데 사용되기 때문에 굉장히 중요하다. 전압과 저항의 값을 알아내고 싶다면 이 법칙에 따라 계산하면 된다.

앞에서 소개한 LED 버전의 헬로우 월드 회로를 통해 저항값이 적절한지 살펴보자.

LED를 정상적으로 켜기 위해서는 전압과 전류를 정확히 맞춰야 한다. 이 값은 LED에 대한 데이터시트에서 확인할 수 있다. 일반적으로 LED의 작동에 필요한 전류는 10mA에서 20mA 사이지만, 공급 충전 전압supply charging voltage은 LED의 색깔과 종류마다 다르다. 표 15-5는 이에 대한 몇 가지 대표적인 값을 정리한 것이다.

표 15-5 *대표적인 LED의 공급 충전 전압*

LED 색깔	공급 충전 전압(V)
빨강	1.8
노랑	1.9
초록	2.0
주황	2.0
파랑/하양	3.0
파랑	3.5

가령 9V 배터리와 주황색 LED를 직접 연결하면 마치 물레방아를 나이아가라 폭포 밑에 둘 때처럼 LED가 타버린다. LED에 필요한 공급 전압은 2인데 9V 배터리로 전원을 공급하게 되면 7V나 초과하기 때문이다.

바로 이럴 때 저항을 사용한다. 다시 비유하자면 폭포를 두 개의 작은 폭포로 나누고 둘 중 하나의 높이를 물레방아에 맞게 맞추는 것이다. 그림 15-34를 보자. 그림에서 화살표는 폭포의 방향을, 화살표의 길이는 물이 떨어지는 높이를 가리킨다. 원의 왼쪽 화살표는 배터리의 총 공급 전압을 의미하고 길이는 9다. 폭포를 두 갈래로 나눈 것을 다르게 표현하면 원의 오른쪽에 (7V와 2V에 대한) 두 개의 화살표를 그린 것과 같다. 원은 항상 닫혀야 하며, 오른쪽과 왼쪽이 서로 균형을 이뤄야 한다. 이것은 키르히호프의 전류 법칙을 그림으로 표현한 것이기도 하다.

그렇다면 초과한 7V로 인해 LED를 망가뜨리지 않으려면 얼마만큼의 저항이 필요할까?

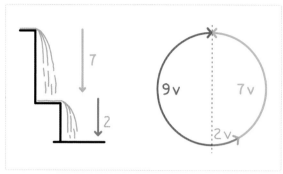

그림 15-34 **폭포를 두 개의 작은 폭포로 나눈 모습**

옴의 법칙을 사칙 연산의 법칙에 따라 다르게 표현하면 다음과 같다.

    R = V/I

LED의 데이터시트에 의하면 20mA(0.020A)를 흘려줘야 LED가 켜진다. 이때 7V를 다른 곳으로 보내기 위한 저항값은 위 공식에 따라 다음과 같이 계산한다.

    R = 7V / 0.020A = 350Ω

350Ω이라는 결과가 나왔다. 그런데 이 값은 표준 저항값이 아니다. 다시 말하면 이 값에 맞는 저항을 구할 수 없다는 뜻이다. 이럴 때는 그 값에 가장 가까운 제품을 선택한다. 표준 저항값 중에서는 348Ω이 가장 가깝기 때문에, 이 저항을 달면 계산에 가까운 결과를 얻을 수 있을 것이다. 그러나 한 가지 고려해야 할 것이 있다. 일반적으로 회로를 구성할 때 장치에 전류를 더 많이 공급하는 것보다 더 적게 공급하는 것이 좋다는 사실이다. 348Ω 저항을 달아도 큰 문제 없이 작동하겠지만 가급적이면 360Ω이나 390Ω 저항을 사용하는 것이 좀 더 바람직하다.

옴의 법칙은 회로 단락short circuit을 피해야 하는 이유도 정확히 설명해 준다. 단락이 발생하면 저항의 실제 값이 0에 가까워진다. 이를 옴의 법칙으로 표현하면 다음과 같다.

    I = V / R

단락이 발생하여 저항이 0에 가까워질수록, 전압을 나누는 분모가 아주 작아져서 전류의 값이 엄청나게 높아지게 된다. 회로에 사용하는 전원 공급 장치는 여기에 맞추도록 최대한 노력하겠지만, 한계에 도달하면 결국 망가지게 된다. 12V 정도에 불과한(?) 자동차 배터리도, 단자에 커다란 드라이버를 갖다 대기만 해도 배터리를 망가뜨리거나 드라이버를 잡고 있는 사람을 다치게 할 수 있다.

아두이노

가정에서 사용하는 버튼형 초인종만 만들 수 있어도 천재 소리를 듣던 시절이 있었다. 전자공학이 발달하면서 전자기기를 취미로 즐기는 분야의 수준도 높아졌다. 취미 공학자들은 튜브 라디오를 직접 제작하다가, 한 단계 나아가 트랜지스터 라디오를 만들고, 여기서 좀 더 발전하여 텔레비전까지 제작할 정도에 이르렀다. 1975년에 이르자 이들이 만드는 대상의 복잡도는 정점에 이르렀는데, 일부 취미 공학자들은 데스크톱 컴퓨터인 알테어Altair까지 직접 제작하기도 했다. 그러나 이 시점부터 취미로 전자 제품을 제작하는 활동이 급격히 감소하기 시작했다. 초인종과 같은 수준의 간단한 기기는 전기 이론을 잘 모르더라도 쉽게 만들 수 있었지만, 컴퓨터를 만들기 위해서는 수학과 물리학에 대한 전문 지식도 갖춰야 했다. 이는 초보자에게 엄청난 진입 장벽으로 작용했으며, 특정한 기술에 대한 배경 지식을 습득하기까지 상당한 시간과 노력이 필요했다. 이러한 이유로 2000년대 중반부터 분위기가 크게 바뀌기 시작했다.

아두이노란?

아두이노Arduino는 간결하고, 강력하고, 저렴하고, 다재다능하며, 주변의 물리 세계와 상호 작용할 수 있는 소형 컴퓨터다(그림 16-1). 정보를 제공하는 장치인 센서, 작동을 수행하는 장치인 액추에이터actuator를 아두이노에 연결하고, 원하는 규칙과 명령을 프로그램으로 작성하여 실행시킬 수 있다. 가령 아두이노를 이용하여 습도가 변할 때마다 식물이 자라는 데 가장 적합한 환경을 유지하도록, 환기를 시작하거나 멈추게 하는 온실 제어 장치를 만들 수 있다.

아두이노는 이탈리아의 이브리아Ivrea에 있는 디자인 전문 대학원인 IIDIInteraction Design Institute Ivrea에서 처음 개발한 것이다. 이 학교의 학생들은 베이식 스탬프Basic Stamp라는 마이크로컨트롤러를 이용하여 소형 인터랙티브 디바이스를 제작했는데, 베이식 스탬프의 가격은 대략 100달러 정도였다. 인터랙티브 컴퓨팅 장치를 좀 더 저렴하게 마련하기 위해, 이 학교의 교수이자 공학자이기도 한 마시모 밴지Massimo Banzi, 다비드 쿠아르티에예스David Cuartielles, 쟌루카 마르티노Gianluca Martino, 다비드 멜리스David Mellis가 공동으로 아두이노라는 이름의 30달러 정도의 오픈소스 마이크로컨트롤러를 개발했다. 아두이노의 첫 번째 버전을 개발한지 얼마 되지 않아, 뉴욕 대학에서 인터랙티브 텔레커뮤니케이션 프로그램에서 강의하던 톰 이고Tom Igoe 교수가 이 프로젝트에 합류했다.

그림 16-1 메이크 페어용 스페셜 에디션을 비롯한 여러 가지 버전의 아두이노

아두이노 통합 개발 환경^{Intergrated Development Enviroment}(이하 IDE)을 이용하면 아두이노의 여러 가지 작동을 표현하는 프로그램을 작성할 수 있다. 아두이노 IDE[*]는 아두이노 공식 웹사이트 (https://www.arduino.cc/)에서 무료로 다운로드할 수 있다.

아두이노는 물리적인 구성 요소와 상호 작용할 수 있을 뿐만 아니라, 프로세싱^{Processing}이나 파이썬^{Python}처럼 컴퓨터에서 구동되는 소프트웨어와 통신할 수도 있다. 여기에 대한 구체적인 예제는 18장과 19장에서 소개한다.

아두이노 보드와 프로그래밍 환경을 조합하면 프로토타이핑 플랫폼^{prototyping platform}을 구축할 수 있다. 일단 아두이노를 기반으로 제품에 대한 프로토타입을 만든 뒤에, 아두이노를 프로젝트의 핵심 요소로 계속 활용할 수도 있고, 아니면 별도로 제작한 솔루션으로 대체할 수도 있다. 아두이노만으로도 얼마든지 멋진 제품을 만들 수 있는데, 전등을 켜는 스위치와 같이 간단한 것을 만든다면 아두이노보다 훨씬 저렴한 방법이 많이 있다.

아두이노의 가장 큰 장점 중 하나는 오픈소스로 제공된다는 것이다. 아두이노에 대한 개발 일정과 사용법은 모두 웹에 공개되어 있어서, 누구나 이러한 정보를 이용하여 또 다른 버전의 보드를 제작하거나, 아두이노를 개선하거나, 자신의 용도에 맞게 변형할 수 있다. 또한 대표적인 운영체제인 윈도우와 맥, 리눅스를 지원하기 때문에 많은 이들이 쉽게 사용할 수 있다는 점도 장점이다.

소프트웨어 구조

아두이노의 '뇌' 역할을 하는 마이크로컨트롤러는 컴퓨터에 흔히 사용되는 것보다 사양이 낮다. 그래서 아두이노에서 워드 프로세서나 웹 브라우저와 같이 무거운 프로그램을 실행시키기는 힘들다. 아두이노에서 작성한 프로그램(아두이노 용어로 스케치^{sketch})의 길이는 기껏해야 한 페이지 정도에 불과하다. 스케치는 범용 프로그래밍 언어인 C와 C++를 간소화한 언어를 사용하는데, 자바를 간소화한 언어인 프로세싱과 매우 흡사한 형태로 정의되어 있다.

---

* 역자주_ 이 책 원서에서 설명하고 있는 아두이노 IDE의 버전은 1.6.0이다. 이 책의 한국판 번역 작업이 진행되고 있는 현재 시점에서 다운로드 가능한 아두이노 IDE 버전은 1.6.7로 다소 차이가 있을 수 있음을 미리 밝힌다.

스케치는 setup과 loop라는 두 영역으로 구성된다. setup은 한 번만 실행되며 프로그램의 실행에 필요한 준비 작업을 수행한다. 가령 9번 핀에 센서가 연결되어 있다는 것을 아두이노에게 알려주거나, 아두이노에서 데이터를 출력할 때 시리얼 포트에 내보내는 속도를 지정하는 것처럼, 본격적인 작업을 실행하기 전에 아두이노가 알아야 할 사항은 모두 setup에서 설정한다.

loop 영역에는 아두이노에 전원이 꺼질 때까지 반복해서 실행할 작동을 작성한다. 예를 들면 센서에서 감지한 값이 일정 기준값을 넘어서면 전등을 켜고, 특정 기준 이하로 떨어지면 전등을 끄고 10초 기다렸다가 다시 시작하게 하는 작동이 여기에 해당된다.

스케치는 아두이노의 비휘발성 메모리에 저장된다. 이 말은 아두이노의 전원이 꺼져도 프로그램이 계속 기억된다는 뜻이다. 즉 아두이노는 하루나 한달, 또는 일 년 뒤에 전원을 켜도 스케치에서 설정한 대로 setup을 한 번 실행한 뒤 loop를 무한히 반복하는 방식으로 실행된다.

간단한 스케치 예제

예제 16-1은 가장 간단한 형태의 스케치를 보여 주고 있다. 이 프로그램은 아무 일도 하지 않는다. 그저 간단한 구조로 작성하였을 뿐이다.

[예제 16-1] 간단한 형태의 스케치

```
// //로 시작하는 문장은 주석이다.
void setup()
{
  // 여기에 초기화를 수행하는 코드를 작성한다.
  // 이 부분은 딱 한 번만 실행된다.
}
void loop()
{
  // 여기에 메인 코드를 작성한다.
  // 이 코드는 무한히 반복해서 실행된다.
}
```

생각보다 단순한 구조로 짜여 있다. 여기에서 짚고 넘어갈 사항은 두 가지다. 첫 번째로 두 개의 슬래시, 즉 //라는 문자 뒤에 나온 문장은 주석으로 취급하기 때문에 코드에 나온 다른 부분과 달리 실행하지 않는다. 두 번째로 setup과 loop 영역은 모두 중괄호로 묶는다. 여러 문장을 하나의 그룹으로 묶을 때 이렇게 중괄호를 사용한다.

아두이노 IDE에서는 필요할 때 즉시 활용할 수 있도록 미리 작성된 예제 스케치를 제공하며, 이를 통해 여러 가지 기능을 테스트해 볼 수 있다. 여기에서 살펴볼 것은 'Blink'라는 이름의 예제 스케치이다. 이 스케치를 띄우려면 그림 16-2와 같이 아두이노 IDE의 메뉴에서 [파일]→[예제]→[01.Basic]→[Blink]를 선택한다.

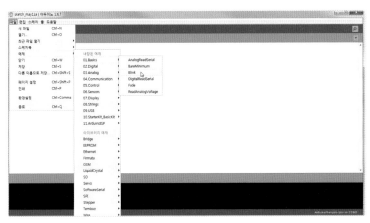

그림 16-2 Blink 예제 스케치를 불러오는 모습

이 예제 스케치는 아두이노 보드에 달려 있는 LED의 깜빡임을 확인하기 위한 것이다(그림 16-3). 다음의 예제 16-2를 참고하여 주석에서 설명한 방식대로 약간 수정해 보자.

[예제 16-2] LED를 깜박이게 만들기

```
void setup()
{
  // 13번 핀에 연결된 액추에이터(LED)를 여기서 조작한다.
  pinMode(13, OUTPUT);
}
void loop()
{
  // LED를 켠다.
  digitalWrite(13, HIGH);
  // 1초(1000ms)만큼 기다린다.
  delay(1000);
```

```
  // LED를 끈다.
  digitalWrite(13, LOW);
  // 1초 기다린다.
  delay(1000);
}
```

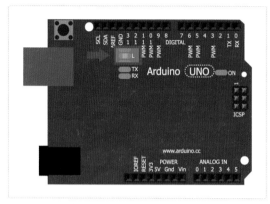

그림 16-3 보드의 13번 핀에 LED가 연결된 모습

여기까지 마쳤다면, 이제 코드를 자세히 살펴보자. 가장 먼저 눈에 띄는 점은 주석을 제외한 모든 문장이 세미콜론(;)으로 끝난다는 것이다. 세미콜론을 사용하는 이유는 하나의 문장(명령)이 끝나고 다음 문장이 시작하는 지점을 정확히 알기 위해서다. 각 문장은 반드시 세미콜론으로 구분해야 하며, 이를 적절히 넣지 않으면 프로그램을 실행시킬 수 없다.

아두이노는 무척 꼼꼼해서 세미콜론의 존재 여부뿐만 아니라, 단어의 대문자와 소문자까지 구분한다. 예를 들어 앞에서 본 코드에 나온 digitalWrite를 DigitalWrite나 digitalwrite라고 쓰면 서로 다른 명령으로 취급하게 된다.

아두이노에 스케치 업로드하기

앞서 Blink 예제를 아두이노 IDE를 통해 띄워 보았다. 이 스케치를 아두이노의 하드웨어로 보내려면 어떻게 해야 할까? 아두이노에 프로그램을 업로드하기 전에 가장 먼저 해야 할 일은 스케치의 오류를 '검사verify'하는 것이다. 아두이노 IDE는 작성된 코드를 컴퓨터가 이해할 수 있는 언어, 즉 0과 1로 구성된 문장으로 변환(컴파일)하며 이 과정에서 코드에 오류가 있다면 사용자에게 알려준다.

먼저 스케치를 작성 중인 컴퓨터와 아두이노를 USB 케이블로 연결한다. 참고로 아두이노 우노는 A 혹은 B 타입의 USB 케이블을 사용하며, 레오나르도 모델은 마이크로 USB 케이블을 사용한다. 연결을 했다면 아두이노 IDE를 실행한다. 메뉴에서 [툴]→[포트]를 클릭하고, 아두이노 보드가 연결된 포트를 선택한다. 포트가 여러 개라면 그중 하나를 선택한다(그림 16-4). 그런 다음, [툴]→[보드]를 클릭한 다음 자신이 사용하는 아두이노 모델을 선택한다. 이렇게 설정하면 아두이노 IDE는 현재 연결된 아두이노와 통신할 수 있으며, 현재 사용하는 모델에 적합한 검사를 수행할 수 있다.

그림 16-4 **적합한 포트 설정하기**

이제 스케치를 검사해 보자. 그림 16-5와 같이 메뉴바 아래의 〈확인〉 버튼을 클릭한다.

그림 16-5 스케치 검사하기

스케치를 검사한 뒤, 아무 이상이 없다면 프로그램을 아두이노에 올려도 된다. 그림 16-6처럼 〈업로드〉 버튼을 클릭하면, 컴파일 된 스케치가 하드웨어로 올라가게 된다.

그림 16-6 스케치 업로드하기

별 다른 이상이 없다면 그림 16-7처럼 컴퓨터로부터 컴파일된 명령이 전송되고 있음을 알려 주는 LED가 깜박일 것이다. 몇 초 후에 전송이 다 끝나면 13번 핀에 연결된 LED가 천천히 깜박인다.

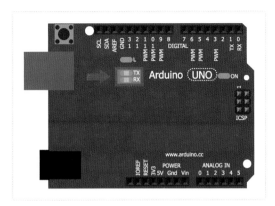

그림 16-7 컴파일 완료된 스케치가 아두이노로 전송되는 동안, TX LED와 RX LED가 깜박이고 있다.

다음 절에서는 다음과 같은 주제에 대해 좀 더 구체적으로 살펴본다.

- 아두이노에 연결할 센서와 액추에이터의 위치를 지정하는 방법
- 센서의 값을 읽은 뒤, 액추에이터가 수행할 작동을 지시하는 방법

물리 세계와 상호 작용하기

창작물에 생명을 불어넣기 위해 가장 먼저 수행해야 하는 명령부터 살펴보자.

핀의 작동 정의하기

아두이노 보드에는 디지털 또는 아날로그 값 등을 읽을 수 있는 여러 가지 핀이 달려 있다. 그림 16-8은 그중 디지털 핀에 해당하는 0번부터 13번 핀을 나타낸 것으로서, 아무 것도 없거나 전체를 의미하는 0과 1로 된 값만 처리한다. 수도 꼭지에 비유하면 꼭지를 잠근 상태이거나 최대로 열어둔 상태와 같다.

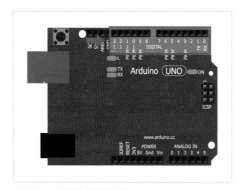

그림 16-8 *아두이노의 디지털 핀*

아두이노와 같은 프로토타이핑 플랫폼이 가진 장점 중 하나는 디지털 핀이 입력이나 출력으로 사용할 수 있도록 핀의 작동을 변경할 수 있다는 것이다. 이를 코드에서 설정하는 방법은 간단하다. setup 블럭에 코드 한 줄만 적으면 된다. 가령 13번 핀을 출력으로 사용하려면 다음과 같이 작성한다.

```
pinMode(13, OUTPUT);
```

7번 핀을 입력으로 사용하려면 다음과 같이 작성한다.

```
pinMode(7, INPUT);
```

pinMode 명령은 기본적으로 두 개의 매개변수를 받는다. 첫 번째 매개변수는 설정을 적용할 핀을 지정하고, 두 번째 매개변수는 핀이 입력(INPUT)인지 아니면 출력(OUTPUT)인지를 지정한다. 특정한 핀을 입력으로 지정했는데 데이터를 출력하거나, 반대로 출력으로 지정한 핀에 값을 입력하려면, 아두이노 보드 또는 보드와 연결된 부품이 손상될 수 있다.

핀 켜기

핀을 출력용으로 지정했다면 digitalWrite 명령으로 이 핀을 켜거나 끌 수 있다. 이 함수는 두 개의 매개변수를 받는다. 첫 번째 매개변수는 설정할 핀을 가리키고, 두 번째 매개변수는 (이 핀에서 전류를 내보내는 등의) 원하는 작업을 표현한다. 앞에서 설명한 바와 같이 디지털 핀은 켜거나 *끄는* 작동만 수행할 수 있다. 수도꼭지에 비유하면 꼭지를 완전히 열거나 반대로 완전히 잠그는 작동만 수행할 수 있고, 물을 약하게 틀어두는 것처럼 중간에 해당하는 작동은 수행할 수 없다.

13번 핀을 켜는 문장은 다음과 같다.

```
digitalWrite(13, HIGH);
```

13번 핀을 *끄는* 문장은 다음과 같다.

```
digitalWrite(13, LOW);
```

Blink 예제를 보면 두 문장이 모두 들어가 있음을 알 수 있다. 아두이노 보드의 13번 핀에 연결된 LED는 digitalWrite의 두 번째 매개변수의 값이 HIGH인지 LOW인지에 따라 켜거나 *끄* 게 된다.

실행 속도 낮추기

간혹 일정 작동이 천천히 실행되게 하고 싶을 수도 있다. 아두이노가 실행하는 명령을 잠시 멈추게 하면 이러한 효과를 줄 수 있다. 바로 이러한 기능을 제공하는 것이 delay 함수이다. 이 함수의 매개변수에 아두이노가 다음 명령을 실행하기 전에 기다려야 할 시간을 밀리세컨드(ms) 단위로 지정하면 된다. 예를 들어 아두이노가 1초 동안 멈춰있게 하고 싶다면, 다음과 같이 작성한다.

```
delay(1000);
```

1초는 1000ms이므로, 1 대신 1000을 매개변수로 지정했다. 다른 문장과 마찬가지로 이 문장의 끝에도 세미콜론을 반드시 붙여줘야 한다. 만일 2.5초간 멈추게 하고 싶다면, 다음과 같이 코드를 작성한다.

```
delay(2500);
```

Blink 예제에서 멈출 시간을 변경한 다음, 스케치를 검사하고 업로드해 보자. 그러면 LED가 깜박이는 속도가 이전과는 크게 달라진 것을 볼 수 있을 것이다.

보충 설명

아직 LED를 깜박이는 수준에 불과하지만, 이로써 아두이노가 작동하기 시작했을 것이다. 이 번에는 특정한 조건을 만족할 때만, LED가 켜지도록 해 보자. 가령 버튼을 누를 때만 LED를 켜려면 어떻게 해야 할까? 우선 회로부터 구성해야 한다. 준비물은 다음과 같다. 아두이노 우노를 제외한 모든 부품은 메이커 쉐드의 '민트로닉스 서바이벌 팩Mintronics Survival Pack'에서 구매 가능하다).

- LED 1개
- 220Ω 저항 1개
- 10KΩ 저항 1개
- 푸시버튼 1개
- 점퍼선 여러 개
- 미니 브레드보드 1개

먼저 LED부터 작업해 보자. 아두이노에 달려 있는 LED 대신(그림 16-3), 별도의 LED를 연결하여 사용할 것이다. LED를 추가하고 설정하는 과정은 그림 16-9에서 볼 수 있다. 여기서 주의할 점은, LED를 연결하기 위해 브레드보드의 가운데 홈을 기준으로 양쪽에 있는 영역을 서로 이어줘야 한다는 점이다. 따라서 브레드보드에 LED를 연결할 때에는 보드의 GND와 13번 핀을 연결하는 선뿐만 아니라, LED의 음극 단자에 연결하기 위해 브레드보드의 가운데 홈 사이를 이어주는 선이 별도로 필요하다. 또한 과전류가 발생하여 이두이노 보드와 LED가 손상되지 않도록, LED의 양극 단자를 연결하기 위해 브레드보드의 가운데 홈 사이를 이어줄 때 220Ω 저항을 단다. 여기에 대한 구체적인 원리에 대해서는 239페이지의 '저항' 절에서 설명한 바 있다.

버튼을 연결할 때도 저항을 달아야 한다. 그래야 아두이노의 입력 핀을 보호할 수 있고, 입력

회로를 좀 더 안정적으로 구성할 수 있다. 여기에는 10KΩ 저항 정도면 충분하다. 저항의 다리를 각각 브레드보드의 GND 열과 버튼 열에 꽂아서 연결한다. 그런 다음 그림 16-9에 나온 것처럼 7번 핀에서 들어오는 선을 저항과 버튼이 만나는 열에 연결한다. 마지막으로 5V 핀을 버튼의 반대쪽 단자에 연결한다.

다음과 같이 코드를 작성하여 7번 핀을 입력 모드로 지정한다.

```
pinMode(7, INPUT);
```

그렇다면 버튼이 눌렸는지 어떻게 알아낼 수 있을까? 핀의 전압이 HIGH이면 버튼이 눌린 상태고, LOW이면 눌리지 않은 상태인데, 이 값은 digitalRead 함수로 알아낼 수 있다. 다른 함수와 마찬가지로, 이 함수도 값을 읽을 핀을 지정해야 한다. 예제에서는 7번 핀을 읽기 때문에, 다음과 같이 작성한다.

```
digitalRead(7);
```

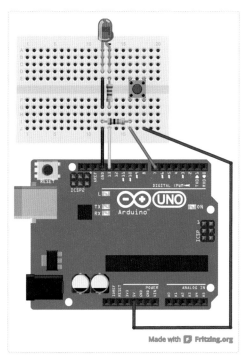

그림 16-9 LED를 켜기 위해 버튼을 사용하는 모습

digitalRead 명령은 지금까지 본 함수와 달리 특정한 값을 리턴한다. 즉, 읽은 핀에 전압이 있으면 HIGH를, 아니면 LOW를 리턴한다.

데이터 저장 방법

digitalRead로 받은 값은 어떻게 처리해야 할까? 이 값은 따로 저장해 뒀다가 나중에 필요할 때 읽거나 수정할 수 있어야 한다. 이러한 용도로 값을 저장하는 공간이 바로 변수variable이며, 각 변수에는 이름을 붙일 수 있다. 이번에는 read라는 이름의 변수를 만들어서, 여기에 digitalRead로 받은 값을 저장해 보자. 변수에 값을 저장할 때에는 할당 연산자assignment operator인 = 기호를 사용한다.

```
int read = digitalRead(7);
```

int는 변수의 이름 앞에 붙어서 저장할 데이터의 종류를 표현한다. 데이터의 종류를 int로 정의할 경우 read 변수는 (−32,768~32,767 사이에 해당하는) 정수값을 저장할 수 있다. 그런데 한 가지 짚고 넘어갈 것이 이다. 앞에서 설명한 바에 의하면 digitalRead 함수는 HIGH나 LOW값만 리턴하기 때문이다. HIGH나 LOW에 해당하는 값은 상수constant로서 특정한 값을 기억하기 쉽게 만든 값이다. 아두이노의 프로그래밍 언어에는 여러 가지 상수가 정의되어 있다. 핀의 작동을 지정할 때 사용한 INPUT과 OUTPUT도 이렇게 정의된 상수 중 하나다. 이렇게 아두이노에서 기본적으로 제공하는 특수한 형태의 상수를 전처리 매크로preprocessor macro라 부른다. 아두이노의 프로그래밍 스타일과 일관성을 유지하기 위해서는 전처리 매크로를 따로 정의하기보다는 미리 정의된 것을 활용하는 것이 좋다. 매크로를 직접 정의할 수 밖에 없다면, 다른 방식으로 상수를 정의해야 한다. 방법은 변수를 정의하는 것과 거의 비슷하며, 앞에 const라는 단어만 붙여 주면 된다.

```
const int RINGS_FOR_THE_ELVEN_KINGS = 3;
```

상수의 이름은 대문자로 표시하는 것이 관례다. 대문자를 사용하면 코드를 읽을 때 언제든지 값이 변하는 변수와 그렇지 않은 것을 쉽게 구분할 수 있다. 상수는 한 번 정의하면 그 값이 변하지 않고 일정하게 유지된다.

상수나 변수의 이름은 이미 정의된 것과 같지 않은 한, A에서 Z까지 문자와 0부터 9까지의 숫자와 언더스코어(_)를 조합하여, 원하는 형태로 마음껏 정의할 수 있다. 스케치를 읽기 쉽게 작성하려면 변수나 상수의 이름을 용도나 의미가 잘 드러나도록 정하는 것이 좋다. AUF2RTX와 같이 특이한 이름으로 정해도 되지만, 코드에서 의미를 파악하기 힘들기 때문에 가급적 이런 이름은 사용하지 않는 것이 좋다.

이제 다시 스케치로 돌아가 setup 영역에서 7번 핀을 입력 모드로, 13번 핀을 출력 모드로 설정하는 코드를 작성한다. 방법은 이미 설명했다.

```
void setup()
{
  pinMode(13, OUTPUT);
  pinMode(7, INPUT);
}
```

그런데 이렇게 작성하면, 전체 스케치에서 LED가 13번에 연결되어 있고 버튼이 7번에 연결되어 있다는 것을 따로 기억하고 있어야 한다. 이때 변수를 활용하면 코드를 좀 더 파악하기 쉽게 개선할 수 있다. 다음을 참조한다.

```
int led = 13;
int button = 7;
void setup()
{
  pinMode(led, OUTPUT);
  pinMode(button, INPUT);
}
```

이렇게 작성하면, 버튼이 눌렸는지 알아내는 코드를 작성할 때 구체적인 핀 번호를 적지 않아도 digitalRead(button);과 같이 간단히 표현할 수 있다. 마찬가지로 LED를 켜는 부분도 digitalWrite(led, HIGH)와 같이 작성할 수 있다. 여기에서는 led와 button 변수를 setup 영역 밖에서 선언했기 때문에 스케치의 어느 곳에서 변수를 사용할 수 있다. 만일 이 변수를 setup 영역 안에서 선언했다면, 이 영역 밖에서는 해당 변수를 사용할 수 없다. 이렇게 변수를 사용하는 영역을 변수의 가시 영역visibility of variables 또는 스코프scope, 범위라 부른다.

일반적으로 컴퓨터는 프로그램이 시작하는 부분부터 끝나는 부분까지 담긴 모든 명령을 실행한다. 그중에서 setup 영역은 딱 한 번만 실행되고, loop 영역은 무한히 반복된다. 경우에 따라 이러한 흐름을 바꾸고 싶을 수도 있다. 가령 한 동작을 여러 번 반복하게 하거나, 특정한 조건이 만족할 때만 명령을 실행하고 싶을 수도 있다.

조건문 작성하기

버튼을 누를 때만 LED를 켜도록 만들려면, 제어 구조^{control structure}를 활용하여 코드를 작성해야 한다. 제어 구조의 작동 방식을 의사코드^{pseudocode}(실제 컴퓨터 코드와 구조는 같지만 사람이 읽기 쉽게 작성한 가짜 코드)로 표현하면 다음과 같다.

```
if 어떤 일이 일어나면:
    특정한 동작을 수행한다.
```

특정한 조건을 만족할 때의 작동을 수행하는 구문은 if라는 키워드로 작성할 수 있다.

```
if (조건)
{
  // 실행할 명령을 여기에 나열한다.
  // 거의 모든 종류의 명령을 작성할 수 있다.
}
```

여기에서 '조건'은 센서로부터 읽어들인 값이 될 수도 있고, 특정한 명령을 반복적으로 수행한 횟수일 수도 있고, 특정한 변수의 값일 수도 있다. 이때 조건을 검사하는 코드는 소괄호 ( )로 묶으며, 끝에 세미콜론은 붙이지 않는다. 이렇게 조건을 설정했다면, 이 조건을 만족하는 경우에만 뒤에 중괄호 { }로 묶은 작동을 수행한다. 다시 예제로 돌아와서, 버튼이 눌렸는지 확인하는 부분을 작성해 보자. 다음과 같이 표현할 수 있다.

```
if (digitalRead(button) == HIGH)
{
  // LED를 켜는 코드를 여기에 작성한다.
}
```

등호 두 개를 붙이면, 더 이상 등호가 아니다.

눈치가 빠른 독자들은 이미 앞에 나온 코드를 통해 알아챘을 것이다. 두 개의 값이 서로 같은지 검사할 때에는 ==와 같이 등호 두 개를 붙인 기호를 사용했다. 따라서 코드를 작성할 때에는 항상 등호의 개수에 주의해야 한다. 등호를 하나만 적으면 변수에 값을 할당한다는 의미가 되어 버린다.

```
int tester;
void setup() {
  tester = 0; // test 변수에 0을 할당한다.
}
void loop() {
  // tester값에 영향을 주는 코드를 여기에 적는다.

  if (tester == 5) // tester값이 5와 같은지 검사한다.
  {
    // 특정한 동작을 수행한다.
  }
}
```

만약 == 대신 if (tester = 5)와 같이 작성하면, tester 변수의 값이 5로 설정되고 조건의 결과는 항상 참 (true)이 되기 때문에 의미가 완전히 달라져버린다.

이 스케치에서는 버튼을 누르지 않았을 경우 LED가 꺼진 상태를 유지한다. 이러한 조건을 만족하지 않을 때 수행할 작동은 어떻게 표현해야 할까? 다음과 같이 else 블록을 사용하면 된다.

```
if (digitalRead(button) == HIGH)
{
  // LED를 켠다.
}
else
{
  // LED를 끈다.
}
```

else 블록은 생략해도 된다. 따라서 코드에 else 블록이 없는 if문이 얼마든지 많이 나올 수 있다.

이제 거의 완성 단계에 가까워졌다. LED를 켜거나 끄는 방법은 파악했으니, 이제 코드로 표현하기만 하면 된다.

```
if (digitalRead(button) == HIGH)
{
  digitalWrite(led, HIGH);
}
else
{
  digitalWrite(led, LOW);
}
```

아두이노에서 이 동작을 계속 반복할 수 있게 코드를 loop 블록에 작성한다. 예제의 전체 코드는 예제 16-3과 같다.

[예제 16-3] 버튼이 눌렸을 때만 LED가 켜지는 예제

```
int led = 13;
int button = 7;
void setup()
{
  pinMode(led, OUTPUT);
  pinMode(button, INPUT);
}
void loop()
{
  if (digitalRead(button) == HIGH)
  {
    digitalWrite(led, HIGH);
  }
  else
  {
    digitalWrite(led, LOW);
  }
}
```

이제 남은 작업은 IDE에서 〈확인〉 버튼을 누른 뒤, 〈업로드〉 버튼을 클릭해서 프로그램을 아두이노에 올리고 제대로 작동하는지 확인하는 것이다.

이로서 물리 세계와 상호작용이 가능한 첫 프로토타입을 완성했다.

반복하기

특정 명령을 여러 번 반복해서 수행할 수도 있다. 예를 들면 버튼을 한 번 누를 때마다 LED를 세 번씩 깜박이게 하는 것이 가능하다. 1초 동안 LED가 세 번 깜빡였다가, 다음 1초 동안 가만히 기다린 후 다시 깜박이게 할 수도 있다. 즉 회로를 건드리지 않아도 스케치만 수정하면 프로토타입의 작동을 마음껏 바꿀 수 있다. 지금까지 배운 내용만으로도 충분히 가능하다. 예제 16-4를 참조한다.

[예제 16-4] 명령 반복하기

```
int led = 13;
int button = 7;
void setup()
{
  pinMode(led, OUTPUT);
  pinMode(button, INPUT);
}
void loop()
{
  if (digitalRead(button) == HIGH)
  {
    // 첫 번째
    digitalWrite(led, HIGH);
    delay(1000);
    digitalWrite(led, LOW);
    delay(1000);
    // 두 번째
    digitalWrite(led, HIGH);
    delay(1000);
    digitalWrite(led, LOW);
    delay(1000);
    // 세 번째
    digitalWrite(led, HIGH);
    delay(1000);
    digitalWrite(led, LOW);
    delay(1000);
  }
  else
  {
    digitalWrite(led, LOW);
  }
}
```

스케치를 작성한 다음 검사하고 업로드하여 원하는 형태로 작동하는지 확인해 보자. 문제 없이 잘 작동한다면 이번에는 LED를 3번 깜박이는 대신 5번, 10번, 심지어 20번까지 깜박이게 하는 방법에 대해 고민해 보자. LED를 껐다가 켜는 문장을 원하는 회수만큼 복사해서 붙여넣는 방식으로도 처리할 수도 있지만, 그리 바람직한 형태는 아니다. 만약 특정한 조건에 따라 LED가 깜박이는 회수를 다르게 하려면 이 방식으로는 처리할 수 없으며, 지정한 회수만큼 깜박이게 하는 루틴을 따로 만들어야 한다.

이렇게 작동하게 하려면 LED를 제어하는 문장을 반복문[loop]으로 작성하면 된다. 이처럼 일련의 명령을 일정한 회수만큼 반복해서 실행하는 문장을 작성할 때 for라는 키워드를 사용한다. for 구문은 이미 11장에서 OpenSCAD로 작업할 때 본 적이 있을 것이다. 아두이노의 반복문도 이와 비슷하다. 예제 16-5를 참조한다.

[예제 16-5] for 반복문의 문법

```
int numberOfRepetitions = 10;
for (int i = 0; i < numberOfRepetitions; i++)
{
  // 반복해서 수행할 명령을 여기에 나열한다.
}
```

for 구문의 첫 문장에는 다음과 같이 세 가지 종류의 정보를 작성해야 한다.

- 카운터: 반복문으로 수행할 명령의 실행 횟수가 저장되는 변수. 횟수를 세기 전에 어느 숫자부터 시작할지를 지정해야 한다. 예제에서는 int i = 0과 같이 작성하여 0부터 시작하도록 초기화했다.
- 조건: 어느 시점에 반복을 멈출지 지정하는 구문. 예제에서는 i < numberOfRepetitions와 같이 작성했으며, numberOfRepetitions는 앞 문장에서 10으로 초기화했다. 이 조건을 만족하는 한 스케치는 반복해서 실행된다.
- 카운터 증가 방법: 예제에서는 i++와 같이 작성하였는데, 이는 i = i + 1을 간략히 표현한 것이다.

이러한 세 가지 항목은 모두 소괄호 안에 작성되고, 각각은 세미콜론으로 구분된다. 이렇게 작성한 for문은 구체적으로 다음과 같이 실행된다.

1 카운터의 초기값을 설정한다.

2 카운터의 값을 확인한다.

3 카운터값이 조건에 맞으면(카운터값이 조건문에 제시한 기준보다 작으면), 반복문에 담긴 문장들을 실행한다. 그렇지 않으면 for문을 빠져 나간다.

4 카운터값을 증가시키고 2단계로 돌아간다.

흔히 카운터값을 표시하는 변수는 i, j, k처럼 이름을 짧게 짓는다. 원한다면 얼마든지 길어도 관계 없지만, 굳이 그럴 필요는 없다. 이번에는 LED가 10번 깜박이도록 loop 함수를 수정해 보자. 예제 16-6을 참조한다.

[예제 16-6] 반복해서 실행할 문장을 for문으로 깔끔하게 작성한 예

```
void loop()
{
  // 버튼이 눌렸는지 확인한다.
  if(digitalRead(button) == HIGH)
  {
    for (int i = 0; i < 10; i++) // for 반복문을 시작한다.
    {
      digitalWrite(led, HIGH);
      delay(1000);
      digitalWrite(led, LOW);
      delay(1000);
    } // for문을 끝낸다.
  } // if 블록의 끝
  else
  { // 버튼이 눌리지 않은 경우
    digitalWrite(led, LOW);
  } // else 블록의 끝
} // loop 함수의 끝
```

지정된 횟수만큼 반복을 끝나고 나면, 다시 loop 함수가 호출되어 다시 반복문을 시작한다. 이러한 작동은 아두이노의 전원을 끌 때까지 계속 반복된다. 조금 더 연습해 보고 싶다면 LED가 1/10초 간격으로 20번씩 깜박이도록 코드를 수정해 보기 바란다.

for문을 작성할 때 앞에서 본 예제와 반대로, i--(i = i - 1를 간소화한 표현)와 같이 카운터의 값을 감소하는 방향으로 구성할 수도 있다. 심지어 하나씩 감소하지 않고, 카운터를 증가하는 문장을 i = i + 2와 같이 작성하여, 카운터 값이 2만큼 증가하도록 구성할 수도 있다.

아날로그 센서 다루기

지금까지는 디지털로 된 값(코드에서 0과 1, 켜지거나 꺼진 상태, 열리거나 닫힌 상태)만 다뤘다. 그러나 실제 세계는 0과 1로만 이뤄져 있지 않다. 그 사이에 수많은 상태와 값이 존재한다. 아날로그 센서는 측정한 값을 0과 1사이의 수많은 값으로 결과를 표현한다(241페이지의 '트리머와 포텐셔미터' 절에서 본 포텐셔미터 참조). 이러한 형태의 값을 측정하는 센서는 포텐셔미터 말고도 여러 가지가 있으며, 아두이노를 통해 이러한 값을 기준으로 판단하는 기능을 구현할 수 있다. 여러 가지 센서를 사용하는 방법에 대해 자세히 알고 싶은 독자는 테로 카르비넨, 키모 카르비넨, 빌리 발토카리가 공동 집필한 『Make: 센서』(한빛미디어, 2015)를 참조하기 바란다.

50% 정도만 인정

앞에서는 디지털 신호를 읽는 핀만 소개했다. 하지만 아두이노에서는 디지털뿐만 아니라 아날로그값을 읽을 수 있는 핀도 제공하고 있다. 그림 16-10에 나온 A0부터 A5까지가 여기에 해당한다.

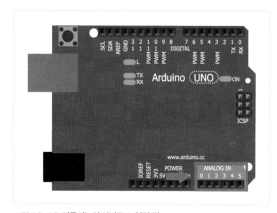

그림 16-10 *아두이노의 아날로그 입력 핀*

이 핀은 원래 입력으로만 사용할 수 있기 때문에 setup 함수에서 따로 설정할 필요는 없다. 그림 16-11은 아날로그 핀에 가변 저항을 연결한 것이다. 자세히 보면 포텐셔미터의 가운데 단자와 이를 아날로그 핀에 연결하는 전선은 다른 두 단자와 반대 방향으로 일정한 간격을 두고 연결되어 있다.

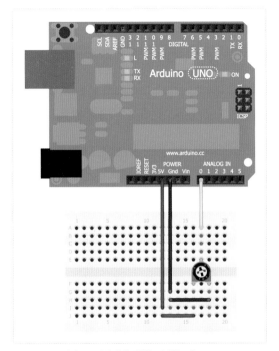

그림 16-11 *아날로그 핀에 가변 저항을 연결한 모습*

포텐셔미터(또는 트리머)는 손잡이를 돌려서 저항값을 바꿀 수 있다(그림 16-12). 구식 오디 오나 TV에서 볼륨 또는 채널을 조절할 때 손잡이를 돌렸던 경험이 있을 것이다. 그 방식이 바 로 이 방식이다. 이처럼 아날로그로 입력된 값을 읽으려면 analogRead 함수를 사용하면 된다. 사용법은 digitalRead와 거의 비슷하며, 결과를 0에서 1023 사이의 값으로 리턴한다는 점만 다르다. 당연히 이 값도 변수에 저장할 수 있다.

```
int analogValue = analogRead(A0);
```

그렇다면 트리머로 읽은 아날로그값은 어디에 활용할 수 있을까? 앞에서 본 예제에서는 LED 를 깜박이는 빈도를 조절하는 데 이용할 수 있을 것이다. 트리머 대신 근접 센서proximity sensor를 사용하면, 거리가 가까워질수록 LED가 깜박이는 빈도를 높여서 경고하는 장치도 만들 수 있 다. LED는 이전과 같이 13번 핀에 그대로 연결해 두고 원하는 명령을 마음껏 코드에 추가하면 된다.

여기에서는 LED와 아두이노 핀 사이에 저항을 추가하지 않았기 때문에, 엄밀히 말해서 올바르게 구성됐다고 볼 수 없다. 저항이 없으면 LED와 아두이노 핀이 스트레스를 받겠지만, 이 정도로 아두이노가 망가지진 않는다. 아두이노의 초기 모델에서는 13번 핀에 저항이 내장되어 있었으나, 최근 모델에서는 내부에 저항 대신 보드에 LED를 탑재시켰다. 결국 그림처럼 회로를 구성한 이유는 저항이 내장된 초기 모델을 사용할 때 저항 없이 그냥 연결하던 나쁜 버릇이 남아 있기 때문이다.

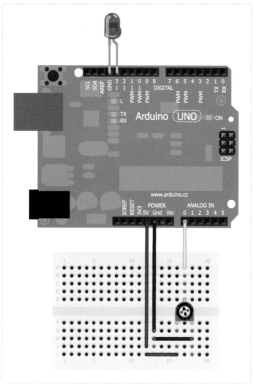

그림 16-12 *LED와 트리머를 장착한 모습*

이제는 회로를 구성하고 코드를 작성하여 실행하는 방법에 대해 자세히 설명하지 않아도 직접 할 수 있을 것이다. LED를 13번 핀에 설정하는 부분만 보면 다음과 같다.

```
int led = 13;
void setup()
{
  pinMode(led, OUTPUT);
}
```

트리머로 LED가 깜박이는 빈도를 조절할 수 있게 하려면, LED를 켜고 끄는 명령 사이에 멈추고 기다리는 시간을 트리머로 읽은 값을 저장한 변수로 지정하면 된다.

```
interval = analogRead(A0);
```

전체 코드는 예제 16-7과 같다.

[예제 16-7] LED가 깜박이는 회수를 조절하기 위해 트리머를 활용한 예

```
int led = 13;
int interval = 1000;
void setup()
{
  pinMode(led, OUTPUT);
}
void loop()
{
  interval = analogRead(A0);
  digitalWrite(led, HIGH);
  delay(interval);
  digitalWrite(led, LOW);
  delay(interval);
}
```

스케치를 검사하고 업로드한 뒤, 트리머 또는 포텐셔미터의 손잡이를 돌리면 LED가 깜박이는 빈도가 달라지는지 확인해 보자. 가변 저항을 사용할 때는 일정한 값 이하로 내려가면 작동되지 않도록 한계값을 정해두는 것이 좋다(예제 16-8).

[예제 16-8] 일정한 기준보다 작은 값은 무시하도록 설정한 예

```
int led = 13;
int interval = 1000;
int threshold = 250;
void setup()
{
  pinMode(led, OUTPUT);
}

void loop()
{
  interval = analogRead(A0);
  if (interval <= threshold)
```

```
  {
    interval = threshold;
  }
  digitalWrite(led, HIGH);
  delay(interval);
  digitalWrite(led, LOW);
  delay(interval);
}
```

위 예제에서는 제일 먼저 변수를 정의했다. led는 LED가 연결된 핀을 가리키고, interval은
LED가 깜박이는 빈도를 가리키며 초기값을 1000으로 설정했다. threshold는 이 값보다 작으
면 시스템에 반영하지 않도록 설정하기 위해 사용한다.

setup 함수에서는 LED가 연결된 핀을 출력 모드로 설정하는 작업만 하면 된다.

loop 함수에서는 트리머(포텐셔미터)의 저항값을 읽은 다음(analogRead(A0)), 이 값이
threshold 보다 작거나 같으면 interval 변수를 threshold의 값으로 설정한다. 반대로 읽은
값이 threshold 보다 크면 analogRead로 읽은 값을 그대로 사용하기 때문에, else 블록을 따
로 작성하지 않았다. 그리고 나서 LED를 깜박이는 명령을 실행한다.

시리얼 포트로 내부 상태 표시하기

LED가 깜박이는 빈도는 센서로 읽어 들인 값에 따라 달라진다. 그렇다면 이 값을 정확히 알아
내려면 어떻게 해야 할까? 가장 간단한 방법은 아두이노의 시리얼 포트의 상태를 관찰할 수 있
도록 아두이노 IDE에서 기본적으로 제공하는 시리얼 모니터를 사용하는 것이다. 시리얼 모니
터의 작동 방식은 친구와 전화 통화를 하는 과정과 비슷하다. 통화를 하려면 먼저 번호를 눌러
전화를 걸어야 하는 것처럼, 아두이노에 있는 시리얼 포트를 사용하려면, 다음과 같이 스케치
의 setup 함수에서 Serial.begin 명령을 실행해야 한다.

```
void setup()
{
  Serial.begin(9600);
}
```

9600이라는 값은 시리얼 포트로 통신할 때 메시지가 전달되는 속도로서, 초당 9,600비트를 보낼 수 있다는 것을 의미한다. 시리얼 포트에 데이터를 보내려면 Serial.println 함수의 매개변수에 원하는 문자를 지정해서 실행하면 된다. 이는 마치 전화기의 송신기에 대고 말을 하는 것과 비슷하다. 예제 16-9는 앞의 예제에서 사용한 회로에서 트리머로 읽은 값을 시리얼 포트로 보내는 과정을 보여 주고 있다.

[예제 16-9] 트리머로 읽은 값 출력하기

```
void setup()
{
  Serial.begin(9600);
}

void loop()
{
  Serial.println(analogRead(A0));
  delay(1000);
}
```

한 번에 너무 많은 값을 읽어 들이면 파악하기 힘들기 때문에, 1초 정도 작동을 멈추도록 작성했다. 이렇게 시리얼 포트에 글자를 입력하는 간단한 기능만으로도 아두이노가 외부 세계와 통신할 수 있으며, 나중에 만들 프로젝트에서도 굉장히 유용하게 써먹을 수 있다. 지금은 읽은 데이터를 확인하는 용도로도 충분히 유용하다. 이 스케치를 검사하고 업로드한 다음, 시리얼 모니터를 띄워 보자. 아두이노 IDE의 우측 상단에 있는 돋보기 아이콘을 클릭한 뒤, [툴] 메뉴에서 '시리얼 모니터Serial Monitor'를 선택한다(그림 16-13). 또는 시스템 운영체제가 윈도우나 리눅스일 경우에는 [Ctrl]+[Shift]+[M] 키를, 맥일 경우에는 [Command]+[Shift]+[M] 키를 누르면 시리얼 모니터를 띄울 수 있다.

그림 16-13 *시리얼 모니터 띄우기*

시리얼 모니터를 띄우면 아두이노에서 읽은 값이 모두 화면에 표시된다(그림 16-14).

그림 16-14 *시리얼 모니터에 읽은 값이 표시된 모습*

PWM으로 아날로그 신호 흉내내기

analogRead로 아날로그값을 읽을 수 있다면, 여기에 대응되는 analogWrite라는 것이 있는 지도 궁금할 것이다. 결론부터 말하면 실제로 analogWrite라는 함수가 존재하며, 사용할 핀만 지정해 주면 사용할 수도 있다. 현재 아두이노에서 제공하는 대부분의 핀은 디지털 값만 처리할 수 있다. 아날로그값을 처리할 수 있는 핀은 몇 개뿐인 데다가, 입력된 값만 받을수 있다. 하지만 전부 그런 것은 아니다. 아두이노의 디지털 핀을 자세히 들여다보면, 몇 개는 PWM^pulse-width modulation(펄스 폭 변조)이라고 표시되어 있다(아두이노 모델 중 일부에는 PWM이라는 글자 대신 아날로그 신호의 파형을 의미하는 ~ 기호가 표시되어 있다). 이 핀은 근본적으로 디지털이지만 특정한 조건에서는 아날로그처럼 흉내낼 수 있는 핀이다.

PWM 핀을 활용하면 출력 신호의 세기를 조절할 수 있다. 수도 꼭지에 비유하면 꼭지를 완전히 열거나 닫는 대신, 꼭지를 돌리면서 물줄기의 세기를 조절할 수 있다는 의미다. 이러한 기능은 모터와 같은 장치에서 회전 속도를 제어하거나, LED의 밝기를 조절할 때 특히 유용하다. 그렇다면 어떤 원리로 이러한 효과를 나타낼 수 있을까?

PWM의 원리는 옛날에 영화관에서 사용하던 초당 24 프레임으로 화면을 보여주는 필름 프로젝터와 비슷하다.

- 검은색 프레임만 쏘면, 화면은 까맣게 표시된다.
- 흰색 프레임만 쏘면, 화면은 하얗게 표시된다.
- 흰색과 검은색 프레임을 번갈아서 쏘면, 화면은 회색으로 표시된다. 이때 프레임이 교차되는 비율을 조절하면, 화면에 표시되는 색상의 명도를 조절할 수 있다. 가령, 검은색 프레임을 두 개씩 쏠 때마다 흰색 프레임을 하나씩 쏘면 좀 더 어두운 회색이 표시된다. 반대로 흰색 프레임을 두 개씩 쏠 때마다 검은색 프레임을 하나씩 쏘면 밝은 회색이 표시된다.

필름 프로젝터에서는 24단계로 구분하지만, 아두이노에서는 256단계로 구분할 수 있다. 따라서 128은 중간 단계의 값을 의미한다. 9번 핀의 값을 128만큼 출력하는 코드는 다음과 같이 작성할 수 있다.

```
analogWrite(9, 128);
```

첫 번째 매개변수는 제어하려는 핀 번호를 지정하고, 두 번째 매개변수는 이 핀에 쓸 아날로그(처럼 흉내낸) 값을 지정한다. analogWrite(9, 0)과 같이 표현하면, digitalWrite(9, LOW)라고 쓰는 것과 결과가 같다. 반대로 analogWrite(9, 255)는 digitalWrite(9, HIGH)와 같다. 그림 16-15는 PWM 신호의 파형을 보여주고 있다.

이러한 기능을 활용하여 LED에 출력되는 신호의 세기를 조절하면, LED가 서서히 켜졌다가 꺼지는 효과를 나타낼 수 있다. 그러기 위해서는 먼저 LED를 PWM 핀에 연결한다. 그림 16-16에서는 9번 핀을 사용했다.

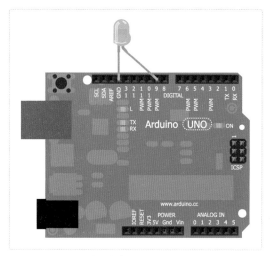

그림 16-16 PWM 핀에 연결한 LED

연결한 핀은 스케치의 setup 함수에서 출력 모드로 설정한다.

```
int led = 9;
void setup()
{
  pinMode(led, OUTPUT);
}
```

그리고 loop 함수에서 LED의 세기를 0부터 시작해서 최대 값인 255까지 증가시킨다. 이 부분은 for문을 이용하여 반복문으로 작성한다. 이때 카운터의 값은 LED의 세기도 표현한다.

```
for (int i = 0; i <= 255; i++)
{
  analogWrite(led, i);
  delay(10);
}
```

LED를 점점 어둡게 하는 것도 이와 비슷하게 작성한다. 이번에는 카운터를 반대로 감소시킨다.

```
for (int i = 255; i >= 0; i--)
{
  analogWrite(led, i);
  delay(10);
}
```

예제 16-10은 이렇게 작성한 예제의 전체 코드를 보여 주고 있다.

[예제 16-10] LED가 점점 밝아졌다가 어두워지도록 구현한 예

```
int led = 9;

void setup()
{
  pinMode(led, OUTPUT);
}

void loop()
{
  for (int i = 0; i <= 255; i++)
  {
    analogWrite(led, i);
    delay(10);
  }
  for (int i = 255; i >= 0; i--)
  {
    analogWrite(led, i);
    delay(10);
  }
}
```

원한다면 두 반복문을 하나로 섞어도 되지만, 그러면 코드가 복잡해져서 파악하기 어려워진다. 두 과정을 하나로 표현한 예를 보고 싶다면 아두이노 IDE에서 제공하는 Fade 예제를 살펴보기 바란다([파일]→[예제]→[01.Basics]→[Fade]).

아두이노 스케치를 작성하는 동안 궁금한 부분이 있다면 온라인 레퍼런스를 참조하면 된다. 메뉴에서 [도움말]을 클릭하고, [레퍼런스]를 선택하면 온라인 레퍼런스를 볼 수 있다.

실습 예제

마지막으로 몇 가지 실습 예제를 제시하는 것으로 이 장을 마무리한다.

■1 두 개의 LED 중 하나는 그냥 깜박이고, 다른 하나는 서서히 켰다가 꺼지는 회로와 스케치를 하나의 반복문 안에서 처리해 보자. 먼저 첫 번째 LED는 그냥 켜지게 하고, 두 번째 LED는 서서히 밝아지도록 구현한다. 두 번째 LED가 최대 밝기에 도달하면 첫 번째 LED의 불을 끄고

두 번째 LED가 서서히 어두워지게 한다. 이 과정을 반복하도록 스케치를 작성해 보자.

2 버튼을 한 번 누르면 LED가 서서히 밝아졌다가 어두워지고, 버튼을 한 번 더 누르면 LED가 깜박이도록 작동하는 회로와 스케치를 만들어 보자.

3 트리머나 포텐셔미터로 LED의 밝기를 조절하는 기능을 만들어 보자. 밝기는 10단계로 조절한다. 이때 주의할 점은 입력값의 범위(0~1023)와 출력되는 아날로그 신호의 범위(0~255)를 잘 구분해야 한 다는 것이다. 한 가지 힌트를 주자면 map 함수를 활용하는 것이다. 이 함수의 사용 방법은 온라인 레퍼런스를 참조한다.

4 이전 예제에 트리머를 하나 더 추가해서, 지연 시간도 트리머로 조절할 수 있도록 스케치를 수정해 보자. 최저 지연 시간은 50ms로, 최대 지연 시간은 2.52초로 설정한다.

앞 장에서 아두이노의 기본 개념과 사용법을 배웠으니, 이번에는 뭔가 재미있는 것들을 만드는 데 아두이노를 활용해 보자. 인터넷을 검색해 보면 다양한 아이디어를 찾을 수 있는데, 그중 일부는 똑같이 따라할 수 있을 정도로 친절한 설명도 제공하고 있다. 앞서 16장에서 아두이노는 센서나 액추에이터와 상호작용할 수 있는 기능을 제공한다고 설명한 바 있다. 이번 장에서는 센서와 액추에이터의 사용법과 이를 활용한 예를 살펴본다.

센서로 세상 감지하기

센서란 물리적인 양을 측정, 또는 감지하기 위한 부품이다. 앞 장의 예제에서 사용한 버튼도 일종의 센서로서, 누군가 버튼을 누르는 것을 감지하는 부품이다. 센서는 측정하는 대상에 따라 종류와 작동 방식이 달라진다.

서미스터

서미스터Thermistor는 물질마다 온도 변화에 따른 전기적인 저항이 달라진다는 특성을 이용한 센서다(그림 17-1). 이러한 변화는 물질마다 일정하기 때문에 쉽게 값으로 표현할 수 있다. 가령 어떤 물질의 저항값이 X라면 온도는 항상 Y라고 판단할 수 있다. 이러한 관계는 온도가 증가함에 따라 저항도 증가하는 정비례 관계일 수도 있고, 반대로 온도가 증가하면 저항이 감소하는 반비례 관계일 수도 있다.

그림 17-1 *서미스터*

이처럼 아두이노에서 온도를 쉽게 측정할 수 있다. 서미스터는 일종의 아날로그 센서이므로, A0에서 A5 단자 중 하나에 연결하고, 그림 17-2처럼 여기에 저항을 연결하여 전압 분배기를 만들어주면 된다. 그러면 공급되는 전압(5V) 중 일부는 서미스터로 흘러가고, 나머지는 저항으로 흘러간다. 아날로그 핀에 입력된 전압(서미스터의 단자에서 측정한 전압)을 보면 저항과 온도의 관계를 확인할 수 있으며, 이를 통해 온도를 알아낼 수 있다.

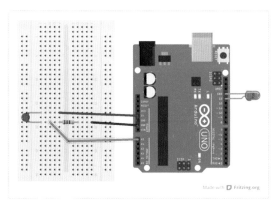

그림 17-2 *서미스터를 회로에 연결한 모습*

아두이노로 입력된 값을 원하는 형태의 값으로 변환하는 방법이 궁금하다면 제조사에서 제공하는 문서를 참조한다.

포토레지스터

어떤 물질은 빛에 반응하며, 이러한 물질에 빛을 비추면 저항값이 변한다. 이를 응용하여 만든 부품이 바로 포토레지스터photoregistor다(그림 17-3). 빛의 양에 따라 부품에 달려 있는 조그만 원판의 저항값이 변하는 센서다.

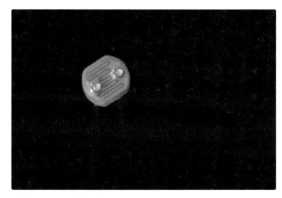

그림 17-3 *포토레지스터*

포토레지스터를 연결하기 위한 회로 연결 방법은 서미스터와 똑같다(그림 17-4). 다른 아날로그 부품을 연결할 때도 이와 같은 방식으로 회로를 구성한다. 일반적으로 회로에 사용한 전압 분배기에서 포토레지스터의 범위와 일치하는 규격의 저항을 사용한다. 포토레지스터의 최대 저항값은 10K이므로 10K 저항을 사용한다.

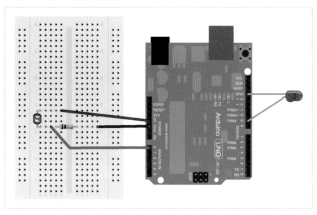

그림 17-4 *서미스터 회로와 비슷하게 구성한 포토레지스터 회로*

포토레지스터나 서미스터의 값은 280페이지의 '아날로그 센서 다루기' 절에서 설명한 방법대로 analogRead로 측정하면 된다.

그 밖에 다른 센서

어떤 물질은 압력이나 구부림, 습도 등에 따라 저항이 변한다. 이러한 특성을 활용하면 서미스터나 포토레지스터와 같이 센서로 만들 수 있다. 그중에는 그림 17-5와 같이 특정한 가스나 물질을 측정하거나, 물체의 가속도를 측정하거나, 지구의 자기장을 감지하는 것처럼 다양한 현상을 측정하도록 다소 복잡하게 구성된 것도 있다. 즉, 이론적으로 거의 모든 종류의 값에 대한 센서를 만드는 것이 가능하다. 라디오나 카메라도 이러한 용도로 활용할 수 있다. 가령 웹캠 한 대와 이미지 편집용 소프트웨어만 있으면 물체의 색깔이나 모양, 심지어 사람까지 식별하는 장치를 만들 수 있다(물론 이러한 장치에 필요한 연산을 처리하려면 라즈베리 파이나 개인용 컴퓨터가 필요하다).

그림 17-5 *다양한 종류의 센서*

어떤 센서는 시리얼 포트를 통해 값을 확인할 수 있으며, 아두이노에서 이를 처리하도록 라이브러리를 제공하기도 한다. 센서는 크기와 가격대 별로 굉장히 다양하게 제공된다. 따라서 상상하는 거의 모든 것을 만들 수 있다. 연습 삼아 센서를 이용하여 다음과 같은 회로를 구성해 보기 바란다.

- 주변의 밝기가 일정한 기준 이하로 떨어지면(책을 읽기 힘들 정도로 어두워지면) 여러 개의 LED를 켜는 회로를 만들어 본다.
- 이렇게 구성한 회로에서 주변의 밝기가 서서히 어두워지면 LED의 불이 서서히 켜지도록 수정해 본다.
- 원하는 기술을 활용하여 이 회로가 들어간 램프를 제작해 본다.

액추에이터로 세상 바꾸기

어떤 부품은 센서의 기능을 보완하는 역할을 한다. 주변으로부터 측정한 값을 단순히 읽는데 그치지 않고, 직접 작동을 함으로써 주변 환경에 영향을 미친다. 이러한 역할을 하는 부품을 액추에이터actuator라 부르며 전기적인 값을 움직임이나 빛, 열, 소리 등과 같은 형태로 변환한다. 액추에이터는 앞서 헬로우 월드 예제를 통해 이미 사용한 바 있다. 그 예제를 통해 불을 밝혔던 LED는 가장 간단한 형태의 액추에이터 중 하나다. LED는 전류가 흐르면 광자를 방출해서 빛을 낸다.

버저

또 다른 형태의 액추에이터인 압전 트랜스듀서piezoelectric transducer는 버저buzzer라고도 불린다. 버저에는 가로막이 달려 있는데, 이 막이 팽창하거나 수축하면 전압이 변하면서 진동이 발생함에 따라 소리가 난다. 가로막이 떨리는 주기는 공급된 전압에 따라 달라진다. 기본 원리는 전기 에너지를 진동 형태의 운동 에너지로 전환하는 것이다. 그림 17-6과 같이 아두이노에 연결하면 짧게 소리가 나는 것을 확인할 수 있다.

회로에 버저를 연결하여 소리를 내도록 할 때에는 tone 함수를 사용한다. 이 함수는 pin과 frequency, duration을 매개변수로 받는다. 마지막 매개변수인 duration는 생략해도 된다. 이 값을 지정하지 않으면 noTone 함수가 실행될 때까지 계속 소리를 낸다. 구체적인 스케치는 예제 17-1을 참조한다.

[예제 17-1] 아두이노로 소리를 내게 하는 예

```
void setup()
{
  pinMode(9, OUTPUT);
}
void loop()
{
  tone(9, 131, 100);
  delay(500);
  tone(9, 147, 100);
  delay(500);
  tone(9, 165, 100);
  delay(500);
  tone(9, 175, 100);
  delay(500);
  tone(9, 196, 100);
  delay(500);
}
```

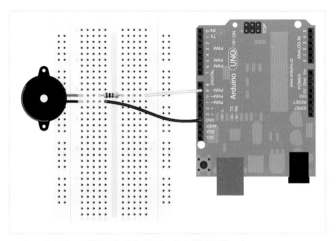

그림 17-6 *100Ω 저항을 이용하여 아두이노에 버저를 연결한 모습*

아두이노 메가를 제외한 모든 아두이노 보드에서는 tone 함수가 3번과 11번 핀의 PWM을 통해 연결된다.

서보

전기 에너지를 운동 에너지로 바꾸는 액추에이터의 또 다른 예로 서보^{servo}가 있다. 서보는 일종의 모터로서 특정한 위치로 이동해서 그 자리에 멈춰 있는 기능을 제공한다. 흔히 서보 모터를 통해 90°나 180° 가량 회전하는 작동을 수행하지만, 얼마든지 다른 기능에 활용할 수 있다. 가령 인형에 서보 모터를 장착하여 독립적으로 움직이도록 구성하면 애니마트로닉^{animatronic}※ 을 제작할 수도 있다. 예제 코드를 살펴보기에 앞서서 먼저 그림 17-7과 같이 서보와 포텐셔미터로 간단히 회로를 제작해 보자.

※ 역자주_ 애니마트로닉이란 영화 등에 활용하는 사람이나 동물 모양의 로봇이다.

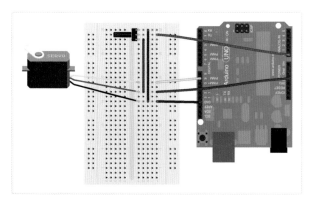

그림 17-7 포텐셔미터로 서보 제어하기

모터의 암을 움직이는 PWM 신호를 제어하는 기능을 제공하는 Servo 라이브러리를 사용하면, 서보를 제어하는 코드를 간단히 작성할 수 있다(예제 17-2).

[예제 17-2] 포텐셔미터로 서보 제어하기

```
#include <Servo.h>
Servo myservo;
int position = 0;
void setup()
{
  myservo.attach(9);
}

void loop()
{
  int pos = analogRead(A0);
  position = map(pos, 0, 1023, 0, 180);
  myservo.write(position);
  delay(100);
}
```

여기에서는 #include <Servo.h>로 라이브러리를 불러온 다음, 코드에서 서보를 표현하는 myservo라는 변수를 선언했다. setup 함수에서 myservo를 9번 핀에 연결했다.

loop 함수에서 포텐셔미터에 연결된 센서의 값을 읽어서 이를 도^{degree} 단위로 변환한다. 이때 최대값인 1023은 180°를 의미한다. 그런 다음 서보에게 암의 위치를 특정한 지점으로 이동하도록 명령하고, 실제로 암이 이동할 때까지 100ms만큼 기다린다. 이 기능을 활용하면 인형을 움직이게 만들 수 있다. 여러 장의 종이에 동료 이름을 적어서 인형 주위에 깔아 놓고, random 함수로 난수를 생성하여 이 수만큼 서보 암을 회전시키면 다음 번에 간식을 사올 사람을 정하는 데 활용할 수도 있다.

```
int num = 10; // 동료의 수
int chosen = random(num);
position = map(chosen, 0, num, 0, 180);
myservo.write(position);
```

다음 주제로 넘어가기 전에 몇 가지 실습을 해 보면 도움이 될 것이다.

- 위 예제를 완성한 뒤, 특정한 사람만 집중적으로 가리키도록 수정해 보자(코드를 작성한 사람이라면 얼마든지 제어할 수 있다).
- 모터의 암이 정확히 종이의 중앙에 멈추도록 수정한다. 그래야 서로 자기를 가리킨 게 아니라고 싸우게 되는 일을 줄일 수 있다.

강한 전류

아두이노의 각 핀은 40밀리암페어(단위 mA) 이하의 전류를 처리할 수 있다. 이 값은 상당히 약한 전류에 해당하는데, 단순한 MP3 플레이어조차도 100mA가량의 전류를 사용하며, 전기 오븐의 경우 30A가량의 전류를 사용한다. 아두이노에서는 전기 오븐에 필요한 전력을 공급할 수 없기 때문에 전기 오븐을 작동시키는 기능은 구현할 수 없다. 만약 오븐을 작동시키기 위해 아두이노에 30A의 전류를 공급하면 오븐에 있는 요리 대신 아두이노 보드가 타버릴 것이다.

그렇다고 오븐이나 램프, 12V짜리 모터를 아두이노에 연결할 수 없다는 뜻은 아니다. 특수한 전자부품을 사용하여 아두이노에 필요한 약한 전류와 나머지 회로에 필요한 강한 전류를 분리하면 된다.

이러한 용도로 쓰이는 부품이 바로 모스펫MOSFET이다. 이 부품의 기능은 간단하다. 수도 꼭지 비유를 다시 활용하면(그림 17-8), 타이머가 연결된 수도 꼭지에 특정한 신호를 전달하면 꼭지가 개방됨에 따라 물(S)이 흘러 들어오고, 이 물은 배수구(D)로 빠져나가게 된다. 이때 꼭지(G)로 흘러들어오는 물의 양을 조절해 주는 것이 모스펫이다.

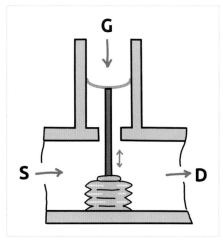

그림 17-8 수도 꼭지에 비유한 MOSFET의 원리

그림 17-9에 나온 모스펫의 작동 방식도 이와 비슷하다. 게이트에 약한 신호가 들어오면 모스펫은 S에서 D로 강한 전류가 흐르게 한다.

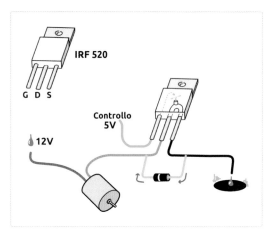

그림 17-9 역전류(빨간색 화살표)로부터 부품을 보호해 주는 다이오드가 장착된 모스펫의 기능 흐름도

모스펫을 활용하면, 전기 모터나 스테퍼 모터와 같이 아두이노에서 사용하는 것보다 많은 전류를 필요로 하는 액추에이터를 쉽게 제어할 수 있다. 또한 보드에서 공급하는 것과 다른 전압을 사용할 수도 있다. (필요한 전압과 전류를 처리할 수 있는) 적절한 규격의 모스펫을 이용하면 조그만 아두이노 보드로 큰 장치를 손쉽게 제어할 수 있다. 그림 17-10은 이렇게 구성한 회로

의 예를 보여 주고 있다. 여기에서도 모터에서 자체적으로 발생하는 전류로 인해 아두이노 보드가 상하지 않도록 보호하기 위해 다이오드를 장착했다(모터를 손으로 직접 돌리면 발전기처럼 작동한다).

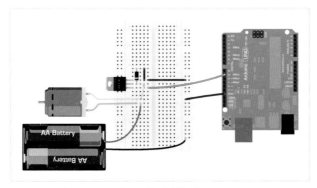

그림 17-10 *아두이노로 3V 직류 모터를 제어하는 예*

쉴드

아두이노는 굉장히 다재다능할 뿐만 아니라 확장성도 뛰어나다. 프로젝트를 진행하다 보면, 특정한 센서나 액추에이터를 사용하기 위해 마이크로프로세서와 특수한 부품을 이용하여 회로를 굉장히 복잡하게 구성해야 하는 경우가 있다. 이러한 작업을 쉽게 처리하거나, 또는 회로를 구성하는 데 소요되는 시간을 절약할 수 있도록 쉴드shield라는 이름의 확장 보드가 제공되고 있다(그림 17-11). 쉴드는 아두이노에 직접 꽂을 수 있는 형태로 되어 있으며, 다양한 목적에 맞는 회로를 제공한다. 대다수의 쉴드는 모듈 형태로 설계되어 있기 때문에 아두이노뿐만 아니라 다른 쉴드와 샌드위치 형태로 연결이 가능하다. 이러한 기능을 사용하면 더 많은 곳에 응용할 수 있다. 예를 들면, 주변 환경을 모니터링하는 그린 스테이션green station을 만들 수 있을 것이다. 주변 환경의 상태를 판단하는 데 필요한 값은 이러한 인자에 특화된 센서를 제공하는 쉴드를 이용하여 측정하고, 측정한 데이터를 저장하는 부분은 외부 클럭과 데이터 로거를 제공하는 쉴드로 제작하고, 이렇게 수집한 값을 외부로 제공하는 부분은 와이파이나 이더넷 쉴드를 활용하면 된다.

그림 17-11 *아두이노 쉴드*

각 쉴드에는 저마다 고유의 기능을 지니고 있으며, 여기에 대한 문서가 함께 제공된다. 사용자의 개발 환경에서 새로운 기능을 사용하려면, 별도의 소프트웨어 라이브러리를 추가해야 하는 쉴드도 있다. 이러한 쉴드는 아두이노 판매처나 부품 판매처 등에서 쉽게 구입할 수 있다.

스마트 옷감

기술의 발전 덕택에 창작물을 작동시키는 데 새로운 도구와 재료를 활용할 수 있게 되었다. 웨어러블wearable 장치가 대표적인 예다. 일반적으로 몸에 걸칠 수 있는 재료에 전자부품이나 기기를 장착한 것을 웨어러블 장치라고 부른다. 전도성 섬유는 웨어러블 장치에 활용되는 재료 중 하나로, 이를 통해 옷감을 실제 전기 회로처럼 구성할 수 있다(그림 17-12). 이러한 섬유를 스마트 옷감smart textile, 또는 간단히 e-텍스타일e-textile이라 부른다.

이러한 옷감은 세탁을 해도 회로가 손상되지 않는다. 물론 여기에 붙은 전자부품은 세탁 과정에서 손상될 수 있기 때문에 세탁기에 넣기 전에 반드시 제거해야 한다.

웨어러블 장치를 개발할 때는 한 단계식 테스트를 거쳐가며 제작하고, 단계별 테스트를 최종 단계까지 계속 반복하는 순환형 개발 모델로 프로젝트를 진행하는 것이 좋다.

그림 17-12 회로의 선과 같은 역할을 하는 전도성 섬유

웨어러블 장치를 개발할 때 직면하는 문제 중 하나는 전원 공급이다. 아두이노로 개발할 때에는 대부분 배터리 대신 전원 어댑터를 사용한다. 이렇게 하면 주기적으로 배터리를 교체하는 번거로움과 자원 낭비를 막을 수 있다. 또 다른 문제는 아무리 아두이노가 다른 보드보다 작아도, 재킷이나 바지에 달기에는 크고 어색하다는 점이다. 이 문제는 웨어러블에 특화된 형태로 아두이노를 간소화한 릴리패드 아두이노LilyPad Arduino를 사용함으로써 해결할 수 있다(그림 17-13). 릴리패드에 달린 단자는 전도성 물질로 덮여 있다. 이것을 전도성 실로 옷에 꿰매면, 보드와 스마트 옷감을 연결하여 실제 보드처럼 작동할 수 있다. 게다가 릴리패드에 조그만 충전식 배터리도 장착할 수 있다.

그림 17-13 전도성 실로 옷감에 부착한 릴리패드 회로

릴리패드와 아두이노 우노의 가장 큰 차이점은, 릴리패드에서는 표준 아두이노보다 적은 수의 핀을 제공한다는 점, 사용 과정에서 발생할 수 있는 단락 현상을 방지하기 위해 각 핀이 서로 분리되어 있다는 점이다. 그리고 기존 보드에서 볼 수 있는 USB 단자가 달려 있지 않아서, USB를 시리얼 통신용 신호로 변환하는 조그만 개발용 보드를 사용해야 한다는 점도 차이점이다. 또한 전력 소모 문제를 해결하기 위해, 릴리패드에는 보드를 사용하지 않을 때 회로의 전원을 끌 수 있는 버튼이 달려 있다. 그러나 릴리패드를 컴퓨터에 연결하면, 스위치 설정에 관계없이 무조건 전원이 공급된다.

시중에는 웨어러블 장치에 특화된 LED도 판매하고 있다. 대체로 일반 LED보다 크기가 작으며, 릴리패드처럼 양쪽에 실을 꿰맬 수 있도록 두 개의 구멍이 난 조그만 보드에 부착되어 있다. 물론 기존 LED를 사용해도 된다. 여러분이 제작하는 프로젝트의 목적에 맞게 얼마든지 다양한 솔루션을 구성할 수 있다.

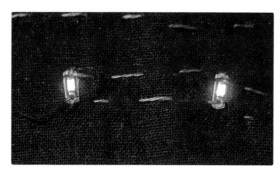

그림 17-14 옷에 꿰맬 수 있는 형태의 LED

릴리패드를 사용하기 전에 기존 아두이노 보드에서 회로를 테스트해 보는 습관을 들이자. 아무래도 릴리패드보다는 아두이노 보드가 선을 연결하거나 제거하기 편하기 때문이다. 테스트를 통해 모든 기능이 정상적으로 작동함을 확인했다면, 스케치를 릴리패드에 올리고 회로를 구성한 다음 옷감에 직접 연결시키면 된다.

라즈베리 파이

때로는 아두이노만으로는 부족할 수도 있다. 프로젝트에 따라 아두이노에서 제공하지 못하는 컴퓨팅 파워와 유연성이 필요할 수도 있다. 가령 80년대 스타일의 게임 콘솔을 제작하거나, 내가 요즘 관심을 갖고 있는 암호화된 전자 화폐를 구현하려면, 고해상도 비디오를 처리하거나 빠른 속도로 계산을 처리할 수 있어야 한다. 그러나 아두이노만으로는 도저히 이런 작업을 처리할 수 없다. 이럴 때는 아두이노 대신 라즈베리 파이를 사용하는 것이 좋다.

라즈베리 파이^{Raspberry Pi}는 저렴한 가격과 작은 크기에도 불구하고 완전한 기능을 갖추고 있는 싱글 보드 컴퓨터이다. 제대로 된 운영체제를 돌릴 수 있으며 마우스와 키보드뿐만 아니라 윈도우와 메뉴를 비롯한 그래픽 유저 인터페이스(GUI)를 지원한다. 최근에 나온 라즈베리 파이 모델에는 쿼드 코어 프로세서가 장착되어 있기 때문에, 최근 출시되고 있는 스마트폰이나 태블릿 PC와 컴퓨팅 파워 수준도 비슷하다. 라즈베리 파이는 모니터에 연결할 수 있고, 마우스나 키보드 등의 USB 장치를 연결할 수 있다. 인터넷 연결을 위한 인터페이스가 제공됨은 물론 C 나 자바, 파이썬을 비롯한 다양한 언어로 프로그래밍이 가능하다.

라즈베리 파이와 아두이노는 기능만 비교해도 서로 다르다는 것을 알 수 있다. 두 보드 모두 외부 회로에 연결할 수 있는 핀을 제공하지만, 이를 통해 처리할 수 있는 작업의 종류는 서로 다르다. 아두이노는 여러 가지 입출력을 다룰 수 있는 하드웨어가 추가되어 있는 마이크로프로세서에 불과해서, 전원이 켜져 있는 동안 (또는 다른 프로그램을 구동하기 전까지) 특정 프로그램을 반복해서 수행하는 정도의 작업만 처리할 수 있다. 반면 라즈베리 파이는 완전한 기능을 갖춘 컴퓨터이기 때문에, 하드웨어를 실시간으로 다루는 능력은 아두이노만큼 안정적이지 않다.

하드웨어 살펴보기

라즈베리 파이를 처음 구매한 뒤 박스를 열어 보면 작은 크기의 PCB 한 개가 들어 있을 것이다(아두이노보다는 약간 크다). 이것이 바로 라즈베리 파이이다.

지금부터 라즈베리 파이가 어떻게 구성되어 있는지 살펴보자(그림 18-1).

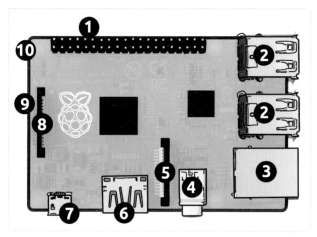

그림 18-1 *라즈베리 파이의 주요 구성 요소*

-1 GPIO

GPIO$^{General-Purpose\ Input/Output}$ 핀은 아두이노와 마찬가지로 디지털 값의 입력과 출력에 사용된다. 싱글 코어 모델인 라즈베리 파이 모델 A+와 B+, 그리고 쿼드 코어 모델인 라즈베리 파이 2 모델 B에는 총 40개의 핀이 20개씩 두 열로 배치되어 있다. 다만 모두 디지털 핀으로만 구성되어 있기 때문에 아날로그 입력을 받을 수 없다. 이는 아두이노와의 차이점이기도 하다. 한 가지 더 덧붙이면 아두이노는 5V를 사용하지만 라즈베리 파이 GPIO 핀은 3.3V를 사용한다. 따라서 GPIO 핀에 하드웨어를 연결할 때에는 이러한 전압의 차이에 주의해야 한다. 라즈베리 파이 GPIO 핀에 3.3V 이상의 전압이 가해지면 핀뿐만 아니라 라즈베리 파이 보드 자체가 고장날 수도 있다.

-2 USB 포트

라즈베리 파이 모델 B+와 라즈베리 파이 2는 네 개의 USB 2.0 포트가 제공된다. 여기에는 마우스, 키보드, 무선 랜카드, 블루투스, GPS를 비롯한 모든 종류의 USB 장치를 연결할 수 있다. 연결한 USB 장치가 제대로 작동하지 않는다면 원인은 대부분 전원에 있다. 라즈베리 파이에 연결한 USB 전원이 (2A 이상으로) 충분히 강하다면, 라즈베이 파이 포트에서 USB 장치로 최대 500mA까지 공급할 수 있다. 연결한 USB 장치가 500mA이상을 사용하거나 라즈베리 파이에 공급한 전원이 2A 이하라면, USB 장치가 제대로 작동하지 않을 수 있다. 따라서 USB 장치를 라즈베리 파이에 직접 연결하지 말고, 전원이 별도로 공급되는 USB 허브에 연결해서 사용하는 것이 좋다.

▌3 이더넷 포트

이더넷 포트는 B 타입 보드(B+, 라즈베리 파이 2)에만 달려 있다. 요즘은 대부분 무선을 사용하기 때문에 랜선과 단자를 찾기가 쉽지 않을 수도 있다. 차라리 USB 단자에 연결하는 Wi-Fi 동글dongle을 사용하는 것이 편할 수도 있다. Wi-Fi 모듈을 장착하고 난 뒤에 Wi-Fi 네트워크에 연결하려면, GUI에서 [Menu] → [Preference] → [WiFi Configuration]을 클릭한 뒤, ⟨Scan⟩ 버튼을 클릭해서 연결한 네트워크를 검색한다(322페이지의 '그래픽 기반 인터페이스' 절 참조).

▌4 아날로그 오디오 출력 포트

3.5mm 오디오 연결 단자를 사용하면 다소 품질이 낮은 아날로그 오디오 신호를 내보낼 수 있다. 여기에 헤드폰을 연결해서 소리를 들을 수 있지만, 한 쌍으로 구성된 스피커를 이용하면 소리가 훨씬 잘 들린다.

▌5 CSI

CSICamera Serial Interface는 라즈베리 파이의 카메라 액세서리를 연결하기 위한 인터페이스다. 여기에 연결할 수 있는 카메라는 두 종류가 있는데, 하나는 일반 카메라고, 다른 하나는 적외선 카메라Pi Noir Night Vision Camera Module이다.

▌6 HDMI 출력

HDMI는 대부분의 기기에 채택되어 있는 표준 규격이다. 몇천 원 정도면 살 수 있는 HDMI 케이블을 사용하면, HDMI를 지원하는 컴퓨터 모니터나 TV와 라즈베리 파이를 연결할 수 있다.

▌7 전원 단자

전원 단자는 마이크로 USB 소켓으로 되어 있다. 이 소켓은 마이크로 USB 커넥터 핀을 사용하는 대부분의 스마트폰 충전용 케이블과 연결 가능하다. 단, 5V의 전압과 최소 700mA

의 전류를 공급할 수 있어야 한다. 전원을 연결할 때 이러한 기준에 맞는지 반드시 확인한다. 전기 공급이 이보다 낮으면, 전력 소모가 많은 연산 작업을 수행하는 도중에 라즈베리 파이가 리셋될 수도 있다.

-8 DSI

DSI^Display Serial Interface는 카메라를 연결할 때 사용하는 케이블처럼 납작하고 잘 구부러지는 케이블로서, 주로 디스플레이 장치에 연결할 때 사용한다(나중에 공식 디스플레이 패널이 출시되면 사용할 수 있다).

-9 마이크로 SD 카드 슬롯

라즈베리 파이의 아래쪽을 보면, 마이크로 SD 카드를 장착할 수 있는 공간이 있다. 라즈베리 파이에서는 SD 카드를 하드 디스크처럼 사용한다. 일반 PC에서 프로그램과 데이터를 영구 보관하기 위해 하드 디스크를 사용하듯이, 라즈베리 파이에서는 운영 체제를 SD 카드에 담아서 사용한다. 반드시 믿을 만한 품질(클래스 4 이상)을 가진 카드를 사용해야 한다. 클래스 8 이상의 카드를 사용하면 속도는 훨씬 빠르지만, 그리 안정적이지 않다는 사례가 있다. 따라서 클래스 4 또는 클래스 6 정도의 카드를 사용한다.

-10 상태 표시용 LED

라즈베리 파이에서는 상태를 표시하기 위한 용도로 PWR^Power과 ACT^Activity라는 LED를 장착하고 있다. 라즈베리 파이에 전원이 정상적으로 공급된다면 PWR LED가 켜진다. 또한 마이크로 SD 카드에 접근하는 동안에는 ACT LED가 켜진다.

라즈베리 파이 시작하기

이제 라즈베리 파이를 직접 사용해 보자. 마우스와 키보드를 USB 포트에 연결하고, 화면을 출력하기 위해 HDMI 디지털 입력을 지원하는 TV나 모니터와 라즈베리 파이를 HDMI 케이블로 연결한다.

앞에서 설명한 바와 같이 라즈베리 파이에서 하드 디스크 역할을 하는 것이 바로 마이크로 SD 카드이다. 따라서 운영 체제 또한 마이크로 SD 카드에 설치한다. 여기에 사용할마이크로 SD 카드를 한 개 준비한다. SD 카드의 용량은 4GB로도 구동하기에는 충분하지만, 가능하면 8GB 이상의 크기를 가진 카드를 사용하는 것이 좋다. 라즈베리 파이 웹사이트의 다운로드 페이지(https://www.raspberrypi.org/downloads/)에서 NOOBS 인스톨러를 다운로드한 다음 마이크로 SD 카드에 압축을 푼다. 설치 방법에 대한 자세한 설명은 NOOBS 설치 가이드(https://www.raspberrypi.org/help/noobs-setup/)를 참고한다.

모든 준비가 끝났다면 라즈베리 파이에 전원을 연결한다. 라즈베리 파이에는 전원 스위치가 따로 없기 때문에 선을 연결하면 곧바로 부팅이 시작된다.라즈베리 파이가 정상적으로 부팅되면 NOOBS 인스톨러를 통해 설치할 운영체제를 선택할 수 있다. 운영체제는 라즈비안^{Raspbian}을 사용할 것이기 때문에 'Raspbian [RECOMMENDED]'를 선택한 다음 〈Install〉 아이콘을 클릭한다. 설치가 끝나면 라즈베리 파이를 다시 부팅한다. 그러면 검은 배경에 흰색 글씨가 빠르게 올라가고, 이어서 그림 18-2과 같은 'raspi-config' 설정 프로그램이 화면에 나타난다.

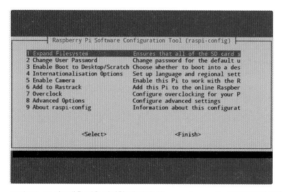

그림 18-2 시스템을 처음 시작할 때 나타나는 raspi-config 프로그램을 통해 라즈베리 파이를 설정할 수 있다.

키보드의 방향 키를 눌러 [Internationalisation Options^{국제화 옵션}] 메뉴로 이동한다. 선택은 [Enter] 키나 [Return] 키를 누르면 된다. 이 메뉴에서는 언어, 지역, 시간대 등 여러 가지를 설정할 수 있는데, 사용자가 있는 지역에 맞는 언어를 설정하는 Locale값도 지정하는 것이 좋다. 가령 미국에 있다면 'en_US.UTF-8 UTF 8'을 선택하고, 한국이라면 'ko_KR.UTF-8

UTF-8' 또는 'ko_KR.EUC-KR EUC-KR'을 선택한다[*]. 다시 [Internationalisation Options] 메뉴로 돌아와서 시간대와 키보드 레이아웃을 선택한다.

> 키보드 레이아웃을 선택하는 과정은 여러 단계로 구성된다. 미국식 키보드를 사용한다면 Generic 101-key PC나 Generic 104-key PC를 선택한 뒤에 English(US)를 선택한다. 만약 English(US)를 선택할 수 없다면, 다른 키보드를 선택한 뒤 English(US)를 선택한다.

라즈베리 파이의 설정이 완료되었다면 [Tab] 키를 눌러 〈Finish끝내기〉로 이동한 다음, 라즈베리 파이를 재부팅하는 옵션을 선택한다.

라즈베리 파이의 재부팅이 완료되면 이번에는 모니터 프롬프트가 사용자의 이름 입력을 기다리고 있을 것이다. 여기에 pi를 입력하고, 그 뒤에 나오는 비밀번호 입력 프롬프트에 raspberry를 입력한다. 그러면 다음과 같이 쉘 프롬프트shell prompt가 뜨면서, 사용자가 명령을 입력하기를 기다리고 있다(쉘shell이란 라즈베리 파이에 명령을 보내거나 프로그램을 실행하기 위해 사용자와 상호 작용하는 도구다).

```
pi@raspberrypi ~ $
```

쉘 프롬프트의 각 부분이 의미하는 것은 다음과 같다. 먼저 pi는 로그인할 때 사용자를 나타내는 이름(유저네임username)을 표현하는 부분이다.

@raspberrypi는 라즈베리 파이의 호스트네임hostname을 표현한다. 앞에 나온 유저네임과 @ 기호로 연결하여 표현되며, 호스트네임이 'raspberrypi'인 호스트에 유저네임이 'pi'인 사용자가 로그인한 상태라는 것을 의미한다.

바로 뒤에 이어지는 ~ 기호는 현재 작업 디렉터리working directory를 표시하는 부분으로서, ~ 기호는 사용자의 홈 디렉터리(/home/pi)를 간략히 줄인 표현이다.

---

* 역자주_ ko_KR.UTF-8 UTF-8을 선택하면 GUI 화면에서는 잘 나오지만 쉘 프롬프트 화면에서 폰트가 깨지는 현상이 발생할 수 있다는 사례가 있다. 그래서 EUC-KR로 설정하는 경우도 많지만, 한글 번역이 어색해서 그냥 로케일을 영문으로(en_US) 설정해서 사용하는 사람도 많다.

마지막으로 $는 셸 프롬프트를 표시하는 기호이다. 이 기호가 나타나면 사용자로부터 명령을 받을 준비가 됐다는 것을 의미한다.

그렇다면 이런 텍스트 기반의 흑백 화면에서 작업하는 이유는 뭘까? 라즈베리 파이에서는 그래픽 기반 인터페이스가 제공되지 않는 것일까? 그렇지 않다. 사실 그래픽 인터페이스가 제공되고 있지만, 자동으로 실행되지 않기 때문에 없는 것처럼 보였을 뿐이다. 그래픽 인터페이스를 사용하기 전에 먼저 텍스트 기반의 환경에서 리눅스 명령을 사용해 보는 것이 앞으로 프로젝트를 진행하는 데 여러 모로 도움이 될 것이다.

컴퓨터에서는 파일과 이러한 파일을 정리하기 위한 폴더라는 메타포metaphor를 흔히 사용한다. 그림 18-3에서 보는 바와 같이 컴퓨터의 하드 디스크(라즈베리 파이의 경우 SD 카드)는 마치 사무실용 철제 캐비넷과 비슷하다. 다양한 문서(파일)를 폴더에 담아 저장하며, 이때 각각의 폴더는 폴더는 파일뿐만 아니라 다른 폴더도 담을 수도 있다.

또 다른 메타포로 트리 구조가 있는데, 이 구조는 데이터를 계층적으로 구성할 때 사용한다(그림 18-4). 이 구조에서 폴더 위치를 이동하려면 특별한 명령을 입력해야 하는데, 이 명령은 셸(로그인하자 마자 실행되는 프로그램)에서 처리한다.

The Right Way to Turn Off

라즈베리 파이의 전원을 올바르게 끄는 방법

라즈베리 파이에는 전원이나 리셋 버튼이 따로 없다. 보드에 전원을 공급하는 순간 운영체제가 구동된다. 따라서 보드의 전원을 끊으면(말 그대로 선을 뽑으면) 곧바로 보드가 꺼진다.

하지만 운영체제가 실행되고 있는 도중에 컴퓨터를 강제로 끄는 것은 바람직한 방법이 아니다. 대부분의 운영체제는 데이터를 SD 카드에 입력하는 등의 여러 가지 작업을 사용자에게 보이지 않는 형태로, 즉 백그라운드에서 처리한다. 그래서 갑자기 전원을 끄면 운영체제가 백그라운드에서 진행 중이던 작업이 갑자기 중단되며, 이로 인해 SD 카드가 손상되어 나중에 부팅할 수 없게 되거나 데이터가 날아가는 경우가 발생할 수 있다. 따라서 라즈베리 파이의 전원을 끌 때는 셸에서 sudo shutdown 또는 sudo halt 명령으로 정상적으로 종료하는 것이 좋다.

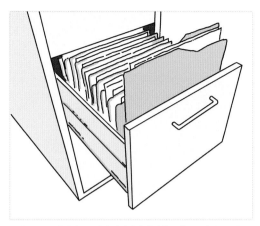

그림 18-3 실제 사무실에서 캐비닛에 파일과 폴더를 보관하는 모습

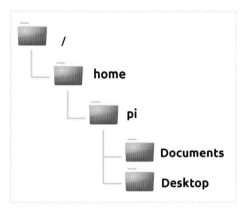

그림 18-4 라즈베리 파이의 폴더 계층 구조의 예

폴더는 디렉터리라고도 부른다. 라즈베리 파이를 구동하는 데 사용하는 리눅스에서는 폴더보다는 디렉터리라는 용어를 더 많이 쓴다. 계층 구조에서 최상위에 위치하여 모든 파일과 폴더를 담고 있는 메인 디렉터리(또는 루트[root] 디렉터리)는 /(슬래시) 기호로 표현한다.

기본적인 쉘 명령

트리 계층 구조에서 현재 위치를 알아내려면, pwd 명령을 입력하고 키보드의 [Enter] 키나 [Return] 키를 누르면 된다. pwd는 print (name of) working directory의 약자로, 루트 디렉터리부터 현재 디렉터리에 이르는 경로를 화면에 표시한다.

```
pi@raspberrypi ~ $ pwd
```

위와 같이 입력하면 다음과 같은 결과가 화면에 표시된다.

```
/home/pi
```

이 디렉터리에 무엇이 담겨 있는지 알아보려면 어떻게 해야 할까? list의 줄임말인 ls 명령을 실행하면 현재 디렉터리에 담긴 파일(또는 디렉터리) 목록을 볼 수 있다.

```
pi@raspberrypi ~ $ ls
```

라즈베리 파이에 OS를 새로 설치한 직후라면, 다음과 같은 결과를 보여 준다(그 사이 다른 파일이나 디렉터리를 생성한 적이 있다면, 결과는 아래와 달라진다).

```
Desktop python_games
```

파일에 대한 정보를 좀 더 자세히 보고 싶다면, 다음과 같이 long을 뜻하는 -l 매개변수를 붙여서 입력한다.

```
pi@raspberrypi ~ $ ls -l
```

그러면 다음과 같이 두 디렉터리에 대한 정보를 다음과 같이 좀 더 자세히 볼 수 있다.

```
total 8
drwxr-xr-x 2 pi pi 4096 Jan 31 16:26 Desktop
drwxrwxr-x 2 pi pi 4096 Dec 31 1969 python_games
```

현재 디렉터리에서 이동하려면 change directory의 줄임말인 cd 명령 뒤에 이동하려는 디렉터리 이름을 입력하면 된다. 예를 들면 다음과 같다.

```
pi@raspberrypi ~ $ cd Documents
```

이렇게 입력하면 현재 디렉터리의 위치가 Documents로 변경된다. 그리고 나서 ls 명령을 실행하면 Documents 디렉터리에 담긴 내용이 화면에 표시된다.

디렉터리는 중첩될 수 있다. 다시 말해 Documents 디렉터리 안에 Projects라는 서브 디렉터리subdirectory를 만들어서 프로젝트에 관련된 문서를 담아둘 수 있다. Documents 디렉터리에서 Projects 디렉터리로 이동하려면 cd Projects라는 명령을 실행하면 된다.

> 라즈베리 파이를 새로 설치한 상태라면 Documents 디렉터리와, 서브 디렉터리인 Projects 디렉터리가 존재하지 않을 것이다. 이를 생성하려면 mkdir -p ~/Documents/Projects 명령을 실행하면 된다. mkdir 명령에 대해서는 316페이지의 '파일과 디렉터리에 관련된 연산' 절에서 자세히 설명한다.

다시 Projects 서브 디렉터리 밖으로 나와서 한 단계 위로 이동하려면 cd 명령의 매개변수로 .. 기호(마침표 두 개)를 입력하면 된다. 참고로 .와 같이 마침표를 하나만 쓰면 현재 디렉터리를 가리키게 된다.

그럼 cd .. 명령으로 한 단계 위에 있는 디렉터리로 이동해 보자.

```
pi@raspberrypi ~/Documents $ cd ..
```

현재 디렉터리 위치가 /home/pi인 상태에서 cd .. 명령을 실행하면 /home 디렉터리로 이동하게 된다.

쉘은 가장 최근에 실행한 명령을 기억하고 있다. 프롬프트에서 위쪽 또는 아래쪽 방향 키를 누르면, 이전에 실행했던 명령들의 목록이 최근 순서대로 표시된다. 이 기능은 한 명령을 여러 번 실행할 때 특히 유용하다. 이 밖에도 쉘에서는 명령의 앞 부분 글자만 입력한 상태에서 탭 키를 누르면 나머지 부분을 채워주는 자동 완성autocomplete이라는 기능도 제공한다. 물론 앞 부분의 글자가 같은 명령이 여러 개라면 이들을 서로 구분할 수 있도록 글자를 좀 더 입력해야 자동 완성 기능이 작동한다. 또한 [Tab] 키를 연속으로 두 번 누르면 현재 실행할 수 있는 모든 명령을 보여 준다.

파일과 디렉터리에 관련된 연산

디렉터리를 만드는 mkdir 명령으로 디렉터리를 하나 생성해 보자. 명령 프롬프트에서 mkdir를 입력한 뒤에 원하는 디렉터리 이름을 입력하고 키보드의 [Enter] 또는 [Return] 키를 누르면 된다. 앞에서 했던 것처럼 cd 명령으로 자신의 홈 디렉터리로 이동한 다음 디렉터리를 생성하면 된다(어떠한 인자도 입력하지 않고 그냥 cd 명령만 실행시키면, 자신의 홈 디렉터리로 이동한다).

```
pi@raspberrypi ~ $ cd
pi@raspberrypi ~ $ mkdir test
```

그다음 생성한 디렉터리로 이동해서 touch 명령으로 빈 파일을 만든다. 그리고 ls 명령으로 이 파일이 실제로 생성됐는지 확인한다.

```
pi@raspberrypi ~ $ cd test
pi@raspberrypi ~/test $ touch hello.txt
pi@raspberrypi ~/test $ ls
hello.txt
pi@raspberrypi ~/test $ ls -l
total 0
-rw-r--r-- 1 pi pi 0 Feb 15 19:42 hello.txt
```

파일을 복사하는 작업은 cp 명령(copy의 줄임말)으로 실행한다. 프롬프트에서 cp 명령을 입력하고, 그 뒤에 복사하려는 파일 이름과 복사본을 저장할 위치를 지정하고 [Enter] 또는 [Return] 키를 누르면 된다. 예를 들어 hello.txt 파일을 home/pi 디렉터리에 복사하려면 다음과 같이 명령을 실행한다.

```
pi@raspberrypi ~/test $ cp hello.txt /home/pi
```

홈 디렉터리가 현재 디렉터리보다 한 단계 위에 있으므로, 다음과 같이 작성한다.

```
pi@raspberrypi ~/test $ cp hello.txt ..
```

또는 다음과 같이 현재 디렉터리를 의미하는 ~ 기호를 사용해도 된다.

```
pi@raspberrypi ~/test $ cp hello.txt ~
```

mv 명령(move의 줄임말)을 사용하면 파일의 이름을 바꾸거나 파일의 위치를 변경할 수 있다. hello.txt 파일의 이름을 pi.txt로 변경하려면, 다음과 같이 명령을 실행한다.

```
pi@raspberrypi ~/test $ mv hello.txt pi.txt
pi@raspberrypi ~/test $ ls
pi.txt
```

이 파일을 한 단계 위에 있는 디렉터리로 이동하려면 다음과 같이 실행한다.

```
pi@raspberrypi ~/test $ mv pi.txt ..
pi@raspberrypi ~/test $ ls
pi@raspberrypi ~/test $ ls ..
pi.txt
```

파일을 삭제하려면 remove의 줄임말인 rm 명령을 사용한다. 쉘에는 파일을 삭제할 때 사용하는 휴지통 같은 폴더가 없다. 게다가 리눅스는 언제나 시킨 일만 충실히 수행하기 때문에, 디스크에 존재하는 모든 파일(운영체제 포함)의 삭제를 비롯한 모든 명령을 입력한 그대로 수행한다. 따라서 파일을 삭제할 때는 시스템이 손상되지 않도록 항상 주의해야 한다.

```
pi@raspberrypi ~/test $ rm ../pi.txt
```

또한 쉘에서 파일을 수정하는 작업도 수행할 수 있다. 리눅스에서 제공하는 편집기 중에서 가장 간단한 프로그램이 나노nano 편집기다(그림 18-5).

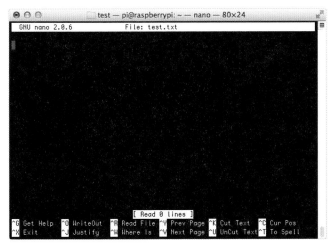

그림 18-5 *나노 편집기의 실행 화면*

나노 편집기로 파일을 수정하려면, 다음과 같이 nano 명령 뒤에 수정하려는 파일 이름을 입력하면 된다.

```
pi@raspberrypi ~/test $ nano pi.txt
```

나노 편집기의 뛰어난 점 중 하나는 편집하려는 파일이 없는 상태에서도 실행이 가능하다는 점이다. 편집기를 실행한 뒤에 저장하면 해당 파일이 새로 만들어진다. 편집기에 Hello World! 라는 문장을 입력한 뒤, 키보드의 [Ctrl]+[O]를 누르고 [Enter] 또는 [Return] 키를 눌러 파일을 저장해 보자. 편집기를 종료하려면 [Ctrl]+[X]를 입력한다.

리눅스에서는 편집기를 실행하지 않고도 파일 내용을 볼 수 있도록 concatenate의 줄임말인 cat 명령을 제공한다. 이 명령을 실행하면 파일 내용이 다음과 같이 화면에 표시된다.

```
pi@raspberrypi ~/test $ cat pi.txt
Hello World!
```

파일의 내용이 많으면 터미널 창 화면에 파일의 마지막 부분만 보일 수도 있다. 이때 내용을 좀 더 쉽게 보려면 less 명령을 사용하면 된다.

```
pi@raspberrypi ~/test $ less pi.txt
```

less 명령을 사용하면 파일을 줄 단위나 페이지 단위로 볼 수 있으며, 파일의 제일 앞 부분이나 끝 부분으로 이동할 수 있다. 텍스트의 위치를 옮기려면, 위쪽 또는 아래쪽 방향 키나 [Space] 키, [Enter] 또는 [Return] 키를 누르면 된다. less 명령을 종료하려면 [Q] 키를 누르면 된다. [H] 키를 누르면 less 명령을 실행하는 동안 사용할 수 있는 모든 명령과 각각에 대한 간략한 사용법이 화면에 표시된다.

라즈베리 파이가 작동하는 동안에는 보통 여러 개의 프로그램이 백그라운드에서 실행되고 있다. 이러한 프로그램의 목록을 보려면 ps 명령(process status의 줄임말)을 실행하면 된다. ps 명령을 입력한 뒤에, 원하는 옵션을 지정하면 현재 실행 중인 프로세스에 대한 여러 가지 정보를 볼 수 있다. 가령 -ef 옵션을 지정하면, 현재 시스템에서 실행 중인 모든 프로세스의 목록과 각각에 대한 상세한 정보가 화면에 표시된다.

```
pi@raspberrypi ~/test $ ps -ef
```

OS에 대한 사용법을 알고 싶을 때, 흔히 apropos와 man 명령을 활용한다. apropos 명령은 모든 메뉴얼 페이지에서 원하는 제목을 찾고 싶을 때 사용하고, man 명령은 인자로 지정한 명령에 대한 메뉴얼을 보여 준다. 메뉴얼의 내용은 대부분 한 화면을 넘어가기 때문에, 기본적으로 less 명령을 적용하여 실행한다.

man apropos 명령을 실행하면, apropos 명령에 대한 메뉴얼을 화면에 표시한다. 이처럼 man 명령 뒤에 원하는 명령을 인자로 지정하면, 해당 명령에 대한 모든 정보를 볼 수 있다.

리다이렉션

리눅스를 비롯한 유닉스 기반 시스템에서는 각각의 프로그램을 설계할 때 입력 장치(기본 장치는 키보드)로부터 값을 받아서 출력 장치(기본 장치는 모니터, 또는 표준 출력standard output)로 결과를 표시하는 형태의 블랙 박스 방식으로 설계한다. 그리고 입력과 출력 사이에 여러 개의 프로그램(명령)을 사슬처럼 연결하여 좀 더 복잡한 연산을 수행하게 할 수 있다. 이렇게 두 개의 명령을 하나로 연결할 때 파이프pipe를 사용하며, | 기호로 표현한다. 가령 현재 디렉터리에 담긴 파일이 너무 많아서 ls -l 명령을 실행한 결과를 한 화면에 다 볼 수 없을 때, 그 결과를 less 명령으로 보고 싶다면 다음과 같이 명령을 실행하면 된다.

```
pi@raspberrypi ~ $ ls -l | less
```

결과를 표준 출력(모니터 화면)이 아닌 다른 형태로 보내고 싶을 수도 있다. 예를 들어, 결과를 파일에 적고 싶다면 다음과 같이 > 기호를 이용하여 결과를 보낼 파일을 지정하면 된다.

```
pi@raspberrypi ~ $ ls -l > list.txt
```

그러면 화면에는 아무런 결과도 표시되지 않는데, 정상적인 작동이다. 위 명령을 통해 OS에게 ls -l을 실행한 결과를 화면에 표시하지 않고, list.txt라는 파일로 보내도록 명령했기 때문이다. 이 명령을 반복하면, list.txt 파일을 계속 덮어쓰게 된다. 따라서 결과를 기존 파일에 덮어쓰지 않고, 뒤에 덧붙여 쓰려면, > 대신 다음과 같이 >>라는 부등호 두 개를 연달아 적은 기호를 사용하면 된다.

```
pi@raspberrypi ~ $ ls -l >> list.txt
```

반대로 명령에 입력을 전달하는 방법도 이와 비슷하다. > 기호 대신 < 기호를 사용하면 된다.
그러면 해당 명령은 표준 입력 장치(키보드)로부터 입력 받지 않고, 파일을 읽게 된다.

```
pi@raspberrypi ~ $ cat < list.txt
```

여기서 cat 명령은 list.txt에 담긴 내용에 대해 실행된다. 이는 마치 사용자가 파일에 담긴 내
용을 직접 입력한 것과 같은 효과를 나타낸다.

> `*`
>
> < 기호로 리디렉션을 적용할 수 있는 리눅스 명령은 대부분 이 기호를 생략하고, 곧바로 파일 이름을 인자로 지정해도 된다
> (예. cat list.txt). 일반적으로 리눅스에서는 특정한 작업을 여러 가지 방식으로 수행할 수 있는 방법을 제공한다.

슈퍼유저 모드

리눅스의 모든 사용자는 자신의 계정을 사용하여 시스템에 접속한다. 앞에서 사용자 이름에 pi
를 입력했던 것처럼 말이다. 그러나 한 가지 염두에 둬야 할 것은 리눅스에는 루트라는 이름의
슈퍼유저superuser 계정이 별도로 존재하며, 권한의 제약 없이 시스템을 마음대로 제어하려면 루
트 모드로 접속해야 한다는 점이다. 루트 모드에서는 보호 받는 파일이나 디렉터리도 삭제할
수 있을 뿐만 아니라 디스크 전체를 모두 지워버릴 수도 있다. 따라서 라즈베리 파이를 사용할
때에는 가급적이면 루트와 같은 강력한 계정은 사용하지 않는 것이 좋다. 실수로 입력한 명령
으로 시스템이 손상될 수도 있으니, 권한이 제한되어 있는 일반 사용자 모드를 사용하여 제어
한다.

하지만 간혹 루트 권한으로 작업을 수행해야 하는 경우가 있다. 이를 위해 등장한 것이 sudo
명령이다. sudo는 supeuser do의 줄임말로, 일반 사용자가 시스템을 종료할 때와 같이 슈퍼
유저 권한으로 명령을 수행하는 작업을 간편히 처리하도록 돕는 명령어다. 슈퍼유저 명령을 수

행하려면 실행하려는 명령 앞에 sudo라는 키워드를 적어주기만 하면 된다. OS의 설정에 따라 sudo 명령을 수행하기 위해서는 패스워드를 입력해야 할 수도 있다. 라즈베리 파이의 기본 설정에 의하면 따로 패스워드를 입력하지 않아도 된다.

예를 들어, 라즈베리 파이를 종료하려면 다음과 같이 명령을 실행하면 된다.

```
pi@raspberrypi ~ $ sudo halt
```

물론 sudo 명령을 아무나 사용할 수 있는 건 아니다. sudo 명령을 사용할 수 있는 것은 슈퍼유저가 수행 권한을 부여한 사용자(sudoers)뿐이다. 프로그램 또한 마찬가지다. 이 모드에서 실행할 수 있는 프로그램도 미리 지정된 것이어야 한다. 라즈비안을 설치할 때 별도의 수정 없이 기본 설정값 그대로 설치했다면, pi라는 사용자가 sudoer로 등록되어 있을 것이다. 참고로, 학교나 회사에서 사용하는 다른 리눅스 시스템에서 sudo 명령을 실행시키려면 별도로 권한을 추가해야 할 수도 있다.

하드웨어 모니터링

작업을 하다 보면 라즈베리 파이에 장착한 외부 장치가 제대로 연결됐는지 확인해야 하는 경우가 있다. 가장 쉬운 방법은 lsusb 명령(무엇을 줄인 말인지는 쉽게 추측할 수 있을 것이다)으로 현재 연결된 모든 USB 장치 목록을 살펴보는 것이다. 또한 커널kernel이라고 불리는 시스템 코어에게 해당 장치에 대해 물어볼 수도 있다. 커널은 항상 로그를 기록하고 있는데, dmesg 명령으로 그 내용을 확인할 수 있다. 메시지 내용이 많기 때문에, 가능하면 less 명령으로 보는 것이 좋다.

가령 현재 CPU의 성능에 대해 알아보고 싶다면 다음 명령을 실행한다.

```
pi@raspberrypi ~ $ cat /proc/cpuinfo
```

그러면 하나 또는 여러 개의 프로세서에 대한 정보가 여러 줄에 걸쳐 표시된다. CPU 성능은 마지막에 나온 Revision 항목에 나온 숫자로 표시된다. 라즈베리 파이 모델 A에서는 0002나 0003이라고 표시되지만, 모델 B 이상의 최신 모델에서는 000f와 같이 더 큰 숫자가 나타날 것이다.

그래픽 기반 인터페이스

지금까지 터미널 인터페이스를 사용하는 방법에 대해 살펴봤다. 이번에는 그래픽 기반 인터페이스(GUI)의 사용법에 대해 알아보자. GUI를 구동하려면 터미널 창에 startx 명령을 입력하면 된다. GUI는 데스크톱 환경이라고도 부르며 크게 두 가지 요소로 나눠진다. 첫 번째는 그래픽 서버graphics server(여기에 대한 표준은 X11이라 부름)이고 두 번째는 윈도우 매니저/창 관리자window manager이다. 간단히 설명하면 그래픽 서버는 윈도우 매니저가 사용하는 환경에 필요한 라이브러리와 컴포넌트를 제공하고, 윈도우 매니저는 이를 기반으로 보기 좋고 사용하기도 편한 인터페이스를 생성한다. 리눅스의 대표적인 장점 중 하나는 사양이 낮은 장치에서도 구동할 수 있다는 점인데, 이는 윈도우 매니저가 리소스를 적게 사용하기 때문이다. 라즈베리 파이에서는 LXDE라는 윈도우 매니저를 사용한다(그림 18-6).

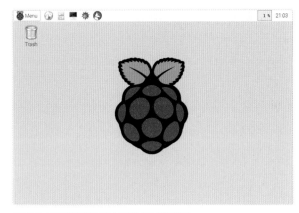

그림 18-6 *라즈베리 파이의 LXDE 데스크톱 화면*

라즈베리 파이의 데스크톱 환경은 윈도우나 맥, 그리고 다른 리눅스 시스템과 비슷하게 생겼다. 화면의 상단에는 여러 개의 아이콘과 애플릿applet, 위젯으로 구성된 메뉴가 있다. 가장 왼쪽에는 라즈베리 파이 로고와 메뉴 버튼이 있다. 바로 옆에는 브라우저와 파일 관리자, 터미널(그래픽 환경에서 셸을 실행시킬 수 있는 프로그램), 매스매티카Mathematica, 울프램Wolfram 언어 환경 등에 대한 아이콘이 차례로 달려 있으며, 그 오른쪽에는 CPU 사용량과 시각을 보여 주는 애플릿이 위치해 있다. 화면 중앙의 데스크톱 영역에는 Trash라고 적힌 휴지통 아이콘이 있다.

라즈비안에는 기본적으로 편집기와 유틸리티, 프로그래밍 도구, 인터넷 프로그램, 게임, 시스템 유틸리티 등과 같은 유용한 애플리케이션이 설치되어 있다. 메뉴를 클릭하면 라즈비안에 설치된 프로그램 목록을 살펴볼 수 있다. 라즈비안 메뉴의 최상단 메뉴는 다음과 같은 항목으로 구성되어 있다.

- Programming프로그래밍 도구: 파이썬, 스크래치, 울프램 등과 같은 언어에 대한 개발 환경이 담겨 있다.
- Internet인터넷 관련 프로그램: 다양한 소프트웨어를 제공하는 파이 스토어Pi Store, 라즈베리 파이 관련 자료에 대한 링크, 웹 브라우저 등이 담겨 있다.
- Games게임: 마인크래프트 파이Minecraft Pi 등 파이썬으로 제작된 여러 가지 게임이 있다.
- Accessories유틸리티: 파일 압축 프로그램, 계산기, 파일 관리자, 이미지 뷰어, PDF 뷰어, 터미널, 라즈베리 파이에서 실행되는 프로그램을 보여주는 작업 관리자, 텍스트 편집기 등과 같은 유용한 프로그램이 담겨 있다.
- Preferences기본 설정: 시스템 설정에 관련된 프로그램이 담겨 있다. 이를 통해 그래픽 환경의 외양과 마우스나 키보드 설정을 변경할 수 있다. Wi-Fi 연결을 설정하는 프로그램도 여기에 담겨 있다.
- Run실행: 리눅스 명령을 입력하고 실행할 수 있다.
- Shutdown종료: 현재 세션을 종료하고 시스템을 종료한다. 이 메뉴는 아직 실행시키지 말자.

파이썬

라즈베리 파이에는 파이썬이라는 이름의 뱀 한 마리가 숨어 있다.

물론 진짜 뱀은 아니고 프로그래밍 언어의 이름이다. 이 언어는 귀도 반 로썸Guido van Rossum에 의해 만들어졌다. 파이선이라는 이름은 그가 좋아했던 영국 BBC의 유명 쇼 프로그램 '몬티 파이썬의 비행 서커스Monty Python's Flying Circus'에서 따 온 것이다. 그는 복잡한 프로그램을 작성할 수 있으면서 간결하고 읽기 쉬운 프로그래밍 언어를 만들기 위해 파이썬을 개발했다. 파이썬을 이용하면 라즈베리 파이에서 구동되는 프로그램을 굉장히 빠르고 간단히 만들 수 있을 뿐만 아니라, 여러 가지 라이브러리를 활용하여 손쉽게 확장할 수 있으며, GPIO 핀과 외부 하드웨어를 굉장히 쉽게 제어할 수 있다.

이 책은 파이썬에 대해 가르치기 위해 쓰여진 것이 아니지만, 기본적인 사용법과 활용 범위에 대해 간략히 소개하고 넘어갈 필요는 있다. 그래야 이 책에서 다루는 프로세싱이나 아두이노와 같은 다른 언어와 어떤 점이 다른지 살펴볼 수 있기 때문이다.

아두이노에서는 사람이 읽기 좋은 형태의 언어로 스케치(소스 코드)를 작성하면, 아킷울 컴퓨터가 이해할 수 있도록 컴파일러를 통해 0과 1로 구성된 기계어(머신 코드^{machine code})로 변환한다. 이런 방식의 언어를 컴파일 언어라고 한다. 반면 파이썬에서는 별도의 컴파일 과정을 거치지 않아도, 인터프리터^{interpreter}라는 프로그램을 통해 소스 코드를 한 줄씩 입력 받는 즉시 명령을 처리한다. 이 방식의 언어를 인터프리터 언어^{interpreted language}라고 한다.

파이썬의 인터프리터는 프로그래머와 상호작용하는 방식으로 작동한다. 이는 마치 터미널에 명령을 입력하면 즉시 실행되어 결과를 보여 주는 것과 비슷하다. 파이썬 인터프리터를 실행하려면 터미널에 python이라는 명령을 입력한 다음 [Enter] 또는 [Return] 키를 누르면 된다. 그러면 텍스트 몇 줄이 나타난 뒤, 화면의 커서가 깜빡이며 사용자가 명령을 입력하기를 기다린다. 여기에 다음과 같이 입력하면 "hello world"를 출력할 수 있다.

```
print("hello world");
```

작동법이 굉장히 간단하다. 인터프리터는 계산기로도 쓸 수 있다. 2 + 3과 같은 연산을 입력한 뒤 [Enter] 키를 누르면 5라는 결과를 즉시 보여 준다.

인터프리터를 종료하려면 터미널에 quit()을 입력하거나, 키보드의 [Ctrl]+[D] 키를 누르면 된다.

인터프리터에서 실행할 명령은 스크립트라는 텍스트 파일 형태로 저장할 수 있다. 인터프리터는 스트립트 파일을 읽어서 명령을 처리하게 된다(스크립트와 파이썬의 관계는 스케치와 아두이노의 관계와 같다). 나노 텍스트 편집기로 helloworld.py라는 파일을 만들고, 다음과 같이 텍스트를 입력해 보자.

```
print("hello world!");
```

파일을 저장하고 편집기를 종료한 뒤, 터미널에서 다음과 같이 스크립트를 실행해보자.

```
python helloworld.py
```

그러면 화면에 "hello world!"라는 텍스트가 표시될 것이다.

GUI에서 [Menu]→[Programming]→[Python 3]을 선택하면 파이썬 개발 환경이 실행된다. 이 환경은 텍스트 편집기보다 훨씬 풍부한 기능을 제공한다. 이 환경은 프로그램을 작성하는 기능뿐만 아니라, 이를 실행하거나 프로그램을 한 단계씩 실행하면서 코드에 담긴 변수나 문장의 상태를 살펴보면서 코드에 발생한 문제를 찾아낼 수 있는 디버깅debugging 기능도 제공한다.

파이썬 개발 환경을 실행하면 가장 먼저 파이썬 버전과 몇 가지 정보가 표시되는데, 이 정보는 당장 활용할 일은 없다. [File] → [New Window]를 실행하여 창을 하나 새로 띄우고, 다음과 같이 입력해 보자.

```
print("hello python!");
```

그다음 [F5] 키를 누르면 파일을 저장하는 화면이 나타나는데, 여기서 이 파일의 이름을 hellopython.py로 지정하고 아무 데나 저장한다. 이 코드를 실행하면 "hello python!"이란 문장이 메인 창에 표시된다.

이 책에서 소개하는 다른 언어와 파이썬의 차이를 간략히 정리하면 다음과 같다.

- 파이썬에서는 문장이 끝날 때마다 세미콜론(;)을 적지 않아도 된다.
- 파이썬에서는 코드 블록을 정의할 때 중괄호({})를 사용하지 않는다. 공백 문자로 적절히 들여쓰기를 하는 것만으로도 코드를 깔끔하게 구조적으로 구성할 수 있다.

파이썬 코드는 깔끔하고 정확하게 입력해야 한다. 특히 여러 문장을 하나의 블록으로 구성할 때, 블록을 구성하는 모든 명령에 똑같은 들여쓰기를 적용해야 한다(들여쓰기에 사용하는 공백 문자의 수가 같아야 한다). 들여쓰기를 잘못 쓴 예를 들면 다음과 같다.

```
num = 11
if (num > 10):
print (num)
    print ("is greater than 10"),
else
    print (num),
    print ("is less than or equal to 10")
```

두 번째 줄의 print 명령은 블록 안에 있는 다른 명령과 들여쓰기가 다르게 적용되어 있는데, 이렇게 작성하면 인터프리터에서 에러가 발생한다. 이를 올바르게 수정하면 다음과 같다.

```
num = 11
if (num > 10):
    print (num),
    print ("is greater than 10"),
else
    print (num),
    print ("is less than or equal to 10")
```

print 문장 끝에 콤마를 빠뜨리면, 텍스트를 출력한 뒤에 다음 줄로 넘어가게 된다. 따라서 print (num) 뒤에 콤마를 생략하면 결과는 다음과 같이 표시된다.

```
11
is greater than 10
```

다음과 같이 코드에 # 기호를 사용하면 한 줄짜리 주석을 달 수 있다.

```
if (num > 10):
    #num 값을 출력한다.
    print (num),
```

파이썬에서 변수 이름을 정할 때 적용되는 규칙은 다른 언어와 같다. 특수 문자나 공백, 마침표는 사용할 수 없고, 변수 이름 앞에 숫자가 붙을 수 없다.

파이썬에 대한 자세한 사항은 인터넷을 통해 쉽게 찾아볼 수 있다. 공식 문서는 https://www.python.org/doc/에 나와 있다.

GPIO

GPIO 포트의 개수는 라즈베리 파이 모델마다 다르다. 라즈베리 파이 모델 A와 B에는 17개가 달려 있고, 라즈베리 파이 모델 A+와 B+, 라즈베리 파이 2에는 28개가 달려 있다. 보드에 달린 외부 핀은 각각 13개 또는 20개 포트가 두 줄로 나열되어 있다. 디지털 입력과 출력에 사용되는 GPIO 핀 뿐만 아니라, 3.3V와 5V 전력 핀과 그라운드(GND) 핀도 제공된다.

라즈베리 파이는 아두이노보다 훨씬 약하기 때문에, 핀에 선을 연결할 때 특별히 주의를 기울어야 한다. 라즈베리 파이의 GPIO 핀은 모두 3.3V를 사용하기 때문에 5V를 연결하면 라즈베리 파이 보드에 손상을 입힐 수 있다.

헬로우 월드

이번에는 3.3V 이상의 LED 한 개와 브레드보드, 암수^{male-female} 단자가 달린 케이블(그림 18-7)을 이용하여 회로를 구성한 후 터미널에서 간단히 명령을 내려 LED를 깜박이게 해 보자.

그림 18-7 암수 단자가 달린 케이블로 다른 부품을 라즈베리 파이에 연결한다.

라즈베리 파이의 전원을 끈 상태에서 LED를 브레드보드에 꽂은 다음(그림 18-8), 각각의 다리를 GPIO 25번 핀과 그라운드(GND) 핀에 연결한다. GPIO 25번 핀은 3.3V를 사용하며 여기에 연결하는 LED도 같은 전압을 사용하기 때문에 저항을 사용하지 않아도 된다. 하지만, 오랫동안 사용할 회로를 제작할 때는 전원 공급 장치와 LED 사이에 저항을 달아주는 것이 좋다.

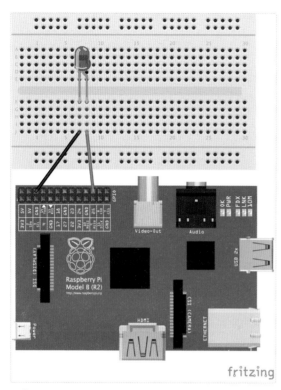

그림 18-8 GPIO 25번 핀과 LED를 연결한 모습

그림 18-8의 회로에 나온 GPIO 핀은 26핀으로 구성된 라즈베리 파이 모델 A와 B를 사용했다. 그러나 40핀 보드를 사용하더라도 앞에 나온 26개 핀은 이전 모델과 동일하므로, 이전 모델과 같은 방식으로 연결할 수 있다.

라즈베리 파이에 전원을 연결한 다음 부팅될 때까지 기다린다. 부팅이 끝나면 로그인하고 GUI를 실행한 뒤 터미널 창을 하나 띄운다. GUI를 실행시키려면 startx 명령을 입력하거나, raspi-config로 들어가 데스크톱 환경으로 자동으로 부팅하도록 설정을 바꾸면 된다.

1 GPIO 핀에 직접 접근할 수 있도록 OS에서 생성한 특수 디렉터리로 이동한다.

```
pi@raspberrypi ~ $ cd /sys/class/gpio
```

2 앞에서 본 것처럼, ls 명령으로 디렉터리 내용을 살펴볼 수 있다.

3 GPIO 핀을 조작하려면 슈퍼유저 권한을 갖고 있어야 한다. 따라서 작업을 진행하기 전에 sudo -s 명령으로 모드를 전환한다.

```
pi@raspberrypi /sys/class/gpio $ sudo -s
```

그러면 모든 명령을 슈퍼유저 권한으로 실행할 수 있게 된다. 예제에 필요한 작업을 수행한 뒤에는 반드시 exit 명령을 실행하여 슈퍼유저 모드를 빠져 나온다.

4 이제 라즈베리 파이에서 GPIO 25번 핀에 접근할 수 있도록 export^{내보내기} 파일에 사용할 핀 번호를 입력한다. echo 명령은 인자로 지정한 내용을 표준 출력(모니터 화면 또는 터미널 창)으로 전달한다. 여기에서는 리다이렉션 연산(>)으로 출력을 export 파일로 보낸다.

```
# echo 25 > export
```

5 이 명령을 실행하면 OS에서는 gpio25라는 이름의 디렉터리를 생성한다. 디렉터리 안에는 GPIO 포트에 접근하기 위한 파일이 담겨 있다. 이 과정이 모두 끝난 후에는 다음과 같은 명령으로 핀을 해제할 수 있다(하지만 지금은 이 명령을 실행하지 않는다).

```
# echo 25 > unexport
```

-6 일단 핀을 내보내기한 상태로 유지하고, cd 명령으로 gpio25 디렉터리 안으로 이동한 후, ls 명령으로 내용을 살펴보자.

```
# cd gpio25
# ls
```

그러면 active_low, direction, edge, power, subsystem, uevent, value 등과 같은 특수한 용도의 파일이 담겨 있는 것을 볼 수 있다.

-7 이제 direction이라는 이름의 파일을 하나 만든다. 이 파일의 역할은 아두이노의 pinMode와 비슷하다. 이 파일을 통해 핀을 입력으로 사용할지, 아니면 출력으로 사용할지를 정할 수 있다. 핀을 출력 모드로 설정하려면, 파일에 out이라는 단어를 입력하고, 반대로 입력 모드로 설정하려면 in을 입력하면 된다. 파일에 단어를 입력하려면 마찬가지로 echo 명령을 활용한다.

```
# echo out > direction
```

-8 아두이노에서 LED를 켜고 끌 때는 digitalWrite 함수에 HIGH 또는 LOW 인자를 지정하여 호출하는 방법을 사용했다. 라즈베리 파이에서는 value 파일에 1 또는 0을 입력하면 된다. LED를 켜려면 다음과 같이 명령을 실행한다.

```
# echo 1 > value
```

반대로 LED를 끄려면 다음과 같이 실행한다.

```
# echo 0 > value
```

LED의 사용이 끝나면 핀을 해제하고 슈퍼유저 모드를 빠져 나온다.

```
# cd /sys/class/gpio
# echo 25 > unexport
# exit
$ cd
$
```

파이썬으로 LED 깜박이기

다행히 파이썬 라이브러리 중에 GPIO 핀을 관리하는 기능을 제공하는 RPi라는 라이브러리가 있는데, 이를 활용하면 작업을 훨씬 간단히 처리할 수 있다. 이 라이브러리를 사용하려면 먼저 라이브러리가 라즈베리 파이에 설치되어 있어야 한다. 아직 설치하지 않았다면 다음과 같이 명령을 실행하여 라이브러리를 설치한다.

```
$ sudo apt-get update
$ sudo apt-get install python-rpi.gpio
```

이 라이브러리는 두 가지 방식으로 라즈베리 파이의 핀을 식별하는 기능을 제공한다. 첫 번째 방식은 핀에 논리적 번호를 지정하는 것으로, 다음과 같이 작성하면 된다.

```
GPIO.setmode(GPIO.BCM)
```

두 번째 방식은 핀에 물리적 번호를 지정하는 것으로, 다음과 같이 작성하면 된다.

```
GPIO.setmode(GPIO.BOARD)
```

여기에서는 논리적인 번호를 사용하는 BCM 숫자로 지정한다. 앞에서도 LED를 켜고 끄는 예를 소개할 때 이 방식으로 지정했으며, 라즈베리 파이의 액세서리를 제어할 때뿐만 아니라 공식 문서에서도 이 방식을 흔히 사용한다. 눈치가 빠른 독자라면 앞에서 LED를 연결할 때 사용한 GPIO 핀의 번호가 25번이었는데, 보드에 적혀 있는 번호는 25번이 아님을 보고 이상하게 생각했을 수도 있다. 그것은 25라는 숫자가 논리적인 핀 번호이고, 이 핀을 실제로 보드에 연결할 때 사용하는 핀 헤더의 물리적인 번호는 22번이기 때문이다(그림 18-9).

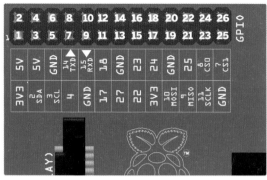

그림 18-9 라즈베리 파이의 핀 번호 체계. 핀 위에 적힌 숫자는 물리적인 번호(GPIO.BOARD)이고, 그 아래의 표에 적힌 숫자가 논리적인 번호(GPIO.BCM)이다.

파이썬에서 GPIO를 사용하려면 먼저 포트부터 설정해야 한다. GPIO.setup 함수에 사용하려는 핀 번호와 원하는 모드(출력일 경우 OUT, 입력일 경우 IN)를 지정하여 호출한다.

```
GPIO.setup(25, GPIO.OUT)
```

위와 같이 작성하면 25번 핀은 출력 핀으로 설정되며, 이제 GPIO.output(port, value) 함수로 LED를 켜거나 끌 수 있다. GPIO 라이브러리에서는 GPIO.HIGH와 GPIO.LOW와 같은, 포트 상태에 대한 상수도 제공한다. 따라서 LED를 켜려면 다음과 같이 입력하면 된다.

```
GPIO.output(25, GPIO.HIGH)
```

LED를 끄려면 다음과 같이 입력한다.

```
GPIO.output(25, GPIO.LOW)
```

이제 이 연산을 무한히 반복하도록 루프를 작성해 보자. 아두이노에서는 루프의 작동을 수행하는 함수인 loop를 사용했었지만, 라즈베리 파이에서는 루프의 작동을 직접 구현해야 한다. 이를 위해 특정한 조건을 만족하지 않을 때까지 코드 블록에 담긴 명령을 계속 반복하는 while 키워드를 사용한다. 조건에 True라는 단어만 적으면, 항상 조건을 만족하기 때문에 반복을 멈추지 않게 된다. 코드 블록의 앞 부분을 다음과 같이 작성한다.

```
while True:
```

아두이노에서는 밀리세컨드 단위로 잠시 멈추게 하는 delay라는 함수도 제공됐다. 파이썬에서는 time 라이브러리에서 제공하는 sleep 함수를 통해 이와 비슷한 효과를 줄 수 있다. 아두이노에서는 밀리세컨드 단위로 시간을 지정했지만, 파이썬에서 제공하는 sleep 함수는 초 단위로 지정한다. 스크립트를 2초 동안 실행되지 않도록 멈추고 싶다면 다음과 같이 작성하면 된다.

```
time.sleep(2)
```

라즈베리 파이는 아두이노와 달리 다른 프로그램도 함께 실행되기 때문에, 이렇게 설정한 시간을 OS에서 정확히 지키지 못할 수도 있다.

예제 18-1은 파이썬으로 LED를 깜박이기 위한 'Blink' 예제의 전체 코드다.

[예제 18-1] 라즈베리 파이에서 구현한 'Blink' 예제

```
# Hello World
import RPi.GPIO as GPIO
import time
pin = 25
# 논리적인 핀 번호를 사용한다.
GPIO.setmode(GPIO.BCM)
GPIO.setup(pin,GPIO.OUT)
while True:
        GPIO.output(pin,GPIO.HIGH)
        time.sleep(1)
        GPIO.output(pin,GPIO.LOW)
        time.sleep(.5)
```

나노 편집기에서 이 코드를 작성하고(nano helloworldblink.py) 파일을 저장*한 다음, sudo 명령으로 이 파일을 실행시킨다(일반 사용자 모드에서는 GPIO 핀에 접근할 수 없다).

> ★
>
> 나노 편집기를 실행하기 전에, 항상 현재 디렉터리가 자신의 홈 디렉터리에 있는지 확인한다. /sys 디렉터리 안에는 파일을 저장할 수 없다.

※ [Ctrl]+[O]키를 누른 다음 [Enter/Return] 키를 누르면, [Ctrl]+[X] 키로 편집기를 종료하기 전에 파일을 저장하라는 메시지가 뜬다.

```
$ sudo python helloworldblink.py
```

LED가 깜박이는가? while 루프의 조건문은 항상 True이기 때문에 실제로 검사를 해 볼 필요가 없으며, 프로그램은 라즈베리 파이의 전원이 꺼질 때까지 계속 실행된다. 따라서 프로그램을 종료하려면 [Ctrl]+[C] 키를 눌러서 강제로 종료해야 한다.

버튼 다루기

이번에는 버튼 스위치를 GPIO에 연결하고 버튼 상태를 읽어보는 예제를 만들어 보자. 먼저 다음과 같이 명령을 실행하여 라즈베리 파이의 전원을 끈다.

```
$ sudo halt
```

전원이 꺼졌다면, 푸시버튼 한 개와 220Ω 저항 한 개를 그림 18-10처럼 연결한다. 라즈베리 파이의 선원을 켜기 선에 모든 부품이 제대로 연결됐는지 다시 한 번 확인한다.

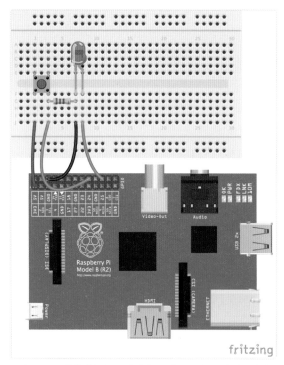

그림 18-10 버튼은 GPIO 24번 핀에, LED는 GPIO 25번 핀에 연결한다.

1 앞에서 출력 핀을 설정했던 것과 비슷한 방식으로, 터미널에서 핀의 상태를 읽어온다. 다음과 같이 GPIO 디렉터리(/sys/class/gpio)로 이동한 다음, 슈퍼유저 모드로 전환한다.

```
$ cd /sys/class/gpio
$ sudo -s
#
```

2 GPIO 24번 핀을 사용하도록 라즈베리 파이에 설정한다.

```
# echo 24 > export
```

3 gpio24 디렉터리로 이동한다. 그리고 ls 명령을 실행하여, gpio24 디렉터리에 어떤 파일이 담겨 있는지 확인한다.

4 그러면 라즈베리 파이에서 만든 특수 파일이 담겨 있는 것을 볼 수 있다. 이제 direction 파일을 만들고 입력 모드로 설정한다.

```
# echo in > direction
```

5 버튼이 눌렸는지 확인하려면 다음과 같이 파일의 내용을 확인하면 된다.

```
# cat value
```

버튼이 눌린 상태에 따라 0 또는 1이 적혀 있을 것이다. 버튼을 계속 누르고 있는 상태에서 위 명령을 실행시켜 보자.

6 작업이 끝나면 핀을 해제하고, 루트 모드에서 빠져 나와 일반 사용자 계정의 홈 디렉터리로 이동한다.

```
# cd /sys/class/gpio
# echo 24 > unexport
# exit
$ cd
$
```

이 작업을 파이썬 코드로 처리해 보자. 다음과 같이 입력하면 24번 핀을 입력 모드로 사용할 수 있다.

```
GPIO.setup(24, GPIO.IN)
```

핀의 상태는 GPIO.input 함수로 확인할 수 있다.

```
GPIO.input(24)
```

그러면 결과로 True나 False를 리턴한다.

예제 18-2는 이 예제의 전체 코드다. 일반 사용자 계정의 홈 디렉터리로 돌아온 다음, 나노 편집기로 예제 18-2의 코드를 작성한 후 파일을 저장하고(nano button.py) 실행(sudo python button.py)하면 된다.

[예제 18-2] 버튼 상태 확인하기

```python
import RPi.GPIO as GPIO
import time
# 논리적인 핀 번호를 사용한다.
GPIO.setmode(GPIO.BCM)
button=24
led=25
GPIO.setup(led, GPIO.OUT)
GPIO.setup(button, GPIO.IN)
while True:
        if (GPIO.input(button) == True):
            GPIO.output(led, GPIO.HIGH)
            print("Ouch!")
            time.sleep(.1)
        else:
            GPIO.output(led, GPIO.LOW)
            time.sleep(.1)
```

GPIO 모듈을 불러온 다음 사용할 핀 번호를 정의한다. 여기에서는 25번 핀을 출력 모드로 설정하고, 24번 핀을 입력 모드로 설정한 다음, 조건문을 while True로 작성하여 무한히 반복하도록 설정했다. 루프 블록 안에는 버튼이 눌렸는지 확인해서(GPIO.input(24) == True) 눌렀다면 LED를 켜고(GPIO.output(25, GPIO.HIGH)), 그렇지 않으면 "Ouch!"란 글자를 화면에 표시하도록 작성했다. 그 다음 1/10초 동안 멈췄다가 다시 while 루프문을 시작한다. 버튼을 누르지 않았다면 LED가 꺼진다.

예제를 가만히 살펴보면, 이전 장에서 아두이노로 작성한 스케치와 굉장히 비슷하다는 것을 발견할 수 있다.

아두이노와 라즈베리 파이

이로써 아두이노와 라즈베리 파이의 작동 방식에 대해 모두 알아보았으니, 최선의 결과물을 만들어내는 데 각각의 장점을 잘 활용하고 결합시킬 수 있을 것이다. 라즈베리 파이를 사용하면 아두이노로는 다루기 힘든 웹캠 같은 외부 장치, 또는 인터넷에 쉽게 연결할 수 있다는 장점이 있다. 반대로 아두이노는 라즈베리 파이에서 처리하기 힘든 아날로그 데이터를 쉽게 다룰 수 있다는 장점이 있다.

라즈베리 파이에 아두이노 통합 개발 환경을 직접 설치할 수도 있지만, 아두이노 개발 환경과 컴파일러는 CPU를 상당히 많이 사용하기 때문에 가급적 피하는 것이 좋다. 가장 좋은 방법은 데스크톱 컴퓨터에 라즈베리 파이를 연결하고, 데스크톱에서 작성한 아두이노 스케치를 컴파일한 다음 바이너리 코드를 라즈베리 파이에 업로드하여 실행하는 것이다.

그럼 지금부터 두 보드가 서로 통신하면서 작용하는 방법에 대해 구체적으로 살펴보자. 라즈베리 파이에 연결된 키보드의 버튼 하나를 누르면, 아두이노에 연결된 LED를 켜는 예제를 만들어 보자. 수준 높은 예제는 아니지만 기본을 익히는 데 도움이 될 것이다.

먼저 브레드보드에 220Ω저항과 LED를 연결하고, 케이블을 이용하여 아두이노의 13번 핀과 GND에 연결한다.

아두이노를 개발 환경(IDE)이 설치된 컴퓨터에 연결하고, 예제 18-3과 같이 작성한 스케치를 올린다.

[예제 18-3] 아두이노로 연결된 시리얼 포트를 통해 LED를 깜박이는 예

```
void setup()
{
    Serial.begin(9600);
    pinMode(13, OUTPUT);
}
void loop()
```

```
{
  int n = Serial.read();
  if ((char)n == 'a')
  {
    digitalWrite(13, HIGH);
  }
  if ((char)n == 's')
  {
    digitalWrite(13, LOW);
  }
}
```

코드는 다소 간단한 편이다. setup 영역에서는 아두이노의 13번 핀을 출력 모드로 지정하고, 시리얼 포트를 설정했다. loop 영역에서는 시리얼 포트로 들어온 값을 읽고, 예상하던 두 개의 문자 중 어느 것에 해당하는지를 검사한다. 입력된 값이 'a'일 경우 13번 핀에 연결된 LED를 켜고, 반대로 's'일 경우에는 끈다.

이제 라즈베리 파이를 연결할 때 사용할 시리얼 포트를 결정한다. 아두이노를 개발 환경이 설치된 컴퓨터와 연결한 것처럼, USB 케이블을 이용하여 아두이노와 라즈베리 파이를 연결한다. 케이블을 연결한 다음 터미널에서 dmesg 명령을 실행하면, 화면에 표시되는 결과의 마지막 줄에 아두이노가 시리얼 포트 ttyACM0(파일 이름은 /dev/ttyACM0)에 연결되었음을 확인할 수 있다.

```
[ 5307.783795] usb 1-1.4: New USB device strings: Mfr=1, Product=2, SerialNumber=220
[ 5307.783813] usb 1-1.4: Manufacturer: Arduino (www.arduino.cc)
[ 5307.783830] usb 1-1.4: SerialNumber: 74937303936351014261
[ 5307.826464] cdc_acm 1-1.4:1.0: ttyACM0: USB ACM device
```

/dev/ttyACM0가 아닌 다른 포트에 연결됐다면, 예제 18-4에 나온 코드에서 파일 이름을 실제 값으로 수정한다.

[예제 18-4] (라즈베리 파이에서) 시리얼 포트를 통해 LED를 켜고 끄는 코드

```
import serial
port = "/dev/ttyACM0"
Arduino = serial.Serial(port, 9600)
Arduino.flushInput()

while True:
```

```
str = raw_input(">:")
if (str == "q"):
    break
print str
Arduino.write(str)
```

이제 라즈베리 파이로 가서 파이썬으로 키보드에서 입력한 값을 읽어서 아두이노로 보내는 프로그램을 작성한다. 이렇게 보낸 값에 따라 LED의 제어 방법을 결정할 것이다. 라즈베리 파이에서 시리얼 포트를 사용하려면, 먼저 아두이노의 Serial 라이브러리에 해당하는 시리얼 모듈을 불러와야 한다. 그리고 시리얼에서 불러온 값을 Arduino라는 변수에 저장한다(Arduino = serial.Serial(port, 9600)). 시리얼 포트를 사용하기 전에 먼저 flushInput 함수로 큐^{queue}를 비운다. 이상한 값이 남아 있을 수도 있기 때문이다. while 루프를 통해 [Q]를 누를 때까지 계속 반복한다. 키보드로 누른 값을 읽으려면, raw_input 함수를 사용한다. 이 함수를 이용하여 문자열을 읽을 때마다 화면에 표시한 뒤, Arduino.write(str)를 통해 아두이노로 보낸다. 예제 18-4는 파이썬으로 작성한 전체 코드를 보여 주고 있다. 앞에서 파이썬 예제를 작성할 때와 마찬가지로, 이 코드를 파일에 저장한 뒤에 python 명령으로 실행한다(예. 파일 이름이 x.py라면 python x.py). 이 코드에서는 GPIO 핀에 접근하지 않기 때문에 sudo로 실행하지 않아도 된다.

시리얼 모듈이 제대로 설치되지 않으면 정상적으로 작동하지 않을 수도 있다. 이를 확인하려면 터미널 창을 띄우고, 파이썬 인터프리터에서 다음과 같이 입력한다.

```
import serial
```

에러가 뜨면 모듈이 제대로 설치되지 않은 것이다. 모듈을 설치하려면 라즈베리 파이 터미널로 가서 다음과 같이 명령을 실행한다.

```
$ sudo apt-get install python-serial python3-serial
```

이 장을 마치기 전에 다음 예제도 시도해 보자.

- 부등호 키(〈와 〉)로 아두이노에 달린 LED가 깜박이는 속도를 높이거나 낮추도록, 앞에서 작성한 라즈베리 파이와 아두이노 코드를 수정해 보자.

## 19

프로세싱

지금까지 여러 장에 걸쳐 하드웨어에 대해 집중적으로 살펴봤다. 이번 장에서는 프로세싱이라는 소프트웨어에 대해 살펴볼 것이다.

프로세싱은 이미지나 애니메이션, 인터랙션 등을 굉장히 쉽게 제작하게 해 주는 오픈소스 프로그래밍 환경이다. 처음에는 교육용 도구로 개발됐지만, 현재는 학생뿐만 아니라 연구원, 예술가, 취미 공학자, 디자이너, 전문직 종사자를 비롯한 다양한 사람들이 프로세싱을 사용하고 있다. 프로세싱 개발 환경은 아두이노 개발 환경(통합 개발 환경)과 굉장히 비슷하다. 아두이노 IDE가 프로세싱에서 파생된 것이기 때문이다. 따라서 개발 환경을 구성하는 버튼과 메뉴에 대한 설명은 생략한다. 그러나 개발 환경과 달리 프로세싱에서 사용하는 언어는 객체 지향 프로그래밍Object-Oriented Programming, OOP에 기반을 두고 있다는 점에서 아두이노와 좀 다르다. 이 장에서는 직접 예제를 작성함으로써 프로세싱과 객체 지향 프로그래밍의 기초를 다져 본다.

첫 번째 스케치

이두이노와 마찬가지로 프로세싱 프로그램도 잠시 사용하기 위한 용도로 작성하기 때문에 스케치sketch라 부른다. 가장 간단한 형태의 스케치는 아무 일도 하지 않고, 단순히 디스플레이display라 부르는 창 하나만 새로 띄우는 프로그램이다. 프로세싱은 https://processing.org/download/에서 다운로드할 수 있으며, 이 웹사이트에 나온 설명에 따라 설치하면 된다. 프로세싱을 구동하면, 빈 스케치 하나가 나타난다. 여기서 메인 창의 좌측 상단에 있는 〈Run〉 아이콘을 클릭해 보자(그림 19-1).

그림 19-1 디스플레이 창 하나만 띄우는 빈 스케치

이제 여기에 "Hello World!"라는 글자가 프로세싱 IDE의 하단에 있는 콘솔에 표시되게끔 코드를 작성해 보자(그림 19-2).

```
print("Hello World!");
```

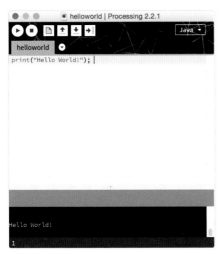

그림 19-2 **프로세싱 콘솔에 인사말을 출력하는 모습**

디스플레이에 몇 가지 작업을 추가하면 Hello World를 좀 더 멋지게 표시할 수 있다. 작성 방법은 좀 복잡해 보이지만, 크게 어렵지 않다.

```
fill(0);
text("Hello World!", 20, 20);
```

fill 함수는 글자를 쓸 때 적용할 색상을 지정해 준다. 여기에서는 검은색을 가리키는 값인 0으로 지정했다. text 함수는 첫 번째 매개변수로 지정한 인용 부호로 묶인 글자를, 두 번째와 세 번째 매개변수로 지정한 위치에 표시해 준다. 디스플레이 창 안의 위치는 그림 19-3에서 보는 것처럼 우리가 중고등학교 시절에 배운 데카르트 평면Cartesian plane 위의 x와 y 좌표로 표현한다.

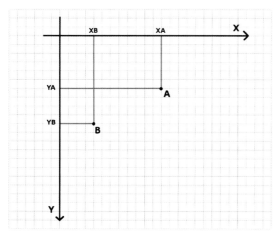

그림 19-3 *프로세싱에서 사용하는 좌표계*

그림 19-3을 보면 우리가 수학책에서 흔히 보던 것과 달리, y축이 아래쪽을 향하고 있다. 처음엔 어색할 수도 있지만, 금방 익숙해질 것이다. 여기에 z축을 추가해서 3D 좌표를 표현할 수도 있다. 그럼 앞에서 작성한 스케치를 실행해 보자(그림 19-4).

그림 19-4 *화면에 "Hello World!" 표시하기*

프로세싱은 주로 시각적인 효과를 표현하는 데 활용되는 소프트웨어이므로, 이번에는 선을 하나 그어 보자. 방법은 굉장히 간단하다. 다음을 입력한다.

```
line(0, 0, 50, 50);
```

첫 번째와 두 번째 매개변수는 첫 번째 점의 좌표를 나타내고, 세 번째와 네 번째 매개변수는 두 번째 점의 좌표를 표현한 것이다. 이를 실행하면 그림 19-5와 같이 표시된다.

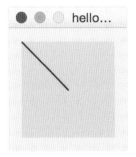

그림 19-5 선 그리기

프로세싱에서 제공하는 모든 함수에 대한 자세한 설명을 보고 싶다면 메뉴에서 [Help]→[Reference]를 선택한다. 그러면 브라우저 창이 하나 뜨면서 상세한 매뉴얼이 나타날 것이다. 앞 장에서 배운 내용을 토대로 여기에 나온 정보를 참고하면 원하는 기능을 구현하는 데 큰 어려움은 없을 것이다.

이번에는 루프를 사용하여 좀 더 복잡한 프로그램을 작성해 보자. 일련의 명령을 중복해서 여러 번 작성하지 않고, 원하는 횟수만큼 반복해서 수행하는 방법에 대해 앞에서 배운 적이 있다. 이러한 기능을 이용하여 미술 시간에 드로잉 연습할 때 지겹게 그렸던 패턴을 프로세싱으로 표현해 보자(그림 19-6).

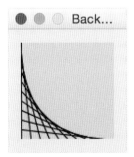

그림 19-6 미술 시간의 추억을 떠올리며

얼핏 보면 상당히 복잡하게 보이지만, 구조는 굉장히 단순하다. 먼저 알고리즘부터 설계해 보자(알고리즘이란 우리가 실행하려는 명령어들을 나열한 것이다). 우리가 하려는 작업은 두 개의 점을 연결하는 것이다. 첫 번째 점은 (0, 0) 좌표에서 시작해서 y축을 따라 이동한다. 두 번째 점은 (0, height)에서 출발하여 x축과 나란히 이동한다. 여기서 height는 디스플레이 창의 높이를 가리키며, width는 창의 폭을 의미한다.

두 개의 점을 좌표로 표현하기 위해 네 개의 변수를 사용한다. 루프의 첫 번째 부분은 다음과 같이 구성한다.

```
int x1 = 0, y1 = 0, x2 = 0, y2 = height;
```

여기서 y2 변수의 값을 숫자가 아닌 height란 단어로 지정했다. 프로세싱에는 시스템 변수 system variable라는 특수한 매개변수가 정의되어 있다. 프로세싱은 이러한 변수를 통해 내부 상태를 알려 준다. 여기에서 사용한 height는 기본 창의 높이를 픽셀 단위로 표현한 값을 담고 있다. 그런 다음, 첫 번째 점을 아래로 이동시키고, 두 번째 점은 오른쪽으로 이동시킨다.

```
x2 = x2 + 10, y1 = y1 + 10;
```

두 번째 점이 디스플레이 창의 오른쪽 끝에 닿을 때까지(또는 첫 번째 점이 바닥에 닿을 때까지) 계속 반복한다. 루프의 종료 조건은 다음과 같이 지정한다.

```
x2 < width
```

조건문을 보면 x2와 width라는 또 다른 값을 비교하고 있다. 이 값도 height와 같은 시스템 변수로서, 디스플레이의 기본 폭을 픽셀 단위로 저장하고 있다. 이제 두 점을 잇는 선을 그려보자.

```
line(x1, y1, x2, y2);
```

x1과 y2는 값이 변하지 않으므로, 다음과 같이 작성할 수 있다.

```
int x1 = 0;
int y2 = height;
for (int y1 = 0, x2 = 0;
    x2 < width;
    x2 = x2 + 10, y1 = y1 + 10)
{
  line(x1, y1, x2, y2);
}
```

이 코드를 프로세싱으로 작성해서 실행시키면 결과가 어떻게 나오는지 확인해 보자. x와 y 값을 동시에 변경하기 때문에, for 루프가 좀 복잡하게 표현됐다.

움직이게 만들기

아직 제한적이긴 하지만, 몇 줄의 코드를 더 추가하는 것으로 좀 더 그럴 듯한 그림을 그릴 수 있게 됐다. 이번에는 이렇게 그린 그림을 움직이게 만들어 보자. 이를 위해 원 하나를 그리고, 화면 앞 뒤로 움직여 볼 것이다. 문제를 작은 단위로 나눠 보자. 먼저 원 하나를 그린 다음, 이 원을 오른쪽으로 움직이도록 만들고 이것을 다시 왼쪽으로 옮길 것이다. 이를 위해 다음 명령으로 디스플레이의 크기를 좀 더 키워 보자.

```
size(500, 200);
```

이제 디스플레이의 수직선을 기준으로 가운데 지점에 원을 하나 그려 보자. 원을 그리기 위해 ellipse 명령을 사용하며, 매개변수로 가운데 지점의 좌표와 두 축의 크기를 지정한다.

```
ellipse(0, height/2, 50, 50);
```

그런 다음, 중심이 가장자리에 닿을 때까지 오른쪽으로 이동한다. 이 부분은 draw 블록 안에서 간단한 loop문으로 처리할 수 있다. 프로세싱에서 새로운 스케치를 열고 아래에 나온 코드를 입력한다.

```
size(500, 200);
for (int x = 0; x < width; x++)
{
  ellipse(x, height/2, 50, 50);
}
```

스케치를 실행시켜 보면 의도와는 달리, 여러 개의 곡선이 화면의 왼쪽부터 오른쪽까지 펼쳐져 있을 것이고, 오른쪽 끝은 반원 모양이 디스플레이의 가장자리를 잘라 먹은 듯한 결과가 나타나 있을 것이다(그림 19-7).

그림 19-7 *애니메이션이 사라진 모습*

이번에는 원을 그리기 전에 화면을 먼저 지워 보자.

```
size(500, 200);
for (int x = 0; x < width; x++)
{
  background(220);
  ellipse(x, height/2, 50, 50);
}
```

background 명령을 실행하면 화면 전체를 매개변수로 지정한 색상으로 채운다. 예제에서는 옅은 회색으로 지정했다(그림 19-8). 다양한 색상을 지정하는 방법에 대해서는 이 장의 끝에서 자세히 소개할 예정이니 지금은 넘어가자. 더 이상 이상한 선들이 나타나지 않을 것이다. 눈치 빠른 독자는 이 선들이 이전 예제에서 그린 원의 잔상임을 알 수 있을 것이다. 그렇다면 움직이는 효과는 아직 보이지 않는 것일까?

그림 19-8 *이전 보다 나아졌지만 아직 원이 움직이지 않는다.*

원이 움직이지 않는 이유는 루프문이 너무 빨리 실행되기 때문에 사람의 눈에는 그대로 있는 것처럼 보이기 때문이다. 아두이노와 마찬가지로 프로세싱의 스케치도 두 개의 블록으로 구성된다. 하나는 setup이라는 블록이고, 다른 하나는 반복적으로 실행되는 draw라는 블록이다. 아두이노에서는 draw 대신 loop라고 표현했다. 그렇다면 왜 draw라고 표현했을까? 단지 차이점을 주기 위한 것이 아니다. 프로세싱은 원래 특정한 장치에서 시각적인 효과를 표현하기 위한 언어로서 코드에서 표현하는 대상이 모두 그림이기 때문이다. 단, 프로세싱에서는 아두이노와 달리 setup과 draw 블록을 반드시 사용하지 않아도 된다.

디스플레이의 크기와 배경에 사용할 색상, 명령을 수행하는 속도 등을 모두 지정할 수 있으며, 이러한 설정 사항은 setup 블록에서 지정한다.

애니메이션 효과를 표현하려면, draw 메소드가※ 실행될 때마다 한 번만 그려야 한다. 스케치를 새로 생성해서, 변수 x가 매번 새로 설정되지 않도록 draw 블록 밖에 선언하고, setup 메소드에서 디스플레이의 크기를 선언한다. 그리고 for 루프 대신 draw 메소드에서 x값을 증가시키도록 다음과 같이 작성한다.

```
int x = 0;
void setup()
{
  size(500, 200);
}
void draw()
{
  background(220);
  ellipse(x, height/2, 50, 50);
  x++;
}
```

이제 애니메이션 효과가 제대로 나타날 것이다(그림 19-9).

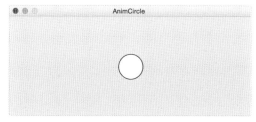

그림 19-9 원이 움직이긴 했다.

※ 역자주_ 함수의 또 다른 표현

원이 왔던 길을 다시 돌아가게 하려면 어떻게 해야 할까? 원을 오른쪽으로 움직이려면 x값을 일정하게 증가시키면 된다. 반대로 왼쪽으로 움직이려면 x값을 똑같이 감소시키면 된다. 그렇다면 어느 방향으로 가는지는 어떻게 알 수 있을까? 또 방향을 바꿔야 하는 시점과 x값을 어떻게 바꿔야 하는 지는 어떻게 알 수 있을까?

먼저 방향을 나타내는 변수를 하나 선언한다. 이 변수의 이름을 pitch라고 짓고, x처럼 draw와 setup 함수 밖에 선언한다.

```
int pitch = 1;
```

이 값은 다음과 같이 증가한다.

```
x = x + pitch;
```

방향을 바꿔야 할 지점(pitch 변수의 부호를 바꿔야 할 지점)은 창의 가장자리로 정한다.

```
if (x == 0 || x == width)
{
  // 방향을 바꾼다.
}
```

파이프 기호 두 개를 연달아 쓴 것(||)은 불리언 연산자인 or를 의미한다. 따라서 첫 번째 조건 (x == 0)이나 두 번째 조건(x == width)이 참이면 연산의 결과는 true가 된다. 두 조건 중 어느 하나만 참이면 전체 조건문이 참이 된다. 그리고 이 조건이 만족하면 pitch 변수의 부호를 변경해서 원이 반대 방향으로 움직이게 한다.

```
if (x == 0 || x == width)
{
  pitch = -pitch;
}
```

전체 스케치 코드는 예제 19-1과 같다.

```
int x = 0;
int pitch = 1;
void setup()
{
  size(500, 200);
}
void draw()
{
  background(220);
  ellipse(x, height/2, 50, 50);
  x = x + pitch;
  if (x == 0 || x == width)
  {
    pitch = - pitch;
  }
}
```

연습 삼아 원이 이동하는 속도를 변경하도록 수정해보자. 그리 어렵지 않을 것이다.

원의 개수 늘리기

이번에는 원의 개수를 늘려서 각 원의 색상과 이동 속도를 따로 지정해 보자. 이제 문제가 좀 복잡해질 것이다. 각각의 원마다 중심을 표현하기 위한 좌표 두 개, 원의 높이와 폭을 지정하는 변수 두 개(원은 높이와 폭이 서로 같지만, 타원을 그리는 ellipse 함수로 원을 표현하므로 두 개의 매개변수로 지정해야 한다), 그리고 속도와 색상을 표현하는 변수를 하나씩 정의해야 한다. 따라서 원 하나에 변수가 여섯 개나 필요하다. 이 말은 원을 10개 그리면, 60개의 변수를 다뤄야 한다는 뜻이다.

이렇게 많은 변수를 다룰 때는 배열array을 활용하는 것이 좋다. 배열은 같은 종류의 항목을 여러 개 담을 수 있는 자료 구조다. 마치 서랍장과 같은 구조다. 첫 번째 서랍이 있으면 그 아래에 두 번째 서랍도 있어서, 서랍장에 있는 서랍의 개수만큼 항목을 담을 수 있다. 서랍의 위치는 숫자로 표현하는데, 이를 인덱스index라 부른다. 흔히 컴퓨터에서 수를 셀 때 0부터 시작하듯이, 배열의 첫 번째 항목도 1이 아닌 0으로 표시한다.

이렇게 여러 개의 데이터를 담는 배열은 하나의 변수로 표현하며, 이 변수가 배열이 된다. 따라서 예제를 위해 원의 중심을 표현하는 x 좌표를 담을 배열 하나와, y 좌표를 담을 배열 하나, 그리고 각 원의 이동 속도를 담을 배열 하나 등이 필요하다. 서랍장과 마찬가지로 배열에 담을 수 있는 항목의 수는 배열을 만들기 전에 미리 결정해야 한다. 따라서 원을 10개 만들 경우, 다음과 같이 배열을 선언할 수 있다.

```
int numOfCircles = 10;
int[] x = new int[numOfCircles];
int[] y = new int[numOfCircles];
int[] dim = new int[numOfCircles];
int[] colour = new int[numOfCircles];
int[] pitch = new int[numOfCircles];
```

Colour VS. Color

Colour vs. Color

앞의 코드에서 원의 색상을 표현하는 변수의 이름을 영국식 철자인 colour로 표현한 것을 눈치챘을 것이다. 코드를 영국 사람이 작성했기 때문에 이렇게 적은 것은 아니다. color라는 단어는 프로세싱에서 시스템 변수로 따로 사용하고 있기 때문에, 우리가 마음대로 변수 이름으로 사용할 수 없다. 프로세싱 IDE에서 color라는 단어를 입력해 보면, 다른 단어와 색상이 다르게 표시되어 특별한 용도로 쓰이는 단어라는 것을 확인할 수 있다. 따라서 변수의 이름을 이와 좀 다르게 colour라고 정의하면 시스템 변수와 충돌하는 것을 피할 수도 있고, 변수가 담은 항목의 의미도 드러낼 수 있다.

변수를 생성하려면 각각의 서랍에 어떤 종류의 데이터를 담을 지부터 지정해야 한다. 그 뒤에 꺾쇠괄호 [ ]를 붙이고, 그다음에 배열의 이름을 적고, 등호 오른쪽에 배열의 길이를 명시한다. 그리고 앞에서 본 변수와 달리 값이 오브젝트인 변수이기 때문에 new라는 키워드를 사용해야 한다.

원의 중심은 x축의 0에서 시작하도록 지정하고, y축의 값은 화면 높이의 중간 값으로 지정한다. 다음을 참조한다.

```
int distance = height / numOfCircles;
int temp = distance / 2;
for (int i = 0; i < numOfCircles; i++)
{
  y[i] = temp;
  temp = temp + distance;
}
```

각 원의 색상과 크기를 임의로 지정하는 것은 random 함수로 결정한다. 정확히 말하면 이 함수는 난수처럼 보이는 의사 난수pseudorandom다. 값을 알고리즘으로 생성했기 때문이다. 이 함수는 두 개의 매개변수를 받아서 그 사이에 속한 값을 부동소수점인 float값으로 리턴한다. 이 값을 int라는 키워드를 사용하여 정수값으로 변환한다.

```
dim[i] = int(random(5, 2.5 * distance));
```

색상을 표현하는 배열도 이와 비슷하게 정의하면 된다. 색상은 앞에서 만든 예제처럼 회색 계열을 그대로 사용한다.

```
colour[i] = int(random(255));
```

마지막으로 방향을 나타내는 pitch도 다음과 같이 정의한다.

```
pitch[i] = int(random(1, 15));
```

이번에는 pitch 변수의 값이 1이나 −1과 같은 고정된 값을 사용하지 않기 때문에, 어떤 원은 가장 자리에 닿기 전에 방향을 바꿀 수도 있다. 원의 크기는 작은데 pitch의 값이 크다면 방향을 바꾸기 전에 왼쪽이나 오른쪽 가장자리 너머로 사라져 버릴 수도 있다.

```
if (x[i] > width || x[i] < 0)
{
  pitch[i] = - pitch[i];
}
```

이번 예제의 전체 코드는 예제 19-2에서 볼 수 있다. 이 코드를 실행한 결과는 그림 19-10과 같다.

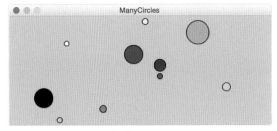

그림 19-10 *여러 개의 움직이는 원*

[예제 19-2] 여러 개의 원이 움직이는 예제

```
int numberOfCircles = 10;
int[] x = new int[numberOfCircles];
int[] y = new int[numberOfCircles];
int[] dim = new int[numberOfCircles];
int[] colour = new int[numberOfCircles];
int[] pitch = new int[numberOfCircles];

void setup()
{
  size(500, 200);
  int distance = height / numberOfCircles;
  int temp = distance / 2;
  for (int i = 0; i < numberOfCircles; i++)
  {
    y[i] = temp;
    temp = temp + distance;
    dim[i] = int(random(5, 2.5 * distance));
    colour[i] = int(random(255));
    pitch[i] = int(random(1, 15));
  }
}

void draw()
{
  background(200);
  for (int i = 0; i < numberOfCircles; i++)
  {
    x[i] = x[i] + pitch[i];
    fill(colour[i]);
    ellipse(x[i], y[i], dim[i], dim[i]);
    if (x[i] > width || x[i] < 0) {
      pitch[i] = - pitch[i];
    }
  }
}
```

원의 색상을 그림 19-11처럼 다양하게 표현하려면 어떻게 해야 할까? 앞에서 설명한 바와 같이 프로세싱에서는 colour라는 시스템 변수를 제공하는데, 이를 통해 RGB(빨강, 초록, 파랑)에 해당하는 세 가지 요소를 조합하여 지정하면 된다. 앞에서 작성한 스케치에서 색상을 표현한 배열을 다음과 같이 바꿔 보자.

```
color[] colour = new color[numberOfCircles];
```

그리고 이 값을 난수로 초기화한다. setup 함수에서 color[i]를 정의한 부분을 다음과 같이 수정하면 그림 19-11과 같은 결과를 얻을 수 있다.

```
colour[i] = color(int(random(255)), int(random(255)), int(random(255)));
```

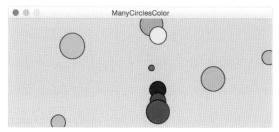

그림 19-11 *모든 원을 한 번에 색칠할 수 있다.*

생각보다 쉽게 처리할 수 있다. 배열을 이용하여 10개의 원의 색상을 한 번에 지정할 수 있었다. 스케치에서 한 줄만 바꾸면 원의 개수도 얼마든지 원하는 만큼 늘일 수 있다.

응용하기

이제 기초를 어느 정도 다졌으니, 본격적으로 컴퓨터와의 상호작용이 가능한 프로그램을 만들 수 있게 됐다. 프로세싱을 이용하면 마우스의 위치와 클릭, 키보드 입력 등과 같은 다양한 이벤트에 반응하는 기능을 만들 수 있다. 구체적인 예를 살펴보기 위해, 마우스 클릭하는 지점에 점이 찍히는 프로그램을 만들어 보자. 마우스 포인터의 위치는 mouseX와 mouseY라는 시스템 변수를 통해 알아낼 수 있다. 마우스 버튼을 누르는 시점은 값을 true 또는 false로 갖는

mousePressed 변수를 통해 알아낼 수 있다. 이 과정을 스케치로 표현하는 것은 아주 간단하다. draw 블록에 다음과 같이 작성하기만 하면 된다.

```
void draw()
{
  if (mousePressed)
  {
    point(mouseX, mouseY);
  }
}
```

부연 설명 없이도 쉽게 이해할 수 있을 것이다. draw 블록의 첫 부분에 다음과 같이 점의 크기를 키우는 코드를 작성한다.

```
strokeWeight(10);
```

매개변수의 값을 증가시키면 점의 크기를 키울 수 있다는 것을 쉽게 예상할 수 있을 것이다. 아니면 strokeWeight 함수를 setup 블록에 작성해도 된다.

키보드를 이용하여 프로세싱 코드에 정보를 전달할 수도 있다. 키를 누를 때마다 이벤트가 발생하는데, 프로세싱에서는 keyPressed 메소드를 통해 키보드를 누른 이벤트가 발생한 것을 알수 있다.

keyPressed 메소드 안에서는 key라는 시스템 변수를 통해 어느 키가 눌렸는지도 알 수 있다. 예를 들어 키보드를 누를 때마다 콘솔에 눌린 키의 종류를 표시하려면, 다음과 같이 간단히 작성하면 된다. keyPressed 이벤트를 처리하려면, 특별히 처리할 작업이 없더라도 무조건 draw 함수를 적어줘야 한다.

```
void keyPressed()
{
  print(key);
}

void draw() {
}
```

객체 지향 프로그래밍

만화에서는 무생물이 사람과 대화하거나 사람처럼 행동하는 경우가 많다. 이러한 상상 속의 세상에서는 다음과 같이 개와 집이 서로 대화하는 것을 들을 수도 있다.

개: 집아, 왜 그렇게 슬퍼하니?

집: 오늘 같이 더운 날, 내 몸이 어두운 색으로 칠해져 있어서 너무 힘들어.

개: 그럼 흰색으로 칠해!

집: 좋은 생각인데!

프로세싱에 대해 설명하다가 갑자기 이런 대화를 소개하는 이유가 궁금할 것이다. 이 대화에는 객체 지향 프로그래밍의 본질이 담겨 있다. 대화를 가만히 들여다 보자. "페인트 붓을 들고, 흰색 페인트 통에 담그고 벽에 칠한 뒤, 마를 때까지 잠시 기다린 후 이 과정을 세 번 반복한다"와 같은 식으로 구체적으로 무엇을 하라고 지시하지 않는다. 그저 "흰색으로 칠해"라고 말하며 상대에게 무언가를 하라는 책임만 줄 뿐, 구체적인 방법은 알아서 처리하게 하고 있다. 이것이 바로 객체 지향 프로그래밍이 본질이다.

구체적인 예를 통해 살펴보자. 빗방울이 표면에 떨어지면서 생기는 원이 조금씩 커지다가 사라지는 효과를 표현해 볼 것이다. 코드는 예제 19-3과 같다.

[예제 19-3] 빗방울이 떨어지는 모습

```
int bg_color = 200;
int x;
int y;
int rayMinimum = 10;
int rayMaximum = 100;
int ray = 10;
int initialColor = 100;
int colour = initialColor;

void setup() {
  size(200, 200);
  x = width/2;
```

```
    y = height/2;
    fill(bg_color);
  }

void draw() {
  background(bg_color);
  stroke(colour);
  ellipse(x, y, ray, ray);
  ray = ray + 1;
  colour = colour + 1;
  if (ray > rayMaximum) {
    ray = rayMinimum;
    colour = initialColor;
  }
}
```

이 코드만 보면 이전 예제와 다른 것이 없다. 이제 빗방울이 떨어지는 부분을 추가해 보자. 이때 코드는 만화에서 사물을 의인화하는 스타일로 작성한다.

```
void draw() {
  background(bg_color);
  drop.update();
  drop.draw();
}
```

코드를 보면 굉장히 간결하고 이해하기 쉽게 표현한 것을 볼 수 있다. 단순히 빗방울이 떨어지면 업데이트하고 그림을 다시 그리도록 지시하기만 했다.

클래스와 오브젝트

우선 빗방울부터 만든 다음, 위의 코드에서 적절한 곳에 추가해야 한다.

빗방울은 일종의 오브젝트로서, update나 draw와 같은 여러 가지 연산, 그리고 위치나 속도, 크기, 색상 등을 표현하는 속성을 통해 정의한다. 그리고 연산을 통해 변경된 속성은 계속 유지한다. 빗방울의 움직임은 모두 일정하다고 가정할 수 있다(적어도 객체 지향 프로그래밍에서는 이 원칙이 적용된다). 따라서 빗방울의 속성과 움직임을 표현한 하나의 설계도만으로 모든 빗방울을 정의할 수 있다. 이렇게 설계도 역할을 하는 것을 클래스[class]라 부른다. 이 예제에서는 클래스 이름을 Drop이라 정하고, 각각의 빗방울을 Drop 클래스의 인스턴스[instance]라 부르도록 하겠다.

본격적으로 코드를 작성하기 전에, 일단 스케치를 DropTest라는 이름으로 저장한다. 새로운 클래스를 추가하기 위해 IDE에서 현재 탭의 오른쪽에 있는 화살표 버튼을 클릭한 뒤, [New Tab] 메뉴를 클릭한다(그림 19-12). 그러면 IDE에서 파일의 이름을 물어 보는데, 그림 19-13처럼 Drop이라고 입력한다. 그런 다음 〈OK〉를 클릭하면 파일이 생성된다.

그림 19-12 프로젝트에 새 파일 추가하기

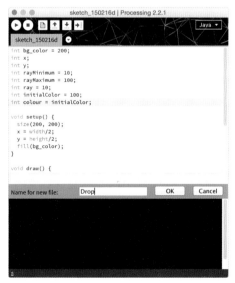

그림 19-13 생성할 파일의 이름 지정하기

이제 파일을 만들었으니, 여기에 클래스를 정의하는 코드를 다음과 같이 작성한다. 클래스를 선언하는 부분을 제외한 모든 코드는 Drop 뒤에 나온 중괄호 { } 안에 적는다.

```
class Drop {
}
```

Drop 클래스 안에 다음과 같은 정보를 추가한다(그림 19-14).

```
int x;
int y;
int rayMinimum = 10;
int rayMaximum = 100;
int ray = 10;
int initialColor = 100;
int colour = initialColor;
```

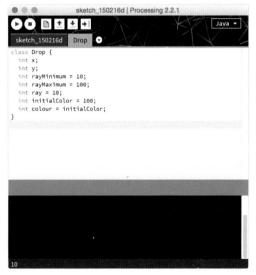

그림 19-14 Drop 클래스의 새 집

오브젝트 만들기

빗방울을 새로 만들려면 빗방울의 중심의 위치와 최소 반경(ray 변수의 값), 최대 반경, 색상의 초기값 등을 결정해야 한다. 오브젝트를 생성하려면 생성자constructor라는 특수한 메소드를 호출해야 한다. 참고로, 프로세싱이나 C++과 유사한 언어에서 생성자의 이름은 항상 클래스 이름과 같다. 오브젝트의 초기값은 보통 생성자의 매개변수를 통해 지정한다.

```
Drop(int x, int y, int rMin, int rMax, int col){
  this.x = x;
  this.y = y;
  this.rayMinimum = rMin;
  this.rayMaximum = rMax;
  this.ray = rMin;
  this.initialColor = col;
  this.colour = col;
}
```

여기에서 this라는 단어는 오브젝트 자신을 가리킨다. 따라서 this.rayMinimum = rMin;라는 문장은 "현재 작업하고 있는 빗방울 오브젝트에 정의된 rayMinimum 변수의 값에 rMin이라는 매개변수로 전달된 값을 할당한다"라는 의미이다.

구체적인 작동 정의하기

메인 스케치에서는 단순히 빗방울에게 업데이트하고 다시 그리도록 지시하기만 했다. 이제 이러한 작업을 구체적으로 처리하는 두 개의 메소드를 다른 부분에서 잘라낸 코드를 활용하여 구현해 보자.

```
void update(){
  ray = ray + 1;
  colour = colour + 1;
  if (ray > rayMaximum) {
    ray = rayMinimum;
    colour = initialColor;
  }
}

void draw() {
  stroke(colour);
  ellipse(x, y, ray, ray);
}
```

자세히 들여다보면 this라는 키워드를 사용하지 않은 것을 알 수 있다. 대부분 생략해도 되기 때문이기도 하다. 생성자에서 이 키워드를 사용했던 이유는, 매개변수로 전달된 변수(x와 y)가 Drop 클래스에 정의된 속성과 이름이 같기 때문에 서로 구분하기 위해서 this를 붙였다. update와 draw 메소드는 아무 것도 리턴하지 않는다. 그래서 앞 부분에 void라는 키워드를 붙였다. 이제 Drop 클래스가 완성됐다. 예제에서 이 클래스를 사용해 보자.

Drop 클래스 사용하기

다시 메인 스케치로 돌아가서, 빗방울 오브젝트를 생성해 보자. 오브젝트를 생성할 때는 앞에서 본 예제에서 배열을 생성할 때처럼, new라는 커맨드 뒤에 생성할 오브젝트 이름과 생성자에 전달할 매개변수를 적어주면 된다. 그리고 스케치의 앞 부분에 다음과 같이 Drop 타입의 drop 이라는 오브젝트를 사용한다고 선언해야 한다.

```
Drop drop;
```

그리고 setup 함수에 다음과 같은 문장을 추가한다.

```
drop = new Drop(width/2, height/2, rayMinimum, rayMaximum, initialColor);
```

이제 다 끝났다. 수정한 스케치를 실행시켜 보자. 결과는 이전과 같지만, 코드는 한결 깔끔하고 관리하기 좋아졌다(예제 19-4).

[예제 19-4] Drop 클래스를 사용하도록 수정한 DropTest 스케치

```
int bg_color = 200;
int rayMinimum = 10;
int rayMaximum = 100;
int ray = 10;
int initialColor = 100;
Drop drop;

void setup() {
  size(200, 200);
  fill(bg_color);
  drop = new Drop(width/2, height/2,
              rayMinimum, rayMaximum,
```

```
                    initialColor);
  }

void draw() {
  background(bg_color);
  drop.update();
  drop.draw();
}
```

[예제 19-5] Drop 클래스

```
class Drop {
  int x;
  int y;
  int rayMinimum = 10;
  int rayMaximum = 100;
  int ray = 10;
  int initialColor = 100;
  int colour = initialColor;

  Drop(int x, int y, int rMin, int rMax, int col) {
    this.x = x;
    this.y = y;
    this.rayMinimum = rMin;
    this.rayMaximum = rMax;
    this.ray = rMin;
    this.initialColor = col;
    this.colour = col;
  }

  void update() {
    ray = ray + 1;
    colour = colour + 1;
    if (ray > rayMaximum) {
      ray = rayMinimum;
      colour = initialColor;
    }
  }

  void draw() {
    stroke(colour);
    ellipse(x, y, ray, ray);
  }
}
```

빗방울 개수 늘리기

빗방울 개수를 늘리려면 어떻게 해야 할까? 예를 들어 마우스를 클릭할 때마다 빗방울이 생성되게 하고 싶을 수도 있다. 그러기 위해서는 메인 스케치에서 모든 빗방울을 관리해야 하는데, 빗방울이 몇 개나 생성될지 미리 알 수 없기 때문에 배열을 사용할 수는 없다. 대신 배열과 비슷하지만, 원소의 개수를 임의로 조절할 수 있는 ArrayList라는 구조체를 사용하면 된다. 빗방울 리스트를 생성하는 부분을 추가하기 위해 DropTest 스케치의 앞부분에 있는 Drop drop; 이라는 문장을 지우고, 대신 다음과 같은 문장을 추가한다.

```
ArrayList<Drop> drops = new ArrayList<Drop>();
```

drops 변수를 정의할 때, 이 변수가 ArrayList 타입이라는 것뿐만 아니라, 리스트에 담길 원소가 Drop 타입의 오브젝트라는 것도 명시했다. ArrayList도 일종의 클래스이므로, 호출할 수 있는 메소드를 제공한다.

우리가 호출할 메소드 중 첫 번째로 add라는 메소드가 있다. 이 메소드를 사용하면 drops.add(drop)과 같이 작성하여 빗방울을 리스트에 추가할 수 있다.

또 다른 메소드로 size가 있다. 이 메소드를 통해 현재 리스트에 담긴 빗방울의 개수를 알아낼 수 있으며, for 루프문에서 모든 빗방울을 화면에 그릴 때 활용할 수 있다. DropTest에 있는 draw 메소드를 다음과 같이 수정해 보자.

```
void draw() {
  background(bg_color);
  for (int i = 0; i < drops.size(); i++){
    Drop drop = drops.get(i);
    drop.update();
    drop.draw();
  }
}
```

ArrayList에서 n 번째에 담긴 오브젝트를 가져오려면, get 메소드의 매개변수에 원하는 원소의 위치를 지정하여 호출하면 된다. 배열의 원소를 참조할 때와 비슷하며 ArrayList도 0번 인덱스로 첫 번째 원소를 가리킨다.

마우스를 클릭할 때마다 원을 추가하려면, 마우스 버튼을 클릭할 때마다 호출되는 mouse Pressed 메소드를 활용한다.

```
void mousePressed(){
  Drop drop = new Drop(mouseX, mouseY,
      rayMinimum, rayMaximum,
      initialColor);
  drops.add(drop);
}
```

setup 메소드를 다음과 같이 수정한다. 더 이상 Drop 오브젝트를 여기서 생성하지 않는다.

```
void setup() {
  size(200, 200);
  fill(bg_color);
}
```

스케치를 구동하고, 마우스를 몇 번 클릭해 보자. 빗방울이 원하는 만큼 생성되는가?

다른 사람이 클래스를 정의해서 이를 사용할 수 있도록 제공하고 있다면, 이를 활용하는 스케치를 쉽게 작성할 수 있다. 구체적으로 어떻게 작성됐는지 모르더라도, 그 클래스의 사용법만 알면 얼마든지 사용할 수 있기 때문이다. 이는 마치 식당에 가서 음식을 주문하는 것과 비슷하다. 원하는 요리를 직접 만들 수는 없지만, 웨이터(Waiter의 인스턴스)에게 원하는 요리를 주문한 뒤, 맛있게 먹기만 하면 된다. 웨이터도 요리를 직접 만들지 않고, 주방장(Chef 타입의 cook 오브젝트)에게 주문 받은 요리를 만들도록 전달한다. 따라서 손님은 웨이터에게 원하는 요리를 주문하기만 하면, 즉시 먹을 수 있는 형태로 만들어서 테이블로 가져다 준다는 사실만 알고 있으면 된다. 마찬가지로 굉장히 복잡한 시스템도 작고 관리하기 쉬운 형태로 구성된 여러 가지 오브젝트가 상호작용하며 작동하는 방식으로 만들 수 있다. 굉장히 복잡하고 긴 스케치를 직접 작성하는 대신, 복잡한 세부 사항은 숨기고 주어진 역할만 충실히 수행하는 여러 가지 오브젝트가 서로 협업하도록 잘 구성하기만 하면 된다. 참 편리한 방식이다.

다시 Drop 클래스 예제로 돌아와서 직접 코드를 수정해 보자. 원이 서로 중첩될 때 특수한 효과를 주기 위해 일단 원을 비워두도록 코드를 작성한다.

```
void draw(){
  noFill();
  stroke(colour);
  ellipse(x, y, ray, ray);
}
```

마우스를 계속 클릭하다 보면 금세 화면이 꽉 찰 것이다. 따라서 빗방울이 rayMaximum에 지정한 개수를 넘어서면 이후부터 빗방울이 사라지도록 Drop 클래스를 수정해 보자. 실제로 빗방울이 표면에 떨어질 때 나타나는 효과이기도 하다. 그렇다면 어떻게 구현해야 할까? 언제나 그렇듯이 목적을 달성하는 방법은 여러 가지가 있다. 빗방울의 크기가 최대로 커졌다는 것을 어떻게 알아낼 수 있을까? 이를 가장 잘 알고 있는 빗방울에게 물어보면 된다. 그런데 빗방울의 내부 작동 방식을 모르기 때문에 단순히 "최대로 커진 상태니?"라고 물어볼 수는 없다. 이렇게 물어보는 메커니즘이 있다고 어느 정도 예측은 할 수 있지만, 답을 해줄 수 있는 장치가 있는지 장담할 수 없기 때문이다. 이러한 원칙을 정보 은닉information hiding이라고 부르며, 스케치를 작성할 때 이 원칙을 적용하면 코드의 품질을 향상 시킬 수 있다. 이제 빗방울 오브젝트에 불리언 값(true나 false)을 리턴하는 disappear 메소드를 다음과 같이 작성한다.

```
boolean disappear() {
  return ray > rayMaximum;
}
```

빗방울의 크기가 최대값을 넘어가면 다시 줄어들도록 Drop 클래스의 update 메소드를 수정한다.

```
void update(){
  ray = ray + 1;
  colour = colour + 1;
}
```

빗방울의 크기가 최대값에 도달하거나, 알 수 없는 원인으로 인해 빗방울이 보이지 않게 되면, 더 이상 그 빗방울을 가지고 있을 필요가 없다. 이러한 빗방울을 발견하면 drops 리스트에서 제거하도록 draw 메소드를 수정한다. 수정한 코드의 실행 결과는 19-15와 같다.

```
for (int i = 0; i < drops.size(); i++){
  Drop drop = drops.get(i);
  if (drop.disappear()){
    drops.remove(drop);
  } else {
    drop.update();
    drop.draw();
  }
}
```

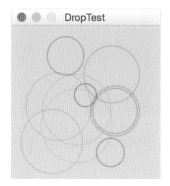

그림 19-15 빗방울 애니메이션이 완성된 모습

프로세싱과 아두이노 연동하기

예술가들은 인터랙티브 설치 미술을 제작하는 과정에서, 주변 환경으로부터 정보를 수집하는 기능을 구현할 때 프로세싱을 활용한다. 우리도 못할 이유가 없다. 이번에는 아두이노와 상호 작용하는 간단한 스케치를 작성해 보자. 통신 채널은 시리얼 포트를 사용하고, 1부터 255까지 의 숫자를 천천히 증가시키다가 다시 감소시키면서 각 숫자를 시리얼 포트로 보내도록 작성한 다. 프로세싱으로 처리할 부분은 전달받은 데이터를 읽고 원하는 용도로 사용하는 것이다. 가 령 이렇게 아두이노로부터 받은 값을 원의 반경으로 지정하여 그릴 수 있다.

라이브러리

파이썬과 마찬가지로, 시리얼 포트로부터 프로세싱으로 데이터를 받아 들이려면 외부 라이브러리를 활용해야 한다. 라이브러리를 사용하려면 먼저 import 명령으로 프로세싱에게 이를 사용한다고 알려야 한다.

```
import processing.serial.*;
```

processing.serial 라이브러리에는 Serial이라는 클래스가 담겨 있는데, 이 클래스는 시리얼 포트를 나타내는 것이다. 이 클래스를 사용하려면 먼저 다음과 같이 선언해야 한다.

```
Serial SerialPort;
```

Serial 타입의 오브젝트를 새로 만들려면, 이를 생성하는 방법을 알아야 한다. 오브젝트에 직접 요청하지 말고, Serial 클래스에게 물어본다.

```
String nameSerial = Serial.list()[0];
```

이렇게 클래스에 대해 호출하는 메소드를 정적 메소드^{static method} 또는 클래스 메소드^{class method}라 부른다. 위 코드에서는 클래스에게 첫 번째 시리얼 포트의 이름을 물어봤다. 아두이노는 보통 첫 번째 시리얼 포트를 사용하기 때문이다.

일반적으로 아두이노는 첫 번째 시리얼 포트를 사용하지만, 항상 그렇지는 않다. 첫 번째 포트에서 아두이노를 찾을 수 없다면, 인덱스를 [1]이나 [2]로 바꿔가면서 찾아야 한다. 그래도 못 찾겠다면 다음과 같은 문장을 프로세싱 스케치에 추가하고 실행시켜서, 프로세싱 콘솔에 나온 시리얼 포트 중에 아두이노 IDE에서 사용하는 것과 동일한 것을 찾는다.

```
println(Serial.list());
```

목록에서 아두이노 포트를 찾았다면, 이 번호에 도달할 때까지 0부터 하나씩 증가시킨다. 이렇게 찾은 숫자를 nameSerial을 정의하는 부분에 0 대신 집어 넣는다.

`Serial` 오브젝트를 생성할 때 `nameSerial`을 이용한다.

```
SerialPort = new Serial(this, nameSerial, 9600);
```

337페이지의 '아두이노와 라즈베리 파이' 절에서 설명한 바와 같이 9600은 해당 시리얼 포트가 데이터를 전송하는 속도를 의미한다. 아두이노 스케치에서 사용하는 포트의 속도와 일치하는지 확인한다. 아두이노로부터 데이터를 모두 전송 받기 전까지 프로세싱이 작동되지 않도록 할 수도 있다. 키보드의 [Enter/Return] 키를 누르기 전까지 아무 일도 하지 않도록 설정하면 된다. 다음과 같이 작성한다.

```
SerialPort.bufferUntil('\n');
```

이렇게 하면 프로세싱은 시리얼 포트로 들어온 모든 데이터를 일시적으로 버퍼buffer(임시 저장소)에 저장한다. [Enter/Return] 키의 입력으로 데이터가 들어오면, 프로세싱은 자동으로 `serialEvent` 메소드를 호출한다. 버퍼에 들어온 값을 읽는 코드는 이 메소드에 작성한다. 이때 [Enter] 또는 [Return] 문자는 제외하고 읽는다.

```
dataRead = SerialPort.readStringUntil('\n');
```

그리고 읽은 문자열에서 공백과 탭 문자를 제거한다.

```
dataRead = trim(dataRead);
```

읽은 값을 사용하기 전에 이를 숫자로 변환해야 한다. 아두이노에서 아날로그 포트로 읽은 값은 0부터 1023 사이다. 원의 반경(ray 변수)은 10에서 100 사이이므로, map 함수를 활용하여 두 값을 서로 연결한다.

```
ray = map(int(dataRead), 0, 255, 10, 100);
```

전체 코드는 예제 19-6에 나와 있다. 이 코드를 작성하여 실행하기 전에, 먼저 그림 16-12처럼 아두이노 회로를 먼저 구성한 다음, 여기에 예제 16-9에 나온 스케치를 올려둬야 한다.

```
import processing.serial.*;

Serial SerialPort;
String dataRead;
float ray = 10;

void setup()
{
  size(200, 200); //캔버스의 크기를 200 x 200 픽셀로 설정한다.
  SerialPort = new Serial(this, Serial.list()[0], 9600);
  SerialPort.bufferUntil('\n');
}

void draw()
{
  background(200);
  ellipse(width/2, height/2, ray, ray);
}

void serialEvent(Serial SerialPort)
{
  dataRead = SerialPort.readStringUntil('\n');
  if (dataRead != null)
  {
    dataRead = trim(dataRead);
    println(dataRead);
  }
  ray = map(int(dataRead), 0, 255, 10, 100);
  println(ray);
}
```

마지막으로 다음과 같은 예제를 만들어 보는 것으로 이 장을 마무리한다.

- 원의 중심이 아닌 원의 끝부분이 디스플레이의 가장자리에 닿을 때 튕겨 나가도록 예제 19–2의 코드를 수정해 보자.

- 마우스를 클릭할 때마다 마우스 포인터의 현재 위치와 가장 최근에 원이 생성된 지점을 잇는 스케치를 작성해 보자. 처음 클릭할 때는 임의로 점을 하나 만들어야 한다. 점의 두께와 색상, 선의 굵기는 난수로 지정한다 (프로세싱의 stroke 함수 참조). 20번 클릭하면 화면을 다 지운다.

- 마우스 클릭으로 생성한 빗방울 주변의 임의의 지점에 새로운 빗방울을 생성하도록 DropTest의 마지막 버전을 수정한다.

## 20

사물 인터넷(IoT)

지금까지 사물을 제작하는 데 필요한 여러 가지 도구와 기술에 대해 살펴봤다. 물리적인 형체를 가진 대상을 만드는 데 필요한 3D 프린팅과 같은 적층 가공 기술뿐만 아니라 레이저 절단기와 같은 절삭 가공 기술도 살펴보고, 이렇게 제작한 물체를 컴퓨터와 프로그래밍 언어를 통해 상호 작용하도록 만드는 방법도 배웠다. 그렇다면 이러한 기술을 토대로 또 무엇을 해 볼 수 있을까?

피지컬 컴퓨팅

피지컬 컴퓨팅Physical Computing이란 물리적인 환경과 상호 작용하는 시스템을 만드는 분야로서, 소프트웨어나 하드웨어를 통해 주변 환경에서 일어나는 일을 인지하고 반응하도록 구성한다. 이 분야를 연구하는 이들은 사람과 사물이 최대한 자연스럽고 간결하게 상호 작용할 수 있도록, 가장 먼저 사람과 시스템의 관계부터 탐구하기 시작했다.

MIT의 CBACenter for Bits and Atoms 연구소장인 닐 거센필드 교수는 "신발 속에 컴퓨터 넣기"라는 표현을 사용한 바 있다. 이는 사물에 사용된 기술적인 복잡도를 최대한 숨기는 방식으로 사물을 디자인하는 것을 의미한다. 피지컬 컴퓨팅 프로젝트는 결국 디자인의 영역이라고도 볼 수 있다. 따라서 시스템과 상호작용하게 될 사람을 가장 먼저 고려해야 한다.

최근 몇 년 동안 등장한 아두이노와 같은 개발 보드 형태의 플랫폼 덕분에 모터와 서보, 네트워크 메시지를 비롯한 다양한 형태의 신호를 이용하여 거의 모든 형태의 외부 자극을 인지할 수 있게 되었으며, 주변 환경과 상호작용하는 프로토타입을 손쉽게 개발할 수 있게 됐다.

지금까지는 피지컬 컴퓨팅이란 분야가 새로운 주제를 개척하는 연구자들만의 전유물이었지만, 이제는 기업들의 관심도 끌게 되어 잠재적인 응용 분야를 열심히 찾게 됐다.

새로운 세상의 도래

지금까지 이 책을 통해 사물에 조그만 컴퓨터를 장착하여 사용자나 다른 사물과 상호작용하는 방법에 살펴봤다. 이러한 상호작용 메커니즘을 인터넷으로 확장한 것이 바로 사물 인터넷이다. 사물 인터넷을 통해 새로운 세상이 열렸다. 가령 우리가 조깅을 하는 동안 측정한 값을 서버로 전송하여 개인의 체력을 분석해서 기록해 둘 수 있을 뿐만 아니라, 지구 반대편에서 조깅하던 다른 사람과 가상으로 경쟁할 수 있도록 사물과 사람과의 상호 작용을 소셜 네트워크의 영역으로 확장할 수 있다. 또는 미국에서 보낸 소포가 한국에 있는 우리 집 현관 앞에 도착하기까지 거쳐온 복잡한 경로를 추적할 수도 있다.

이렇게 인터넷에 연결된 사물의 수는 2012년 기준으로 87억 개에 이를 것으로 예측되며(참고로 전세계 인구는 대략 70억 정도임), 언제든지 인터넷에 연결할 수 있는 사물의 수를 합치면 1.5조 개에 이를 것으로 예상하고 있다. 이렇게 현재 연결된 수와 앞으로 연결할 수 있는 수의 엄청난 차이가 있다는 것은 새로운 비즈니스 모델과 기회가 우리 앞에 펼쳐져 있다는 것을 의미한다. 사물이 네트워크에 연결되어 있다면, 원격에서 집 안의 온도를 조절하거나, 오븐을 켜거나, 사람이 없을 때 전등을 끄는 것과 같은 다양한 작업을 할 수 있다. 따라서 같은 기능을 가진 도구라도 기왕이면 네트워크에 연결된 사물을 선호하게 될 것이다.

이러한 사물은 자신뿐만 아니라, 그동안 수행한 내역(시간 흐름에 따른 상태 기록), 주변 환경 등을 인지할 수 있으며, 이들이 어떠한 형태든 서로 연동되어 작동할 수 있게 된다.

그렇다면 데이터는 어디에?

아두이노로 제작한 환경 측정 센서 장비가 있다고 가정해 보자. 이 장치는 센서로 주변에 감지되는 다양한 값을 측정한다. 이렇게 수집한 데이터를 외부에 공개하여 누구나 이 정보를 활용할 수 있다면 좋을 것이다. 이를 위해 데이터를 공개하는 작업을 직접 구현할 필요는 없다. 이러한 기능을 제공하는 자이블리^{Xively}라는 도구를 활용하면 된다.

자이블리를 활용하면 이 기능을 굉장히 쉽게 구현할 수 있다. 사이트에 등록한 뒤, 연결하고자 하는 장치를 지정하면 된다. 그러면 시스템에서 자동으로 아두이노용 코드를 생성하는데, 이 코드를 통해 외부에 공개하려는 값이 어디에 있는지만 지정하면 된다. 즉, 우리가 만든 장치에 코드를 추가한 뒤 스케치가 제대로 작동하는지만 확인하면 끝이라는 뜻이다.

이 서비스를 통해 장치를 만든 메이커는, 예를 들면 10월에 열린 맥주 축제에서 마신 맥주가 몇 잔인지 수집해서 이를 외부에 공개하는 것과 같은 기능을 제공할 수 있다. 이러한 기능은 다양한 방식으로 응용할 수 있다. 가령 맥주와 함께 제공된 샌드위치의 수를 계산하는 데 활용할 수도 있을 것이다.

이브레아에서 로마까지: 플라이포트

사물 인터넷에 활용할 수 있는 장치는 아두이노 외에도 많다. 가령 이탈리아 회사인 오픈피커스OpenPicus에서 만든 플라이포트Flyport(그림 20-1)가 있다. 이것은 작은 크기에 강력한 기능을 제공하는 카드로, 와이파이나 이더넷, 심지어 쿼드밴드 모바일 망에 연결할 수 있다. 사용할 수 있는 통신 망의 종류가 너무 많아 오히려 불편할 정도다. 이 제품도 아두이노처럼 하드웨어를 오픈소스로 제공하며, 개발 환경도 무료로 사용할 수 있다. 또 아두이노의 쉴드와 비슷한 네스트nests라는 인터페이스를 사용하면 플라이포트를 손쉽게 확장할 수 있다. 그중 그로브 네스트 Grove Nest는 다양한 컴포넌트를 쉽게 통합할 수 있는 기능을 제공하여, 프로토타입을 빠르고 쉽게 만들 수 있게 해 준다.

오픈피커스의 IDE는 아두이노보다 훨씬 강력한 기능을 제공한다. 프로젝트에 관련된 모든 파일과 외부 라이브러리를 관리하는 기능뿐만 아니라, 코드 자동 완성 기능과 다른 도구로 제작한 웹 페이지를 불러오는 기능, 네트워크 설정 과정을 단계별로 도와주는 도구 등을 함께 제공한다.

오픈피커스의 위키 사이트(http://wiki.openpicus.com/index.php/Umbrella_Stand)에 가보면 프로토타입 제작에 관련된 흥미롭고 다양한 테크닉과 응용 사례가 나와 있다. 한 가지 예를 들면, 집을 나설 때 우산을 가지고 나가야 하는지를 알려 주는 예제가 있는데, 이 예제의 원리는 간단하다. 사용자가 집을 나서면 움직임을 측정하는 센서가 이 사실을 플라이포트에게 알리고, 이 정보를 받은 플라이포트는 날씨 정보를 제공하는 서비스에게 현재 사용자가 있는 지역의 날씨를 물어본 뒤, 결과를 LED 컬러로 표시한다. 이렇게 하면 사용자가 원하는 정보를 사용자가 필요로 하는 시점과 장소에서 받을 수 있는 장치를 만들 수 있다.

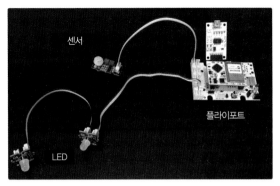

그림 20-1 플라이포트 예

라즈베리 파이를 네트워크에 연결하기

파이썬에는 다양한 종류의 라이브러리가 풍부하게 제공되고 있기 때문에, 아무리 복잡한 연산도 코드 몇 줄 만으로 구현할 수 있다. 물론 인터넷에 연결하는 기능도 마찬가지다. urllib과 urllib2와 같은 모듈을 사용하면 인터넷에 있는 리소스에 접근하는 코드를 간단히 작성할 수 있다. 예제 20-1에 나온 것처럼, urlopen과 read 메소드를 사용하는 단 두 줄의 코드만으로 웹 페이지에 담긴 내용을 읽는 기능을 구현할 수 있다.

[예제 20-1] 파이썬으로 웹 페이지를 읽는 예

```
import urllib
import urllib2
service = urlib2.urlopen("http://www.google.com/")
webpage = service.read()
print(webpage)
```

그럼 지금부터 라즈베리 파이로 웹 서비스를 호출하는 예제를 만들어 보자. 인터넷을 뒤져보면 다양한 서비스가 무료로 제공되는 것을 찾을 수 있다. 예를 들어 해가 뜨면 가로등을 끄는 회로를 만들 경우, 가장 먼저 LED를 제어하는 부분부터 만들어야 한다. 이 부분은 18장에 나온 방법을 참고하여 라즈베리 파이의 GPIO 25번 핀에 LED 하나를 연결하면 된다.

다양한 웹 서비스 중 하나인 http://new.earthtools.org/webservices.htm#sun을 호출한다고 가정해 보자. 마찬가지로 간단하다. 이 URL에서 제공하는 서비스에 원하는 매개변수만 지정하여 호출하면 된다. 정확히 몇 시에 해가 뜨는지 알아내려면, 현재 자신이 있는 위치(위도와 경도) 좌표, 원하는 날짜, 표준 시간대나 일광 절약 시간제^{Daylight Saving Time}, 썸머타임 적용 여부 등과 같은 기타 정보를 지정한다. 포맷은 다음과 같다.

```
http://www.earthtools.org/sun/<위도>/<경도>/<일>/<월>/<표준시간대>/<일광절약시간제 적용여부>
```

예를 들어, 5월 14일 밀라노에서 해가 뜨는 시각을 알아내려면 다음과 같이 매개변수를 지정한다.

```
http://www.earthtools.org/sun/45.4641611/9.1903361/14/5/1/1
```

URL을 보면 위도는 45.4641611, 경도는 9.1903361, 날짜는 14일, 월은 5월, 표준 시간대는 1(99로 지정하면 웹 서비스에서 시간대를 알아서 계산해 주기도 한다), 일광 절약 시간제를 적용하도록 1로 지정했다. 이렇게 작성한 URL을 웹 브라우저에 입력하면, 그림 20-2와 같은 데이터가 표시된다. 여기서 원하는 정보만 골라내면 된다.

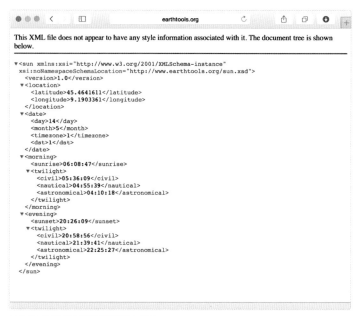

그림 20-2 *XML로 전달된 웹서비스 결과*

웹 서비스는 질의한 결과를 XML^{eXtensible Markup Language}라는 포맷으로 제공한다. XML은 데이터를 복잡한 트리 형태로 표현하는 텍스트 형태의 포맷으로서, 기계가 데이터를 주고받기 위한 목적으로 정의한 것이지만, 사람도 쉽게 읽을 수 있다.

XML 포맷으로 작성된 데이터를 읽으려면 별도의 라이브러리를 사용해야 한다. 이 라이브러리는 앞에서 본 `urllib`과 달리 여러 모듈이 다소 복잡하게 구성되어 있다. 간단히 사용할 때는 모든 모듈을 다 불러올 필요 없이, 꼭 필요한 모듈만 불러오면 된다. 다행히 XML 관련 라이브러리는 계층 구조가 잘 정의되어 있어서, 하드 디스크에 저장된 파일의 경로를 표시하듯이, 원하는 라이브러리 모듈의 이름을 점(.)으로 구분된 형태로 지정하는 식으로 쉽게 사용할 수 있다. 문법은 다음과 같다.

```
import xml.etree.ElementTree
```

다만 이렇게 사용하려면 매번 `ElementTree`를 쓸 때마다 `xml.etree.ElementTree`라는 긴 이름을 적어줘야 한다. 이는 프로그래머로서 절대 용납할 수 없는 행동이다. 이럴 때는 다음과 같이 알리아스^{alias} 기능을 활용하면 간단히 줄일 수 있다.

```
import xml.etree.ElementTree as etree
```

그리고 `datetime` 라이브러리에 있는 `datetime` 모듈도 다음과 같이 불러온다.

```
from datetime import datetime
```

이렇게 `from … import` 문법을 사용하면, 그 뒤에 나오는 코드부터는 다음과 같이 간단히 작성할 수 있다.

```
datetime.strptime(...)
```

LED를 제어하는 부분은 `GPIO` 라이브러리로 처리한다. 그리고 웹 서비스 이름을 `urlopen` 메소드로 지정한다. 호출하려는 웹서비스의 주소와 파라미터를 이 메소드의 인자에 지정한다. 웹 서비스를 호출한 결과는 `response` 오브젝트에 저장한다. 이 프로그램은 매일 실행하는 것이기 때문에, 서비스 이름을 오늘 날짜로 지정했다.

```
now = datetime.now()
service = urllib2.urlopen(
    "http://new.earthtools.org/sun/45.46411/9.1903361/"
    + now.day + "/" + now.month + "/1/1")
response = service.read()
```

서비스를 호출해서 전달받은 결과는 xml 모듈에서 제공하는 fromstring 함수를 사용하여 메모리에 데이터 트리를 생성해서 responsetree 변수에 저장한다.

```
responsetree = etree.fromstring(response)
```

이제 결과에서 해 뜨는 시각을 알아내야 한다. 이렇게 파이썬으로 생성한 트리는 그림 20-3과 같이 〈sun〉이라는 메인 노드(루트) 아래 〈version〉, 〈location〉, 〈date〉, 〈morning〉, 〈evening〉이라는 다섯 가지 항목으로 구성된다.

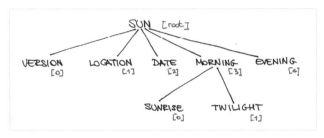

그림 20-3 웹 서비스를 호출한 결과로 생성한 데이터 트리 구조

우리가 필요한 정보는 네 번째 노드인 〈morning〉 아래에 있는 〈sunrise〉 노드에 담겨 있다. 파이썬에서는 0부터 숫자를 세기 때문에 〈morning〉에 해당하는 노드의 인덱스는 3이다. 따라서 〈morning〉 노드를 가리키려면 responsetree[3]과 같이 지정하면 된다. 이 노드는 〈sunrise〉와 〈twilight〉 노드를 가지고 있는데, 〈sunrise〉 노드가 앞에 나오므로 인덱스는 0이 된다. 따라서 〈sunrise〉 노드는 다음과 같이 지정할 수 있다.

```
responsetree[3][0]
```

우리가 알아내야 할 시각은 〈sunrise〉와 〈/sunrise〉 태그tag 사이에 텍스트로 담겨 있다. 이 값은 다음과 같이 text 메소드로 가져올 수 있다.

```
responsetree[3][0].text
```

이제 해 뜨는 시각을 담은 텍스트를 가져왔다. 하지만 컴퓨터는 아직 이 값이 날짜를 의미하는지 아니면 시각을 표현하는 것인지 모른다. 따라서 적합한 형태로 변환해야 한다. 이 작업은 datetime 모듈로 처리한다. 포맷을 변환하는 함수는 strptime으로서, 이름이 그리 직관적이지 않다.

```
datetime.strptime(
  responsetree[3][0].text, '%H:%M:%S')
```

strptime 함수는 변환할 텍스트와 적용할 포맷을 지정하는 두 개의 매개변수를 받는다. 포맷은 06:08:47과 같은 포맷으로 표현하는데, 제일 앞에 나온 두 숫자는 시를 가리키고, 그다음 : 뒤의 숫자는 분을, 마지막 숫자는 초를 가리킨다. strptime 함수의 두 번째 인자에 %H라고 지정하면 시각을 표현하고, %M라고 지정하면 분을 표현하고, %S라고 지정하면 초를 표현한다. 이제 이 함수에서 값을 이해할 수 있게 했으니, wakeup을 호출할 datetime 오브젝트를 생성하기만 하면 된다. 하지만 아직 할 일이 더 남았다. 이제 절반만 완성한 셈이다.

datetime 오브젝트는 시계처럼 날짜와 시각을 기억하는 기능을 제공한다. wakeup 오브젝트를 생성할 때, 날짜가 아닌 시각을 지정했다. 따라서 웹 서비스를 호출할 때와 같은 날짜인 오늘 날짜를 복사해둔다. 이렇게 wakeup 오브젝트에 연도나 월, 일을 복사할 때는, 다음과 같이 replace 메소드를 활용한다.

```
wakeup = wakeup.replace(now.year, now.month, now.day)
```

이제 wakeup과 now를 비교할 수 있는 형태를 갖췄다. 두 값에서 날짜가 같다면 아직 해가 뜨기 전이라는 것을 의미하므로, 가로등을 켠다. 그렇지 않다면 끈다. 전체 코드는 예제 20-2와 같다.

```
import urllib
import urllib2
import xml.etree.ElementTree as etree
from datetime import datetime
import RPi.GPIO as GPIO

GPIO.setmode(GPIO.BCM)

#GPIO 25번 핀을 출력으로 사용한다.
GPIO.setup(25, GPIO.OUT)

#현재 시각에 대한 datetime 오브젝트를 생성한다.
now = datetime.now()

service = urllib2.urlopen(
  "http://new.earthtools.org/sun/45.4641611/9.1903361/" + str(now.day)
"/" + str(now.month) + "/1/1")
response = service.read()

#문자열로 받은 결과를 xml로 파싱한다.
responsetree = etree.fromstring(response)
print "The sun rises at: " + responsetree[3][0].text

#텍스트 포맷으로 된 시각을 datetime 오브젝트에 맞게 변환한다.
wakeup = datetime.strptime(responsetree[3][0].text, '%H:%M:%S')

#wakeup에 아직 날짜를 지정하지 않았다. 따라서 now로부터 값을 복사한다.
wakeup = wakeup.replace(now.year, now.month, now.day)
if (now > wakeup)
    print "가로등을 끈다."
    GPIO.output(25, GPIO.LOW)
else:
    print "가로등을 켠다."
    GPIO.output(25, GPIO.HIGH)
```

이 예제에서 해가 진 뒤에 가로등을 끄는 기능도 한 번 추가해 보기 바란다. 해가 지는 시각은 〈twilight〉 노드에 나와 있다.

서비스의 속성

지금까지 IoT 서비스를 만드는 방법에 대해 살펴봤다. 이 과정을 자세히 살펴보면 다음과 같이 여덟 가지의 요소로 구성된다는 것을 알 수 있다. 어떤 IoT 프로젝트에서는 이러한 여덟 가지 요소를 모두 활용할 수도 있고, 또 어떤 경우에는 그중 몇 가지에만 집중하기도 한다. 여러분이 수행하는 IoT 프로젝트도 어떤 요소를 사용하는지 분석해 보기 바란다.

이벤트

가장 먼저 관심 있는 이벤트부터 정의한다. 버튼을 누르는 이벤트일 수도 있고, 온도가 올라가거나 내려가는 이벤트일 수도 있고, 소음이 일정한 수준을 넘어가는 경우가 될 수도 있다. 스마트 약상자에서 본 것처럼, 환자가 약을 먹을 시각을 알려줄 때는 일정한 시간이 흐른 시점을 이벤트로 정의하기도 한다.

컨트롤러

컨트롤러는 이벤트가 발생하는 전반적인 환경을 관찰한다. 컨트롤러에는 이벤트가 발생한 것을 감지할 수 있는 장치를 갖추고 있으며, 이때 어떤 작동을 수행할지를 알고 있다. 일반적으로 컨트롤러는 사용자와 전체 시스템과 상호작용하게 된다.

센서

컨트롤러는 이벤트를 감지하기 위해 여러 가지 센서를 활용한다. 각 센서는 저마다 특정한 종류의 이벤트를 감지하는 데 특화되어 있다. 서미스터는 온도에, 포토레지스터는 빛에, 근접 센서는 거리에 특화되어 있으며, 단순히 on/off 기능만 갖춘 버튼도 아래 방향을 감지한다. 센서는 측정하는 값의 종류에 관계없이 모든 값을 신호로 표현한다. 따라서 이 신호가 어떤 값을 의미하는지 파악하는 것은 컨트롤러의 몫이다.

로그

IoT 오브젝트는 자신의 상태 기록을 알 수 있고 또 알아야만 한다. 센서가 신호를 생성할 때, 컨트롤러는 이 신호를 통신하는 데만 사용하는 것이 아니라, 저장 매체에 발생한 이벤트를 기록하기도 한다. 이렇게 저장하면, 모션 캡처motion capture를 할 때처럼 특정한 이벤트가 반복적으로 발생하게 할 수 있다.

업로드

데이터가 인터넷으로 전달되지 않는다면 사물 인터넷은 의미가 없다. 컨트롤러는 센서로부터 수집한 데이터를 외부에서 활용할 수 있도록 인터넷으로 제공한다.

분석

일반적으로 컨트롤러에는 데이터를 분석하는 기능이 없다. 이러한 분석 작업은 다른 컴퓨터에 데이터를 업로드한 뒤 수행한다. 분석이 끝나면 시스템에서 취할 다음 작동을 결정할 수 있다.

네트워크 효과

소셜 요소는 IoT 세계에서 성공과 실패를 가르는 중요한 요소다. 데이터는 정보로 가공할 수 있을 뿐만 아니라, 복잡한 시스템을 더욱 풍성하게 만들어주는 만남과 정보 교류의 기회가 되기도 한다. 그리고 이러한 특성은 시간이 지날수록 시스템의 가치를 더욱 높여 준다.

작동

분석한 데이터에 따라 특정한 작동을 수행해야 한다고 판단된다면, 컨트롤러에서는 해당 액추에이터에게 이러한 작동을 수행하도록 지시한다. 특정한 기간 동안 발생한 트위터 메시지에 달린 해시태그의 수만큼 서보 모터를 돌리는 것처럼 단순한 작동을 수행할 수도 있고, 여러 시스템이 맞물려 돌아가는 복잡한 작동을 수행할 수도 있다.

사물 인터넷의 강력함은 여러 구성 요소가 느슨하게 결합된 시스템에서 나온다. 다시 말해 일정한 인터페이스를 통해 다른 구성 요소와 쉽게 상호작용하고 정보를 주고받으면서 일정한 작동을 보여 주는 시스템이 핵심이다.

이러한 환경에서 사용자에게 어떤 혜택이 돌아가는지 항상 명심해야 한다. 사물 인터넷 세상에서는 결국 모든 것이 서비스이기 때문이다. 이 점을 절대로 간과해선 안 된다. 크리스 앤더슨은 이런 말을 했다.

"이제는 모두가 디자이너이다. 따라서 디자인을 잘할 수 있는 실력을 갖춰야 한다."

Index

Index

Index

Index

Index

Make: Projects 시리즈에서
더 많은 DIY 프로젝트와 How-to 방법을 찾으실 수 있습니다.

메이커 운동 선언

마크 해치 지음 / 정향 옮김 / 14,000원

수많은 혁신적인 프로젝트가 나온 창작 공간 네트워크인 '테크숍(TechShop)'의 공동 설립자 마크 해치가 미래를 이끌어 나갈 새로운 흐름인 '메이커 운동'에 대해 소개한다. 메이커 그리고 메이커 운동은 어떤 의미이며, 앞으로 어떤 영향을 끼치게 될까? 마크 해치의 현실적인 가이드를 따라가며 미래를 지배할 혁신의 원칙을 확인해보자.

제로 투 메이커

데이비드 랭 지음 / 장재웅 옮김 / 14,000원

평소처럼 출근한 데이비드 랭을 기다리고 있었던 것은 청천벽력 같은 해고 소식. 이 일을 계기로 메이커가 되기로 결심한 그는 요트 대여업에 종사했던 자신의 경험을 살려 무인 잠수함 프로젝트를 시작하게 된다. 이 책은 일반인이었던 저자가 메이커가 되어가는 과정을 솔직하게 그려낸 에세이다. 소비하는 삶이 아닌 만드는 삶을 향한 여정으로 독자를 초대한다.

메이커 프로

존 베이첼 엮음 / 정향 옮김 / 15,000원

현재 해외 메이크 업계에서 활발히 활동하고 있는 프로 메이커들의 에세이와 인터뷰를 한 권으로 엮어냈다. 단순히 취미로 만들기 활동을 하던 그들이 과연 어떻게 해서 프로 메이커가 될 수 있었을까? 아마추어와 프로의 차이가 궁금하거나, 당신의 프로젝트를 세상에 알리고 싶다면 그들의 노하우와 경험에서 답을 찾아보자!

전자부품 백과사전 vol. 1 / vol. 2

vol. 1 찰스 플랫 지음 / 배지은 옮김 / 30,000원
vol. 2 찰스 플랫 지음 / 배지은, 이하영 옮김 / 32,000원

취미공학에 필요한 핵심 전자부품을 사전식으로 정리한 백과사전 시리즈다. 전기 기술
이론이나 공식의 증명처럼 어려운 내용이 아닌 부품을 사용하는 데 필요한 실질적인
지식과 정보를 총망라하였다. 1권에서는 '전력 전원 및 변환'과 관련된 부품을, 2권에서는
'신호 처리'와 관련된 부품을 다룬다.

처음 시작하는 센서

키모 카르비넨, 테로 카르비넨 지음 / 임지순 옮김 / 13,000원

모든 회로 구성의 기본이 되는 입출력 센서의 원리를 차근차근 다뤄, 독자가 회로
구성이라는 새로운 세계를 탐험하기 위한 기초를 다져 준다. 기본 유닛이 하는 일, 손바닥
컴퓨터와의 연결을 순서대로 살펴보고 실습하다 보면 프로젝트의 실현은 물론 자신만의
장치를 만들 수 있게 될 것이다.

33가지 프로젝트로 배우는 아두이노

사이먼 몽크 지음 / 윤진서 옮김 / 22,000원

아두이노 보드와 컴퓨터를 케이블로 연결하는 것에서부터 시작해서 부품을 하나둘 붙이다
보면, 눈 깜짝할 사이에 손안에서 프로젝트가 완성된다. 표준 보드인 아두이노 우노와
바로 입력 장치로 연결해서 사용할 수 있는 아두이노 레오나르도를 다루는 방법을 33가지
실전 프로젝트로 배워보자.

프로젝트로 배우는 라즈베리 파이

도날드 노리스 지음 / 임지순 옮김 / 22,000원

신용카드 한 장 크기의 손바닥 컴퓨터, 라즈베리 파이의 기초 지식부터 프로젝트의 완성에
이르는 즐거운 메이킹의 여정으로 독자를 안내한다. 13가지의 라즈베리 파이 활용
프로젝트가 각 장마다 수록되어 있으며, 쉽게 쓰여져 있어 처음 라즈베리 파이를 접하는
이들도 어렵지 않게 따라할 수 있다.